MUSIK OHNE GRENZEN

Deutsch-englische Musikbeziehungen

Referate des wissenschaftlichen Symposions
im Rahmen der Internationalen Orgelwoche 1980
„Musica Britannica"

herausgegeben von Wulf Konold

1985

Musikverlag Emil Katzbichler·München–Salzburg

MUSIK OHNE GRENZEN

herausgegeben von Wulf Konold, Band 1

Gedruckt mit Unterstützung der Deutschen Forschungsgemeinschaft

ISBN 3 87397 220 4

Inhalt

Vorwort

„Deutsch-englische Musikbeziehungen" — unter diesem Thema stand die 29. Internationale Orgelwoche Nürnberg 1980 und das sie begleitende wissenschaftliche Symposion, dessen Erträge im vorliegenden Band versammelt sind. Sinn dieser erstmaligen Kombination eines großen, international besetzten und besuchten Musikfestes mit einem thematisch auf die Konzerte bezogenen wissenschaftlichen Symposion ist zum einen die enge Verbindung von Theorie und Praxis, und auch wenn erfahrungsgemäß bei wissenschaftlichen Veranstaltungen die Experten weitgehend unter sich bleiben, so ist doch die auf die Praxis ausstrahlende spätere Wirkung nicht zu unterschätzen. Zum anderen liegt der Sinn des Symposions im Rahmen der Orgelwoche in dem Bestreben, im regelmäßigen Abstand die Musikbeziehungen zwischen Deutschland und einem anderen europäischen Land in einem groß angelegten Querschnitt in Konzerten vorzustellen (wobei die Thematik der Konzerte den Rahmen der Orgelmusik und auch der geistlichen Musik vielfach bewußt überschreitet) und diese Musikbeziehungen bei der gleichen Gelegenheit – oft zum ersten Mal in dieser Konzentration – von Musikwissenschaftlern beider beteiligten Länder gemeinsam zu untersuchen.

Den Anfang machten die „deutsch-englischen Musikbeziehungen", fortgesetzt wurde die Reihe (da der Symposionsbericht mit der heute leider schon üblich gewordenen Verspätung erscheint, ist hier das Präteritum bereits angebracht) 1982 mit einem Symposion zu den „deutsch-polnischen Musikbeziehungen"; 1984 fand ein Symposion zu den „deutsch-italienischen Musikbeziehungen" statt.

Dem Herausgeber des Symposion-Berichtes, der zugleich auch die Tagung 1980 vorbereitet und geleitet hat, bleibt an dieser Stelle – nachdem nun der Band der Öffentlichkeit übergeben werden kann – nur der Dank an all jene, die zur erfolgreichen Durchführung des Symposions und zur Drucklegung des Berichtes tatkräftig beigetragen haben:

– dem Vorstand der „*Internationalen Orgelwoche Nürnberg"*, aus dessen Planungen sich die Idee der Symposien heraus entwickelte und der die Vorbereitung und Durchführung der Veranstaltungen insbesondere organisatorisch unterstützt hat

– dem *Germanischen Nationalmuseum*, in dessen Räumen das Symposion eine angenehme Arbeitsatmosphäre fand, und hier insbesondere dem Leiter der Musikabteilung, John Henry van der Meer

– der *Gesellschaft für Musikforschung*, die als Mitveranstalter des Symposions bei der Abwicklung der finanziellen Förderung half

– der *VW-Stiftung* in Hannover, die durch einen Zuschuß die Durchführung des Symposions 1980 möglich machte

– der *Deutschen Forschungsgemeinschaft* Bonn, die durch einen Zuschuß aus Mitteln des Herrn Bundesministers für Forschung und Technologie die Drucklegung des Symposion-Berichtes ermöglichte

– dem Musikverlag Dr. Emil Katzbichler, München, der – nach etlichen Verlagsirrwegen, die dazu beigetragen haben, daß der Band erst jetzt erscheinen kann – sich des Projekts angenommen hat und bei dem die Herstellung in besten Händen war

und – last not least – den Autoren, die auf dem Symposion referierten, ihre Beiträge für die Drucklegung sorgfältig vorbereiteten und teilweise erheblich erweiterten (das Referat von Brian Trowell konnte leider nicht in den Band aufgenommen werden) und die die oft vergeblichen und langwierigen Bemühungen des Herausgebers bis hin zur endlichen Drucklegung mit freundschaftlichem Langmut begleiteten.

Hannover, im Juli 1985   Wulf Konold

Reinhard Strohm

(London)

Zur Rezeption der frühen Cantus-firmus-Messe im deutschsprachigen Bereich

I.

Die Gattung der Cantus-firmus-Messe (im folgenden definiert als der polyphone Ordinariumszyklus mit einem c.f. im Tenor) ist im früheren 15. Jahrhundert entstanden, und zwar — darüber herrscht heute weitreichendes Ein-
verständnis — in England. Über das Wie und Warum dieser Entstehung wissen
wir noch keineswegs genügend Bescheid; doch ist die Bedeutung des Vorgan-
ges selbst unstreitig. Im Gegensatz nämlich zu anderen Techniken musikalischer Integration des Messordinariums, z. B. durch Kopfmotiv, Modus, Stimmenzahl, oder gemeinsame Herleitung aus Parodievorlagen, bei denen doch
immer nur eine Serie ähnlicher Sätze entstcht, die oft auch nur bilateral zu-
sammengehören, verbinden sich in der Cantus-firmus-Messe die vertikale
und die horizontale Projektion auf eine einzige Grundgestalt: vertikal sind alle Stimmen auf den Tenor bezogen, was man aus der Motette ererbt hatte,
aber ebenso sind horizontal die fünf verschiedenen Gesänge auf eine einzige
musikalische Gestalt bezogen, eben wieder den c.f. im Tenor, was man bisher
nur mit solchen Gesängen versucht hatte, die ohnehin strophisch-reihend
auszuführen waren, wie Hymnen oder Sequenzen. Der cantus firmus, dieser
Schnittpunkt einer vertikalen und einer horizontalen Koordinate, birgt zugleich die liturgische Bestimmung und damit den Zweck des ganzen Werkes
als m u s i k a l i s c h e Erscheinung in sich, was seinerseits zu unterscheiden ist von Satzserien, die nur über die T e x t e der einzelnen Gesänge liturgisch zusammenhängen (z. B. im Propriumszyklus), was die Ordinariumsge-
sänge ja ohnehin tun. Die Entstehung der Cantus-firmus-Messe, in der Bukofzer eine erste Manifestation der musikalischen Renaissance gesehen hat,
könnte durchaus mit der Entdeckung der Zentralperspektive in der damaligen europäischen Malerei verglichen werden.

Schon die frühesten bekannten c.f.-Messen der Engländer sind alsbald
auf dem Kontinent rezipiert, d. h. aufgeschrieben und wahrscheinlich musiziert, sowie in eigenen Kompositionen nachgeahmt worden. Am wichtigsten
sind in diesem Aneignungsprozeß wohl die franko-flämischen Musiker der
Generation Dufays und Ockeghems, die nur wenig jünger sind als die ersten
namentlich bekannten englischen Komponisten der Gattung, Leonel Power
und John Dunstable. Bemerkenswerterweise sind aber aus den französischen
und burgundischen Territorien keine vor ca. 1460 datierbaren Quellen von
c.f.-Messen erhalten (und auch nicht aus Italien), was den Blick auf die kon-

tinentalen Verhältnisse sehr behindert; die frühesten Niederschriften englischer und anderer c.f.-Messen stammen vielmehr aus dem überwiegend deutschsprachigen Alpenraum, kulturpolitisch charakterisierbar durch das Konzil von Basel und seinen engeren Einzugsbereich (Savoyen, Trient, auch Bayern) sowie die aufblühenden habsburgischen Territorien. Es handelt sich um die Sammlungen geistlicher Polyphonie in den Handschriften *Aosta*, „*St. Emmeram*" (Clm 14274), *Trient 92* und *87* vor der Jahrhundertmitte, *Trient 93, 90* und *88* kurz danach[1]. Die Frage drängt sich auf, ob in diesen Gebieten vielleicht eine größere oder frühere Rezeptionsbereitschaft gegenüber der c.f.-Messe bestand als anderswo in Europa; ob oder seit wann sich überhaupt von einer Rezeption der G a t t u n g sprechen läßt (und nicht nur um ein Kopieren von Einzelgesängen ohne Interesse für die zyklische Einheit); schließlich, ob und seit wann man zu entsprechenden Eigenschöpfungen vorgedrungen ist.

Die Antwort auf die erste Frage wird besonders erschwert dadurch, daß zumindest die Quellen der etwas jüngeren Gruppe (*Trient 93, 90, 88*) bereits neben englischen auch franko-flämische Werke überliefern und die möglicherweise vermittelnden westeuropäischen Quellen eben fehlen; es bleibt also unsicher, inwieweit die englischen Vorbilder über franko-flämische Vermittlung rezipiert wurden. Der zweiten Frage gilt unser Hauptaugenmerk: Der Charakter der Quellen selbst soll uns sagen, inwieweit man das Neuartige der Gattung erkannte und bejahte. Die Frage der Eigenproduktion von c.f.-Messen im deutschsprachigen Bereich vor ca. 1460 kann als völlig neue Forschungsaufgabe bezeichnet werden; die wenigen ersten Resultate seien hier vorgelegt.

II.

Das Vorhandensein eines Musikstücks oder einer Gattung in mittelalterlichen Handschriften mit „Rezeption" gleichzusetzen, ist natürlich eine grobe Vereinfachung. Oft genug wurden ja in Schreibstuben Dinge kopiert, von denen weder der Schreiber selbst noch irgendjemand in seiner Umgebung etwas verstand. Solche Fälle lassen sich aber heute oft leicht erkennen, wenn die betreffende Niederschrift genau untersucht und auch die Funktion des Buch- und Schriftwesens insgesamt richtig eingeschätzt wird. In unserem Bereich kommt hinzu, daß die Vertrautheit eines Kopisten mit den Regeln der Mensuralmusik gewöhnlich nicht nur auf dessen Erfahrung mit musikalischer Praxis, sondern sogar auf eine formale Musikausbildung innerhalb des Quadriviums schließen läßt. Doch müssen weitere Indizien hinzukommen, wenn man aus einer solchen Niederschrift auch auf das Stattfinden verständnisvoller und gar korrekter Aufführungen schließen will.

Die hier behandelten Handschriften machen einen zwiespältigen Eindruck: Ihre zahlreichen unkorrigierten Fehler und physische Eigenschaften (relativ dicke Bände und steife Bindung) dürften ausschließen, daß – zumindest nach dem Binden – regelmäßig aus ihnen musiziert wurde; aber ihr meist thematisch einheitlicher und mehr oder weniger systematisch geordneter Inhalt deutet auf funktionelle Beziehung zu einer musikalischen Institution, etwa einer Kapelle oder Schule. Daß in unseren Fällen einzelne Individuen oft große Mengen von Musik schriftlich sammelten, ohne daß dabei die üblichen liturgischen oder weltlichen Prachtbände entstanden, die ihren Wert allein schon als Buch gehabt hätten, kann nur bedeuten, daß der Inhalt den Schreibern hochwichtig war, und daß sie die Zeit und vielleicht den Auftrag hatten, sich ihm zu widmen. Glücklicherweise sind uns Namen und Stellung des fruchtbarsten dieser Schreiber bekannt: Johannes Wiser, der zumindest an *Trient 93, 90* und *88* arbeitete, war seit 1459 Rektor der Domschule von Trient. Er stammte aus München und dürfte, damaligem Brauch entsprechend, in Wien oder Norditalien studiert haben. Die formale Musikausbildung und der Zusammenhang mit einer musikalischen Institution sind also gegeben. Ähnliches dürfte für die anderen Quellen gelten.

In all diesen Quellen wurde Musik polyphoner Messen gesammelt, und zwar vorwiegend; darunter Musik von c.f.-Messen. Sie erscheint in dreierlei Form: erstens als Einzelsätze (Kyries, Glorias usw.), zweitens in Paaren bzw. unvollständigen Zyklen (weniger als fünf Sätze des Ordinariums nacheinander), drittens als vollständige Zyklen mit fünf Sätzen nacheinander. Die beiden ersten Formen überwiegen bei weitem. In diesen Fällen ist es also sehr zweifelhaft, daß der Schreiber den Zusammenhang von fünf Sätzen bei der Kopie a) überhaupt vorliegen hatte, b) selbst erkannte, und c) für die eigene musikalische Praxis als verpflichtend empfand. Sollte dies doch der Fall gewesen sein, dann hätte er den Zusammenhang der Sätze durch andere Mittel als durch zusammenhängende Niederschrift überliefern und erkennbar machen müssen, was die Quellen insgesamt zeigen könnten. Aber auch im dritten Fall, der zusammenhängenden Niederschrift, läßt sich keineswegs immer beweisen, daß Verständnis und Bejahung des musikalischen Zusammenhangs vorlag: andere Indizien (wie z.B. ein gemeinsamer Titel) müssen hinzutreten. Bleibt somit oft unklar, was die Schreiber nicht wußten oder nicht wollten, so ergibt sich doch regelmäßig aus den Handschriften etwas von dem, was sie wußten oder wollten. Die Mehrzahl der vorliegenden Codices bzw. ihrer Unterabteilungen ist nämlich systematisch angelegt: Es handelt sich um mehr als um reine Sammelhandschriften, in die fallweise die jeweils verfügbar gewordenen Stücke eingetragen wurden.

Der Codex *Aosta* ist zwar als Ganzes ein Sammelband aus Handschriften verschiedenen Alters und vielleicht verschiedener Provenienz, doch sind die Unterabteilungen I und II/III (nach Cobin)[2] systematische Sammlungen von Messenmusik. Sie begegnet in Einzelsätzen oder in Paaren. Teil I beginnt mit einer größeren Gruppe von Introiten, dann Kyrie; es folgen Gloria-Credo-Paare (Fasz. 2–4). Eine vielleicht ursprüngliche Gruppe von Sanctus-Agnus-Paaren danach mag verlorengegangen sein; die drei Paare am Anfang von Teil III (Fasz. 14) dürften entgegen Cobin doch nicht dazugehören. Unter den Gloria-Credo-Paaren befinden sich auch Einzelsätze, die aus c.f.-Messen stammen können; aber der einzige sicher so identifizierbare Satz, Leonels Gloria „Alma redemptoris", ist mit einem nicht zugehörigen Credo von Brassart zu einem „unechten" Paar gekoppelt. Die Mehrzahl der hier notierten Sätze ist ohnehin als Einzelsätze komponiert oder stammt aus Zyklen oder Paaren ohne c.f., die zudem hier oft auseinandergerissen werden. Der Schreiber hatte offensichtlich weder den Wunsch noch viel Gelegenheit, Musik aus c.f.-Messen zu rezipieren. Kaum anders steht es mit dem unabhängig entstandenen Teil II, der nach Fasz. 13 möglicherweise in Teil III fortgesetzt wurde. Hier sind nach wenigen Propriumssätzen (Fasz. 1) ganze Serien jeweils einzelner Kyrie, Gloria, Credo usw. gesammelt, die wohl in Fasz. 14–15 durch einige Nachträge, u. a. Sanctus-Agnus-Paare fortgesetzt werden. Es erscheinen, wiederum isoliert, sowohl einige Sätze aus zyklischen Messen ohne c.f. (Dufay, Grossim) sowie englische c.f.-Sätze (Rex seculorum, Iacet granum); keiner der anderweitig bekannten Zyklen ist vollständig. Da es den Kopisten beider Ur-Handschriften also um die Sammlung von Einzelsätzen ging, die in liturgischer Reihenfolge ähnlich der Anordnung des Kyriale erscheinen (in sich ist zumindest die Kyrie-Gruppe wieder liturgisch nach dem Rang geordnet), überrascht es, gegen Ende von Teil III (Fasz. 19), plötzlich eine nur des Kyries entbehrende Niederschrift von Leonels Missa „Alma redemptoris" zu finden, noch dazu gefolgt von einem Satzpaar aus Dunstables Missa „Da gaudiorum premia". Benachbart stehen noch mehrere Einzelsätze, ebenfalls englischer Herkunft, sowie englische Motetten in ungeordneter Folge, und Magnificats. Es fällt schwer, hier einen rezeptionsgeschichtlichen Fortschritt vom Einzelsatz und (oft „unechten") Paar zum c.f.-Zyklus zu entdecken: der Schreiber hat ja gerade seine vorher geübte Systematik verlassen bzw. die Messensammlung als im wesentlichen beendet angesehen (hierauf deutet auch der Übergang zu Magnificat und Motetten, die in vielen Handschriften des 15. Jahrhunderts an die Messensammlungen anschließen). Die Musik der c.f.-Messen kam ihm jetzt noch nachträglich zur Hand, und die zusammenhängende Niederschrift dürfte eher seine Vorlage reflektieren. Hätte er mehr Zeit und Platz gehabt, dann hätte er wahrscheinlich auch diese Sätze von Leonel und Dunstable einzeln in die schon angelegten Satzgruppen eingeordnet. Das „Sammelthema" der Fasz. 16–21 ist überhaupt nicht mehr „Messenmusik", sondern „englische Musik"; die relative Unordnung des Abschnitts läßt auf späteres Verfügbarwerden dieses Repertoires schließen; mutmaßlicher Zeitpunkt ist kurz nach 1440.

Noch retrospektiver und viel weniger systematisch ist die Anordnung der

Messensätze im „*St. Emmeram*"-Codex: Hier wurde wohl zunächst eine ähnliche Satzgruppenordnung geplant, die sogar mit einstimmigen Ordinariumsmelodien begann[3]; aber weder dieser erste Ansatz (Fasz. 1 * −2) noch ein erneuter, vielleicht zunächst unabhängig existierender Ansatz mit Kyries (ab Fasz. 3) gelangte sehr weit. Die Auflösung in eine fallweise Satzsammlung erfolgt lange bevor englische Messensätze auftreten, natürlich ebenfalls einzeln mit Ausnahme eines Paares.

Der erste, größere Teil von *Trient 87* und der zweite Teil von *Trient 92* gehören zusammen; obwohl die ursprüngliche Anordnung der Faszikel hier noch nicht erschlossen ist, läßt sich von Zeit zu Zeit der Wille erkennen, Satzgruppen einzelner Ordinariumssätze herzustellen wie in den vorigen Handschriften. Eine solche Gruppe (Glorias) sollte wohl in dem heutigen ersten Faszikel von *Trient 87* zusammengestellt werden: Das dritte Stück ist Leonels Gloria „*Alma redemptoris*", dem die restlichen Sätze der Messe gleich angeschlossen werden, wonach es mit Glorias und Credos weitergeht. Offenbar hat dem Schreiber eine zusammenhängende Kopie der Messe (vielleicht ohne Kyrie) vorgelegen. Anders als bei *Aosta* (das über eine vermittelnde Quelle, einen Einzelfaszikel o. ä., sogar Vorlage sein kann) war hier wohl Zeit und Platz genug, die späteren Sätze dieser c.f.-Messe in anderen Faszikeln mit entsprechenden Satzgruppen unterzubringen; es wäre aber nicht uncharakteristisch für diese Sammlung, wenn der Schreiber sich seiner Kopieraufgabe nur schnell entledigt hätte, um die systematische Gruppierung in Einzelsätze einer zweiten Kopie zu überlassen. Doch ließ er damit — gewollt oder ungewollt — auch die Möglichkeit der Verwendung als c.f.-Messe offen, zumal er den gemeinsamen c.f. erkannt haben muß. Die ganze Sammlung zeigt im übrigen ein Streben nach paariger Zusammenstellung, wobei die echten Paare sogar die „unechten" überwiegen, und selbst zwischen diesen beiden Möglichkeiten hat der Schreiber bewußt unterscheiden können, wenn er auf fol. 21v (Tr 87) schreibt „*Agnus non pertinet ad Sanctus*". Weitergehende Integration war ihm aber zumindest nicht geläufig.

Für den ersten Teil von *Trient 92*, eine vom Rest der Trienter Handschriften unabhängige Handschrift, haben wir die ausgezeichnete Analyse von Tom Ward[4]. Er zeigt, daß hier geplante Zyklen zusammengestellt wurden, die allerdings von anderer Art sind als die Gattung der c.f.-Messe: es sind annähernde Plenarzyklen mit je mehreren Propriumsgesängen, nach dem Kirchenjahr geordnet; aber nicht in allen sind alle fünf Ordinariumssätze vorhanden. Dem Plan wurden vorher bestehende Zusammenhänge zwischen Ordinariumssätzen sogar geopfert (ob sie nun erkannt wurden oder nicht): existierende Satzpaare erscheinen öfters im selben Zyklus, manchmal aber nicht. Gerade die auftretenden Sätze der Missa „*Rex seculorum*" sind getrennt, wozu Ward erklärt: „*One possible explanation may be that the scribe was aware of the practice of pairing individual movements by the use of cantus firmi (as in the Liebert Mass), but was not at all familiar with the cyclic Mass Ordinary as an genre.*"[5]

Ebenfalls für sich steht eine zusammenhängende Aufzeichnung eines Messenzyklus in *Trient 87*, fol. 167v–173r, und zwar mit allen fünf Sätzen — vielleicht die älteste ihrer Art in dieser Quellengruppe. Der Zyklus, der keinen c.f. enthält, aber deutlich als Einheit konzipiert ist und englische Einflüsse verrät, wird in Konkordanzen Jean Pyllois zugeschrieben, der 1447–1468 päpstlicher Sänger war[6]. Die Kopistenhand in *Trient 87* kommt sonst im Band nicht vor; die Messe nimmt einen eigenen Faszikel ein und das Papier wird nirgends sonst in *Tr 87* verwendet; es ist nach Elizabeth S. Saunders auf Mitte der 1440er Jahre datierbar. Wahrscheinlich steht dieser Faszikel mit der Anfertigung von *Tr 93* im Zusammenhang und ist nur durch späteres Binden in den heutigen Band 87 geraten; der Grund könnte sein, daß die Niederschrift des Werkes ausgewertet war für die Kopien in *Tr 93* und *90* (vgl. unten) und nicht mehr benötigt wurde wie der ganze Band 87. Das ist umso wahrscheinlicher, weil diese Faszikelniederschrift der im ersten Modus stehenden Messe ein Credo in „F" enthält, das einfach durch einen Schlüsselirrtum entstanden sein dürfte, da es sonst mit einem konkurrierenden Credo in „d" in *Tr 93* übereinstimmt; man hat sich der „F"-Fassung schließlich entledigt. Am wichtigsten ist, daß die sicher erst nach 1450 entstandenen Bände 93 und 90 die Messe n i c h t im zyklischen Zusammenhang enthalten.

Die klar hervortretende Tendenz der behandelten Quellen, das Messordinarium in Einzelsätze zu trennen, diese aber systematisch nach Einzelgattungen zu ordnen (manchmal intern auch nach dem Rang der Feste) und somit liturgisch-praktisch verwendbar zu machen — eine Tendenz, der nur *Tr 92/I* teilweise entgegenläuft — zeigt sich sogar noch in einer viel jüngeren Quelle, dem Codex *Strahov*, der wohl um 1480 in Mähren oder Schlesien entstand[7]. Hier gibt die Satzgruppenordnung den Ton an, obwohl nunmehr auch zyklische Niederschriften eingeschoben sind. Außerdem wird die Anordnung mit Introiten begonnen, denen aber keine weiteren Propriumssätze folgen, was uns aus *Aosta* schon bekannt ist.

Obwohl die Mehrzahl der behandelten Quellen aus deutschsprachigen Kreisen stammt (das trifft auch für *Strahov* zu), ist diese Behandlung der Messe keine ursprünglich deutsche Tradition, sondern schon aus *Old Hall* und den Chorbüchern *Cambrai 6* und *11* bekannt: es ist einfach eine traditionellere Behandlung polyphoner Messenmusik. Im Unterschied zu England und wohl auch zu Frankreich hat sie aber im deutschsprachigen Gebiet länger bestanden, und hier kommt die Vorliebe für den polyphonen Introitus hinzu, der fast als Teil der Serie behandelt wird — eine Gattung, zu der die Engländer damals wohl überhaupt nicht beigetragen haben. Nicht nur die zyklische Zusammengehörigkeit, sondern auch die Fünfteiligkeit der polyphonen Ausstattung einer Messe hat sich in unserem Bereich später durchgesetzt. Dies gilt jedenfalls für die Überlieferungsweise in den Handschriften; was das Aufführen eines Messenzyklus betrifft, und besonders einer c.f.-Messe, können wir zumindest schließen, daß es aufgrund einer dieser deutschen Handschriften höchst erschwert war. Obwohl viele von ihnen durch zeitgenössische Indizes erschlossen sind — eine Notwendigkeit angesichts von mancherlei Unordnung — läßt sich mit ihrem Material doch fast nie ein als Zyklus komponiertes, gar fünfsätziges Werk aufführen.

<h2 style="text-align:center">III.</h2>

Es sei nun gezeigt, daß sich die Sachlage auch mit der größten und systematischsten Messensammlung dieser Gruppe, dem bald nach 1450 entstandenen Codex *Trient 93* und seinem Parallelcodex *90*, zunächst nicht ändert.

Das Verhältnis der beiden Handschriften zueinander wird heute ganz anders gesehen als noch in jüngster Zeit. Da das im Corpus beider vorhandene Repertoire fast genau übereinstimmt, auch in der Reihenfolge, wurde seit seiner (nachträglichen) Entdeckung Codex „93" als Kopie von 90 betrachtet; Margaret Bent hat an Einzelfällen nachgewiesen, daß vielmehr das umgekehrte Abschriftverhältnis besteht[8]. Im Ganzen läßt sich noch nicht festlegen, ob 90 auf 93 zurückgeht oder beide auf gemeinsame Vorlagequellen, aber es steht fest, daß 90 der etwas jüngere Band ist und zumindest großenteils unter Heranziehung der entsprechenden Niederschriften in 93 entstand. Codex 90 ist ganz von Johannes Wiser geschrieben und am Ende von ihm signiert, Codex 93 enthält nur Einlagen von ihm sowie eine wohl später radierte Signatur auf fol. 125v. Wiser ist zwar vor 1459 in Trient nicht nachweisbar; da er aber damals, obwohl „iuvenis", schon Rektor der Domschule war, könnte er sich diesen Posten mit durch fleißige Kopierarbeit in vorangehenden Jahren verdient haben. Das Corpus von 93 jedoch kann schon Mitte der 1450er Jahre — vor Wisers Ankunft? — fertig gewesen sein. Sein Inhalt besteht aus sechs großen Serien: Introiten, Kyries, Glorias, Sequenzen, Credos, Sanctus und Agnus (zum Teil als Paare). Die Serien beginnen jeweils auf einem neuen Faszikel, mit Ausnahme der Gloriaserie, und schließen auch gewöhnlich mit einem Faszikelende, so daß man schon vor dem Binden die Satzgruppen in getrennten Stößen aufbewahren konnte[9]. Da in der Sammlung zahlreiche Ordinariumssätze über cantus firmi enthalten sind, die teilweise aus c.f.-Messen stammen, muß gefragt werden, ob die Sammlung trotz ihrer traditionellen Anlage das Erkennen und Aufführen voller Messenzyklen vorsah, oder zumindest zuließ. Dies konnte nur dann der Fall sein, wenn a) alle oder wenigstens die meisten Sätze überhaupt vorhanden waren, wenn b) durch hinzugesetzte Titel, Tenormarken usw. der musikalische Zusammenhang angegeben wurde, soweit er nicht aus der Melodie des c.f. erkennbar war, und wenn

c) die zusammengehörigen Sätze innerhalb ihrer jeweiligen Serie zumindest annähernd an entsprechender Stelle plaziert wurden (wie es übrigens bei Satzpaaren im ähnlich geordneten *Old Hall*-Codex bisweilen der Fall ist). Ein Index fehlt allerdings.

Es zeigt sich aber, daß die Satzgruppen i n s i c h ganz verschieden bzw. überhaupt nicht geordnet sind, und daß vor allem die Zahl der Einzelsätze in jeder Satzgruppe sehr schwankt, was allein schon das Auffinden zusammengehöriger Sätze erschwert. Die 61 Introiten (denen die Messantiphonen „*Asperges me*" und „*Vidi aquam*" vorausgehen) sind liturgisch geordnet, und zwar kommen wie im Graduale zuerst die Gesänge des Temporale, dann des Sanctorale und Commune Sanctorum (hier gibt es einige Überschneidungen, wie ja auch in Choralbüchern der Zeit), und den Schluß bilden Introiten zu Marienfesten [10]. Die Kyries (38) sind wie im Kyriale geordnet, also nach dem Rang des Festes und z. T. nach dem Commune Sanctorum (die liturgische Bestimmung ist meist durch Titel angegeben); dazwischen steht, wie üblich, das Kyrie Paschale, und den Schluß bilden wieder einige Mariensätze sowie das von Wiser nachgetragene Kyrie „*tube*" aus der zyklischen Messe von Jean Cousin [11]. All diese Musik stammt, soweit erkennbar, von kontinentalen Komponisten; die meisten Werke, darunter alle Introiten, sind anonym. Es gibt keine erkennbaren Fremdtenores, sondern es ist fast immer der Eigenchoral bearbeitet, meist im Diskant. Die Liturgie des ganzen Jahres ist mit einer reichen Auswahl von Introiten und Kyries in Polyphonie versehen, die alle leicht in der Sammlung zu finden sind.

Ganz anders bei den Glorias. Es sind 38 einschließlich der Nachträge; wann sie gesungen werden, geht aus der Anordnung nicht hervor, mit Ausnahme von drei Mariensätzen gegen Ende, denen eine kleine Gruppe von „fuga"- und „tuba"-Kompositionen folgt (vgl. Tabelle S. 17). Es gibt sonst weder eine liturgische noch eine musikalische Verbindung zum Introitus-Kyrie-Komplex. Dafür tragen 17 Sätze nun eine Tenormarke oder sind sonst als c.f.-Bearbeitungen mit Fremdtenor erkennbar. Einige cantus firmi sind Introiten, aber weder „*Salve sancta parens*", das gleich zu Anfang steht, noch „*Viri Galilaei*" haben mit den entsprechenden Introiten der voranstehenden Sammlung musikalisch zu tun, ebensowenig wie z. B. die Bearbeitung des Graduale „*Fuit homo missus a Deo*" auf Johannes d. T. oder der Fronleichnamsantiphon „*O quam suavis*" mit den für diese Feste bestimmten Introiten „*De ventre matris*" bzw. „*Cibavit eos*" zusammenpaßt. Die Gloria-Gruppe ist, bis auf die erwähnten kleinen Schlußgruppen, in sich nicht liturgisch geordnet, obwohl sich viele Sätze auf ein bestimmtes Fest beziehen und oft auch der c.f.-Text weitgehend ausgeschrieben ist. Im Gloria „*Fuit homo*" muß wohl sogar der c.f.-Text im Tenor vorgetragen werden (wie in anderen Fällen), wobei ja der Name „Johannes" bedeutungsvoll ausgesprochen wird. Soll dieser Messensatz also seiner Aussage entsprechend am Johannistag

Tabelle I:

Beziehungen zwischen Messensätzen in *Trient 93* (* = Pseudo-Paar)

Gloria	Credo		Sanctus + Agnus	
		(Nachträge)		(Nachträge)
		1762 (Dufay, ≠ 1777)		
1705 Caput ←—	—→ 1763 Caput ←→		—→ 1788 Sa Caput	
1706 Salve sancta ←—	—→ 1764 Salve sancta ←—		—→ 1789–90 Sa+Ag Salve sancta	
1707 Quem malignus ←—	—→ 1765 Quem malignus ←—		—→ 1791–92 Sa+Ag Quem malignus	
1708 Fuit homo ←—	—→ 1766 Fuit homo ←—		—→ 1793 Sa Fuit homo	
1709 (Pyllois) ←—	—→ 1767 Pyllois ←—		—→ 1794–95 Sa+Ag (Pyllois)	
1710 (O quam suavis) ←—	—→ 1768 O quam suavis ←—		—→ 1796 Sa (O quam suavis)	
1711 (Rex seculor.) ←— Ao: Paar	—→ 1769 (Brassart)		1797 Sa (4st., englisch?)	
1712 Alma red. (Leonel)		1770 Alma red. frg.	(1798 Par le regart)	
		(Franchois)	1799 Ag s.n.I.	
1713 Viri Galilaei	1771 (Benet)		1800 Sa Jacet gr. (Benet, ≠ 1717)	
1714 (Benet)	1772 (Benet)		1801 Sa s.n.II	
1715 (Benet/Leonel/Dunst.) ←	1773 (Dufay) (BL: Paar + Gl)		—→ 1802–03 Sa+Ag	
			(Benet/Leonel/Dunst.)	
1716 O praeclara	→1774 (Benet/Leonel/Dunst.) ←		1804 Sa Regnum mundi	
			(Ag in Tr 92)	
1717 Jacet granum	1775 (Leonel)		1805 Sa	
1718 Paratur nobis			1806 Ag	
1719			1807 Sa	
1720			1808 Sa (Sourby; Ao: Paar + Ag?)	
1721 (Dufay, „tube")			1809 Sa (Binchois)	
1722 3. Modus (+ 1813?)			* 1810 Ag	
1723 (Tr 92: Paar + Cr)			1811–12 Sa+Ag (englisch?)	
1724 Ecce Maria genuit			1813 frg. 3. Modus	
			(+ 1723?)	
1725 Cuius maledictione			1814 Sa Jacet gr.	
1726 (Dunstable) (Tr 92: Paar + Cr)			* 1815 Ag Paratur	
1727 (Lantins)			1816 Sa Rex sec.	
1728 (Lantins) (BL: Paar + Cr 1777)			* 1817 Ag	
1729 (Leonel/Dunstable)			1818–19 Sa+Ag (Dufay)	
			Papale + Mariae filius	
1730 (Brassart) (BL: Paar + Cr 1769)				
1731 Herdo herdo ←—	—→1776 Herdo herdo			
1732 (BMV)	1777 (Dufay)			
1733 (BMV)	1778 (Dunst.) (Tr 92: Paar + Gl)			
1734 (BMV)	1779 (de Anglia)			
1735 (fuga)	1780		1826 Sa Jacet gr.=1814	
1736	1781		* 1827 Ag (Clibano)	
1737 (fuga)	1782 (Loqueville) (BL: Paar + Gl)			
	1783 Laetare Jerusalem			
1738 Dixerunt discipuli ←—	—→1784 Dixerunt discipuli			
	1785 Homo quidam			
1739 Patris sapientia ←—	—→1786 Patris sapientia			
1740 (fuga)	1787 4 st., (englisch?)			
1741 (Dufay, M.s.n.)				
1742 (Cousin, „tube")				

aufgeführt werden, dann wird man im Rahmen der vorliegenden Sammlung für den Introitus und das Kyrie ein nur liturgisch, aber nicht musikalisch passendes Stück aufführen müssen, falls diese Gesänge überhaupt dann polyphon ausgeführt werden.

Die Sequenzen und Credos sind in der Reihenfolge ihres Erklingens in der Messe hier eingeordnet, im Gegensatz zur Gepflogenheit älterer Choralbücher, doch in Analogie zu einstimmigen Messformularen in manchen Quellen des 15. Jahrhunderts. Auf die Sequenzvertonungen, die in Codex 90 weggelassen sind, kann hier nicht näher eingegangen werden. Die nur noch 25 Credos sind in sich ebenfalls nicht liturgisch geordnet; es fehlt natürlich die marianische Gruppe, aber auch die „fuga"- und „tuba"-Gruppe. 11 Credos haben erkennbare bzw. durch Tenormarke bestimmte cantus firmi, von denen 8 mit der Gloriaserie übereinstimmen; sie erscheinen in derselben Reihenfolge wie dort. Die übrigen 17 Credos lassen sich aber kaum bestimmten Glorias liturgisch oder musikalisch zuordnen, zumal die Gesamtzahl so stark differiert und sich eine wie auch immer geartete Analogie der Anordnung verschieben würde: vgl. Tabelle I. Soll das gesamte Repertoire von Glorias und Credos ausgenützt werden, dann wird man an vielen Tagen im Jahr entweder kein polyphones Credo singen oder dasselbe Credo öfters mit verschiedenen Glorias zusammenstellen – möglicherweise eine Analogie zum einstimmigen Melodienrepertoire. Es gibt drei Gloria-Credo-Paare, die nicht über einen c.f., sondern anderswie musikalisch zusammenhängen (Nr. 1715, 1728, 1730); Tabelle I zeigt, daß zweimal die entsprechenden Sätze an so verschiedenen Stellen ihrer jeweiligen Gruppe stehen, daß sie ohne Vorwissen nicht aufgefunden werden könnten; für uns sind diese Paare nur auf dem Umweg über Konkordanzhandschriften identifizierbar. Selbst die Zusammengehörigkeit von drei c.f.-Paaren ist durch die verschiedene Länge der Gloria- und Credo-Gruppe verunklart. Beide Gruppen enthalten Einzelsätze, die in anderen Quellen im Zusammenhang eines Paares auftreten.

Die 20 Sanctus und 12 Agnus (einen ziemlich späten Nachtrag mitgerechnet) sind in sich teilweise zu Paaren geordnet. Es gibt 6 „echte" Paare, die aber meist selber schon aus hier mit Gloria und Credo vertretenen Zyklen stammen (am Anfang der Serien), sowie 4 mehr oder weniger passende „unechte" Paare, der Rest sind Einzelsätze. Interessant ist das siebente Paar: Dem Sanctus „Jacet granum" wurde als Nachtrag das Agnus „Paratur nobis" angeschlossen (Nr. 1814, 1815), womit die Reihenfolge der beiden Glorias Nr. 1717–1718 wiederholt wird – nur entsteht somit unnötigerweise ein Pseudo-Paar, obwohl der Sachlage nach das benötigte Agnus „Jacet granum" oder Sanctus „Paratur nobis" verfügbar gewesen sein könnten. Eine wiederum andere Hand hat dann als No. 1826 das Sanctus „Jacet granum" wiederholt und ein anderes Agnus gleich angeschlossen; spätestens hier war das Agnus „Jacet granum" also außer Sicht geraten.

Ein solcher Fall, und andere seltsame Verschiebungen und Auslassungen in der Reihenfolge entsprechender Sätze (vgl. die „Benet-Gruppe" Nr. 1714 usw.) sowie die vielen isolierten Einzelsätze, die sogar in eng verwandten Quellen wie *Aosta* und *Trient 92* als Paar auftreten, drängen zu der Annahme, daß bereits das Vorlagematerial für Codex 93 nach Satzgruppen geordnet war – wahrscheinlich in Faszikeln mit je mehreren Sätzen gleicher Gattung. Zumindest die nur wenig später arbeitenden Schreiber, die Nachträge einfügten, scheinen bewußt Satzpaare herstellen zu wollen: Im Corpus ist Leonels Missa „*Alma redemptoris*" nur mit dem Gloria vertreten, doch hat der spätere Schreiber ein Credo „*Alma redemptoris*" von Franchois an genau analoger Stelle einfügen wollen, das freilich Fragment blieb. Er hätte sicher nicht zu jenem Satz gegriffen, wäre ihm Leonels ganz andersartiges Credo zugänglich gewesen. Ebenfalls durch analoge Stellung ist das Gloria „*Rex seculorum*" mit einem Credo von Brassart kombiniert wie auch in *Aosta*; ein anderer Schreiber hatte aber Zugang zum Sanctus „*Rex seculorum*" (Nr. 1816), dessen Zusammenhang mit dem Gloria er wohl nicht erkennen konnte. Auch das Agnus fehlte ihm, sonst hätte er nicht einen unzugehörigen Agnus-Satz angefügt (Nr. 1817). Alle diese Lücken in der Überlieferung zyklischer Messen sind nur zu verständlich vor dem Hintergrund einer nun schon langen Tradition, in der man immer nur Einzelsätze oder höchstens Paare gesammelt hatte: nunmehr war es erst recht unmöglich, ursprüngliche Zusammenhänge wieder herzustellen. Sollte der Nachschub englischer Messen um 1450 stagniert haben? Zu den englischen Sätzen in Codex 93, jedenfalls ab Nr. 1711 bzw. 1771 bzw. 1797, gibt es in den verwandten älteren Quellen bereits viele Konkordanzen.

Mit alldem kontrastiert nun scharf eine Gruppe von sechs Messen, die am Anfang der Serien steht: Sie enthält vier sicher englische c.f.-Messen, den Zyklus von Pyllois (mit der Version des Credo im 1. Modus, die hier zugeschrieben ist) und die englisch anmutende c.f.-Messe „*O quam suavis*". Zwar fehlt in drei Fällen das Agnus Dei, doch ist der zyklische Zusammenhang der übrigen Sätze durch deren genau analoge Plazierung und auch z. T. durch Tenormarken fixiert – dies, obwohl die cantus firmi „*Quem malignus spiritus*" und vielleicht auch „*Caput*" dem Schreiber unbekannt waren. Sie dürften dem Schreiber auf anderem Wege oder zu anderer Zeit zur Hand gekommen sein als das sonstige Repertoire, jedenfalls aber in zyklischer Niederschrift, obwohl vielleicht ohne Kyries. Ich vermute, daß sie s p ä t e r nach Trient (bzw. dem Entstehungsort von Codex 93) gelangten als der Rest des Repertoires, daß man sie aber bei der Planung des neuen Codex an den Anfang stellte, gerade um den zyklischen Zusammenhang nicht zu verunklaren, wie das z. B. am Ende der Serien fast zwangsläufig der Fall gewesen wäre. Obwohl man nicht ihnen zugunsten von der traditionellen Satzgruppenordnung abging, hat man den zyklischen Zusammenhang nunmehr zumindest akzeptiert: eine Wende der Rezeption deutet sich an. Codex 93, dessen Anlage nicht erst durch nachträgliches Binden entstand, sondern von vornherein so geplant war (wie auch die Wasserzeichen nahelegen), wurde in den frühen 1450er Jahren mit der Rezeption der jüngsten Überlieferungsschicht begonnen. Diese ist charakterisiert durch c.f.-Messen, die in zyklischer Niederschrift zirkulierten (nur vielleicht ohne Kyries). Zum Zwecke der Überlieferung und Konservierung hat man noch die hergebrachte Satzgruppenordnung vorgezogen, während neben dieser systematischen Sammlung in Buchform die ungebundenen Faszikel weiterexistierten; die erstere ist als Depot zur Hand des Schulrektors oder Chorregenten zu verstehen. Bloßes Archivstück kann Codex 93 freilich nicht sein, da er viele z. T. unvollständige und (besonders am Ende) ungeordnete Nachträge enthält. Daß aber in Codex 90 das Corpus des Messenrepertoires in ebenso schöner Ordnung noch einmal niedergeschrieben wurde, scheint zweierlei zu zeigen: Erstens hat die traditionelle Konzeption der Satzgruppenordnung noch eine Weile weiter bestanden, obwohl man außerdem schon Einzelfaszikel mit je einem ganzen Messenzyklus verwendete. Ein solcher Faszikel war wohl die Kopie der Pyllois-Messe, die beim Binden von Codex 87 „abgelegt" wurde. Noch während der 1450er Jahre sind aus ihr weitere Einzelsätze (u. a. das Credo in der „F"-Version) als Nachträge in die Codices 93 und 90 gelangt, was auf anhaltendes praktisches Interesse an dem Werk schließen läßt; und Wiser hat wohl um dieselbe Zeit auch das im Corpus von 93 fehlende Kyrie dort nachgetragen (und natürlich in 90 wiederholt). Aus welcher Art Vorlagen musiziert wurde, wenn überhaupt, ist freilich nicht entscheidbar: Selbst die Satzgruppen-Niederschrift etwa von „Caput" würde ja bei entsprechender Vorausplanung eine zusammenhängende Aufführung erlauben, im Unterschied zu dem etwas älteren, größeren Teil des Repertoires. Zweitens zeigt die Verdopplung des Repertoires in 93 und 90 ein Zeichen verstärkten Interesses, das den Sammlungen in Band 87 und 92 noch nicht zugute gekommen ist. Codex 93 sollte wohl an anderem Ort, vielleicht in der Bibliothek eines anderen Auftraggebers, deponiert werden, weshalb der Band auch später entdeckt worden ist und andersartige alte Signaturen aufweist.

Nach der Fertigstellung des Corpus von Band 90 hat Wiser sicher nur noch diesen benützt, in ihm korrigiert und Kopien daraus vorgenommen, z. B. die Mittelsätze der Missa „Caput", die er nach Codex 89 übertrug. Codex 93 wurde also von der Sammlung „abgezweigt", wohl um ca. 1460. Um diese Zeit oder kurz vorher hat Wiser nun auch begonnen, fast systematisch die in Codex 93 bzw. 90 noch fehlenden Sätze zu Messenzyklen in neuen Faszikeln zu ergänzen, womit sich die letzte Phase der Rezeption ankündigt.

IV.

Die Satzgruppenordnung in den Codices *Trient 93* und *90* wirkt konservativ, wenn man berücksichtigt, daß zur Zeit ihrer Entstehung Messenzyklen in zusammenhängender Niederschrift auf Einzelfaszikeln zirkuliert haben müssen und vielleicht auch hie und da zur praktischen Aufführung verwendet wurden. Gegenüber der Komposition der ersten zyklischen Messen besteht sogar ein Zeitabstand von fast einer Generation. Das Nachhinken gegenüber der Praxis hängt eben mit der hier vorliegenden Buchform und dem vermutlichen Zweck des Buches als Depot zusammen; auch aus anderen Gebieten nördlich der Alpen sind vor ca. 1450 keine Codices erhalten, die Messen vollständig und zyklisch überliefern, nicht einmal aus England. Der Weg zur zyklischen Niederschrift innerhalb eines Buches war wohl überall länger, als man zunächst annehmen möchte. Der entscheidende Fortschritt auf diesem Wege bestand m. E. nicht darin, daß man die als Faszikel zirkulierenden Messen gewissermaßen zufällig auch einmal in dieser Form in eine Sammlung eintrug oder einband (wie hier geschehen bei Leonels „Alma redemptoris" und der Pyllois-Messe), sondern darin, daß man systematisch darauf achtete, daß möglichst alle Sätze eines Zyklus in greifbarer Nähe vorhanden waren und bei Bedarf zusammengefügt werden konnten. Dies scheint die Intention bei der Niederschrift der ersten sechs Messen in Codex 93 und 90 gewesen zu sein; bestätigt wird das Vorhandensein dieser Absicht aber erst dadurch, daß man fast gleichzeitig auch begann, zu anderen, bisher isolierten Sätzen die fehlenden Sätze zusammenzutragen und an identifizierbarer Stelle zu deponieren. Dies war in Codex 93 schon von den Schreibern einiger Nachträge versucht worden, die aber nur Paare herstellen wollten und selbst dabei aus Mangel an Vorlagen fast nie die echte Kombination erzielten. Erst seit dem Eingreifen Johannes Wisers scheint das „Restituieren" nicht nur von Paaren, sondern nun auch von ganzen Zyklen zu gelingen. Die Resultate dieser wohl mühseligen Arbeit sind nicht in einem einzigen der heutigen Bände vereinigt, sondern verteilen sich auf drei Stellen: die N a c h t r ä g e in Codex 93, den heutigen S c h l u ß t e i l von Codex 90, der damals sicher noch nicht Teil des Bandes war, und den e r s t e n T e i l von Codex 88, für den entsprechendes gilt. Im wesentlichen hatte man also lose Faszikel zur Hand, die nach Bedarf kombiniert werden konnten. (Diese Praxis weicht also von der planvollen Anlage der großen Sammlung in Codex 93/90 ab.) Erst als die betreffenden Faszikel später gebunden wurden, gelangten manche Sätze an weit voneinander entfernte Stellen oder sogar in verschiedene Bände; deshalb wurden einige der hier gesammelten Messenzyklen von der Forschung bisher nicht erkannt. Viel auffallender war ja, daß nun innerhalb desselben Bereiches (und sicher auch schon gegen oder um 1460) auch einige später angelangte Zyklen von vornherein zusammenhängend niedergeschrieben wurden, womit die Fixierung der Gattung als N i e d e r s c h r i f t endgültig vollzogen ist.

Daß die an diesem Material arbeitenden Schreiber den Zusammenhang auch getrennt stehender Sätze wirklich erkennen konnten, zeigen nicht nur die nun häufiger werdenden Tenormarken und Titel, sondern auch spezifische Querverweise. Wiser, der Hauptschreiber dieses Komplexes, schrieb zum Kyrie von Dufays *Missa S. Antonii Viennensis* (Nr. 866) in Codex 90 – bezeichnenderweise nicht in 93: „*Et in terra et totum officium quaere post missam Badingm*", womit Bedinghams Missa „*Deuil angouisseux*" gemeint ist (Nr. 1098–1101), die Dufays Werk voraufgeht (Nr. 1102–1105); zu dieser Zeit muß allerdings Codex 90 schon gebunden gewesen sein. Die gängige Bezeichnung „officium" (für Messordinarium) wird nicht nur als Kopftitel einer zyklischen Niederschrift verwendet, sondern auch im Sinne eines Querverweises für isoliert stehende Sätze, z. B. Nr. 210 (Agnus der Missa s.n. II) von Codex 88; leider ist gerade hier der Name des Zyklus nicht mehr lesbar.

Tabelle II (S. 23) soll verdeutlichen, welche Messenzyklen in dem hier behandelten Komplex enthalten sind und wie sie sich auf die heutigen Bände verteilen. Nicht bei allen ist Wiser die Vervollständigung geglückt; wo sie gelang, schrieb er öfters das ganze Werk später noch einmal vollständig auf. (Diese Arbeit reicht mit „*Caput*" und der Messe von Tik noch in Codex 89 hinein.) Andererseits treten manche Zyklen von vornherein vollständig auf (z. B. „*So ys emprentid*"[11], „*O rosa bella*" II[12]), teilweise auch in sich geschlossenen Faszikeln. Das spätere Nachtragen noch fehlender Sätze betrifft öfters das Agnus und am häufigsten das Kyrie – eine Auswirkung der „bedingten Rezeption" englischer Messen ohne Kyrie, wie sie ja im Corpus von Codex 93 klar ausgeprägt ist. Die Tabelle ist nicht ganz vollständig: Einzelsätze, die im Gesamtbereich der Trienter Codices keine Ergänzung mehr erfuhren, sind weggelassen. Wir wissen freilich nicht, wieviel verwandtes Quellenmaterial verlorengegangen ist.

Insgesamt hat die Arbeit an dieser Messensammlung sicher Jahre in Anspruch genommen; obwohl viel dafür spricht, daß der zweite Teil des heutigen Codex 90 (etwa ab Nr. 1031) und der erste Teil von Codex 88 (etwa bis Nr. 260) ungefähr gleichzeitig entstanden, muß eine eigentliche Chronologie der Niederschriften der Spezialforschung (u. a. an den Wasserzeichen) vorbehalten bleiben. Erst der letzte Teil von Codex 88 (ab Nr. 397, also nach den großen Propriumszyklen dieses Bandes) ist eindeutig jünger. Die Reihenfolge der Werke in Tabelle II ist nur ein ganz approximativer Versuch einer chronologischen Anordnung, ebenso die Numerierung der Missae sine nomine (M.s.n.). Keines der Werke selbst ist einwandfrei datierbar[13]; die Messen „*Caput*", „*Fuit homo*" und „*S. Antonii Viennensis*" existierten mit Sicherheit schon vor 1450. „*O rosa bella*" (ediert als 2. Messe dieses Namens) kann nicht älter sein als „*O rosa bella*" I im Schlußteil von Codex 88[14]. Die Kopien der Werke des Codex 93 im Hauptteil von Codex 90 sind in der Tabelle nicht berücksichtigt. Vollständige, zusammenhängende Niederschriften – und auch solche, bei denen nur das Kyrie fehlt – sind unterstrichen.

Tabelle II:
Zyklische Messen in *Trient 93* (Nachträge), *90* und *88*

Autor bzw. Name der Messe	Cod. 93 (Nachtrag, wo nicht anders vermerkt)	Cod. 90 (2. Teil)	Cod. 88
Caput	(Gl, Cr, Sa: Corpus)		Ky, Ag: 217–18 (Ky-Ag in Cod. 89)
Fuit homo	(Gl, Cr, Sa: Corpus)		Ky, Ag: 219–220
Pyllois	(Gl, Cr, Sa, Ag: Corpus) Ky: 1703, Gl: 1752 Cr (in F): 1759		
Cousin, „tube"	Ky: 1702, Gl: 1742	Gl, Cr, Sa, Ag: 1123–26	
M.s.n. I (Bedingham?)*	Gl, Cr, Sa: 1613–15 Ag: 1799		Ky-Ag: 225–29
M.s.n. II	Sa: 1801	Gl, Cr: 1036–37	Ag: 210
Le Rouge, So ys em.		Ky-Ag: 1031–35	
(Henricus Tik)*		Sa: 1060	(Ky-Ag in Cod. 89)
Hainricus Collis		Gl: 1073	Sa: 203
Veterem hominem			Gl, Cr, Sa, Ag: 199–202 Ky: 404 (spät)
Bedingham, Deuil ang.		Gl, Cr: 1098–99	Sa, Ag: 208–09 Ky, Gl, Cr: 213–15
Pseudo-Bedingham		Sa, Ag: 1100–01	
Dufay, S. Antonii Vi.	Ky: 1678 (Corpus)	Gl, Cr, Sa, Ag: 1102–05	
M.s.n. III (Pseudo-Messe?)		Ky-Ag: 1108–12	
Pseudo-Messe I			Gl, Cr, Sa, Ag: 221–24
Pseudo-Messe II			Gl-Ag, Ky: 230–34
O rosa bella (II)		Ky-Ag: 1114–18	
M.s.n. IV		Gl: 1120	Ky-Ag: 397–401 (spät)
M.s.n. V			Gl-Ag: 244–47
Puisque m'amour			Gl, Cr, Sa: 249–51
Dufay, Se la face			Ky-Ag: 253–57
Pax vobis ego sum			Gl, Cr: 259–60
La belle se siet		Ky-Ag: 1130–34	

---

*) Zuschreibung in Konkordanz

V.

In den hier behandelten Quellen des deutschen Sprachgebiets finden sich zwar schon sehr frühe Überlieferungen von Einzelsätzen der englischen c.f.-Messen und auch der nicht an c.f. gebundenen kontinentalen Messenzyklen, die Rezeption der zyklischen G a t t u n g deutet sich aber in den Niederschriften erst kurz nach 1450 an; um 1460 ist sie ganz vollzogen. Dieses zeitliche Nachhinken nimmt uns nicht nur die Möglichkeit, aus den betreffenden Quellen sichere Schlüsse auf die Chronologie der Werke selbst zu ziehen, sondern es wird auch die Frage nach der englischen bzw. kontinentalen Herkunft dieser Werke kompliziert. Viele zyklische Messen treten erst in den jüngeren Quellen *Trient 93, 90* und *88* auf; wir wissen aber nicht, ob sie nicht viel älter sind und nur die allgemeine Unsicherheit über die Gattung bzw. den c.f. schuld war, daß Einzelsätze als ,, Vorläufer" in den älteren Quellen fehlen – dies ist die Frage z.B. bei ,,*Caput*" und den anderen c.f.-Messen am Anfang von Codex 93. Was die Herkunft betrifft, so hat schon vor der Jahrhundertmitte wohl eine so starke Rezeption englischer Techniken im franko-flämischen Bereich stattgefunden (ein gutes Beispiel dafür ist ,,*So ys emprentid*" von Le Rouge, und andererseits, daß ,,*Caput*" so lange Dufay zugeschrieben werden konnte), daß sich bei den Werken unbekannter Herkunft in *Trient 93* usw. kaum mehr eine primäre, englische Schicht von einer sekundären, kontinentalen unterscheiden läßt. Es gibt nunmehr franko-flämische c.f.-Messen und wahrscheinlich englische Messen ohne c.f., und all diese Varianten treten in Trient nach 1450 fast gleichzeitig zutage. Trotz vieler Bemühungen der letzten zwanzig Jahre, in diesem Repertoire vor allem englische Kompositionen nachzuweisen, und trotz des Einsatzes vor allem stilkritischer Methoden blieb der Erfolg doch relativ beschränkt. Als Dokument für die Geschichte der englischen wie franko-flämischen Messenkomposition ist die vorliegende Sammlung nur bedingt brauchbar.

Wir sollten an sie einmal andere Fragen stellen. Auffallend an der Trienter Sammlung ist doch die große Anzahl von Messen oder Messensätzen, die hier im Laufe von nur etwa einem Jahrzehnt niedergeschrieben werden konnten: in Codex 93 als Einzelsätze, in den etwas späteren Sammlungen zunehmend als Zyklen. Es liegt offenbar planvolles, also selektives Sammeln vor. Für eine lokale Schule in Trient selbst, die eine solche Konzentration kunstvoller Musik in so kurzer Zeit hätte produzieren und verbrauchen können, fehlt bisher jeder Hinweis[15]. Der Depotcharakter besonders von Codex 93/90 legt nahe, daß die Niederschriften einer intensiven Praxis nur nachfolgen, wie ja auch die Rezeption der zyklischen Gattung verzögert erscheint. Daß eine solche Praxis schon früh Aufführungen von c.f.-Messen, oder zumindest von Einzelsätzen und Paaren über fremde cantus firmi einschloß, beweist vor allem die Gloria- und Credo-Serie in Codex 93, die kurz nach 1450 entstand. Wo aber ist diese Praxis zu suchen? Und von woher stammen all jene noch unidentifizierten Messenkompositionen, auch über cantus firmi, die immer noch mindestens die Hälfte dieses Repertoires ausmachen?

Im Unterschied zu den bescheideneren liturgischen Formen wie Introiten, Hymnen, Magnificats und Sequenzen, bei denen die Forschung immer eher geneigt war, lokale oder regionale Herkunft zuzugestehen, ist das Messenrepertoire schon seit Rudolf von Ficker immer zu einseitig auf westeuropäische Herkunft hin untersucht worden[16]. Man konnte sich offenbar nicht recht vorstellen, daß es im österreichischen Raum schon im früheren 15. Jahrhundert eigene Messenkompositionen gegeben hätte, die sich zudem stilistisch nicht von den importierten unterscheiden ließen. Die Hofkapellen der habsburgischen Herrscher Albrecht II. und Friedrich III., über die so wenig Konkretes bekannt ist, hat man sich immer so vorgestellt, als ob darin allein Franko-Flamen wie Roullet, Brassart und Touront den Ton angegeben hätten und die aufgeführte Messenmusik ganz aus dem Westen Europas stammte. (Wenn das stimmt, dann dürfte das hier behandelte Repertoire der mittleren Trienter Codices eher auf andere Institutionen zurückgehen als auf die Hofkapellen, denn in ihm gibt es kaum Werke, die von diesen drei Komponisten stammen können.) Nein, die große Zahl der unidentifizierten Stücke zwingt doch fast zu der Vermutung, daß man in Österreich schon vor 1450 von der Rezeption auch zur E i g e n p r o d u k t i o n von c.f.-Messen übergegangen ist, oder wenigstens von c.f.-Einzelsätzen, die ja in Codex 93 häufiger sind als in allen anderen Quellen der Zeit.

Wie sich der Schritt von der Rezeption zur Eigenproduktion etwa vollzogen haben könnte, soll an zwei Beispielen erläutert werden. Sie sollen zugleich andeuten, auf welchen Wegen und woher manche Werke nach Trient gelangt sein könnten.

Die Messe von Pyllois[17] hat bei den Trienter Schreibern sozusagen Aufsehen erregt; allein das Credo wurde von ihnen fünfmal kopiert (in den zwei Versionen), das Gloria viermal. Wahrscheinlich waren zwei verschiedene Vorlagen vorhanden, von denen eine (in Codex 93) die Zuschreibung enthält. Der zweite Teil von Codex 90 enthält aber auch die umfangreichste Sammlung mit Werken dieses Komponisten, der 1447 — wohl noch recht jung — als Sänger an die päpstliche Kapelle kam und dort bis 1468 belegt ist. Der seinerzeit viel kommentierte Italienzug des deutschen Königs Friedrich III., der am Sonntag Laetare 1452 in der Kaiserkrönung zu Rom gipfelte, konnte der Messe eines päpstlichen Sängers in Österreich einiges Prestige verschaffen. Friedrich nahm auf der Rückreise auch seinen Sekretär Johannes Hinderbach von Padua mit, wo dieser in Anwesenheit des Kaisers den Doktorgrad empfing; Hinderbach wurde 1455 Archidiaconus der Trienter Kathedrale und war seitdem wohl für die dortige Liturgie verantwortlich, weilte aber in kaiserlichen Diensten auch später noch öfters in Italien. Er hatte früher in Wien studiert; auf seine Paduaner Karriere nimmt ein einzigartiges Dokument

Bezug, das ihn 1442 zusammen mit dem böhmischen Musiker Wenzel Prachatitz und Hermann Schedel aus Nürnberg als Zeugen der Doktorpromotion von Paulus Zidek (Paulirinus) aus Prag nennt[18]. Hinderbach hatte also nicht nur Gelegenheit, Musik der Hofkapelle Friedrichs kennenzuleren — die nunmehr wohl die Pyllois-Messe einschloß — sondern auch weitere musikalische Kontakte. Die Pyllois-Messe ist stilistisch fast ein Zwilling (Vorlage oder Nachahmung?) der *Missa sine nomine I*, deren Sanctus in Oxford *Bodl. Add. C 87* Bedingham zugeschrieben wird — einer Quelle mit englischer Musik, die aber vielleicht auf dem Kontinent entstand. Das erinnert daran, daß Bedingham (in Trient mit vielen Werken vertreten) auch als Autor der Chanson *O rosa bella* — Grundlage wiederum von Trienter Messen — in Frage kommt.

Auch die Missa *Deuil angouisseux* von Bedingham[19] spielt eine prominente Rolle in den Codices. Bei ihrer ersten Niederschrift gegen Ende von Codex 90 hatte Wiser ein Sanctus-Agnus-Paar verwendet, das er irrtümlich für zugehörig hielt (Nr. 1100–01, vgl. Tabelle II), da er auf die vier Sätze als „*officium Badingham*" verweist (bei Nr. 866); das Satzpaar beginnt mit einer speziellen rhythmischen Figur in Kolorierung, die auch am Anfang des Sanctus und Agnus der Pyllois-Messe vorkommt. Wohl später entdeckte Wiser dann das echte Sanctus und Agnus von Bedinghams Werk, die er in Tr 88 aufschrieb. Außerdem notierte er dort noch einmal Kyrie, Gloria und Credo, sowie mehrere andere Sätze, die dem Bedingham-Zyklus sehr nahestehen bzw. den Anfang von Binchois' berühmter Chanson selbst zu erinnern scheinen: so z. B. Nr. 211 und die Messensätze von Hainricus Collis (wegen der Schreibung des Vornamens wohl ein Deutscher) Nr. 203 und 1073; das „*Benedicamus Domino*" Nr. 216 ist musikalisch identisch mit Bedinghams „*Cum sancto spiritu*". Der seltsame Doppelname „Bedingham Langensteiss" zu Nr. 1098 könnte so erklärt werden: auf einem Vorlagemanuskript befand sich der Name (eines Besitzers?) „Langenstein", also jener berühmten Wiener Gelehrtenfamilie, mit der Hinderbach verwandt war.

Bestimmte ausländische Werke, die entweder aufgrund ihrer Herkunft oder anderer äußerer Umstände ein gesteigertes Prestige besitzen (wir wissen übrigens nicht, wo der Engländer Bedingham um jene Zeit angestellt war), werden zum Brennpunkt nachahmender und parodierender Bezugnahme. Ein ähnliches Verhältnis besteht ja ohnehin zwischen der Chansonmesse und dem weitverbreiteten Werk von Binchois. Alle möglichen Arten ableitender, kontrafizierender, nachahmender Tätigkeit sind in den damaligen Stücken der Trienter Codices vertreten — Zeichen eines sehr aktiven Aneignungsprozesses. Die Vorlagen, besonders die Chansons, sind selbst oft mit überliefert, manchmal in mehreren Fassungen. Alles sieht danach aus, als hätten die Trienter nicht ein einziges Mal eine oder mehrere große Sammlungen von auswärts zur Hand bekommen, denen ortsansässige Komponisten dann Anregungen entnahmen, sondern als hätte ein kontinuierlicher Kontakt mit wichtigeren Zentren bestanden, in denen immer weiter produziert wurde. Daß Wiser in der Lage war, zunächst fehlende Messensätze später zu ergänzen, heißt wohl, daß er anderswo nach den fehlenden Sätzen anfragen konnte.

Außer den schon angedeuteten kulturellen Kontakten Trients — zu den fürstlichen Kapellen der Habsburger und ihrer zahlreichen Verwandten und Schwäger, und zur Musik an den Universitäten in Wien und Norditalien — seien noch zwei weitere, vielleicht sogar wichtigere genannt: da ist einerseits die Musikpflege der anderen Bischofssitze, der Klöster und Stifte im östlichen Alpenraum, die schon im 14. Jahrhundert auch Polyphonie einschließt[20]. Tatsächlich sind in Handschriften monastischer Herkunft aus diesem Gebiet auch Fragmente mensuraler Musik des 15. Jahrhunderts erhalten, die zum Teil aus viel umfangreicheren Codices stammen müssen. Sie konzentrieren sich besonders auf Orte entlang der Donau (Diözese Passau: Mondsee, Melk, Zwettl, Heiligenkreuz und Wien selbst)[21], wo immer auch ein reger Kulturaustausch mit dem angrenzenden Böhmen zu beobachten ist — schon zur Zeit der Luxemburger Dynastie und schließlich trotz oder gerade wegen der Hussitenkämpfe, die ja auch zur Abwanderung vieler Deutscher z. B. aus Prag in die angrenzenden Gebiete geführt haben. Der andere wichtige Kontakt betrifft eben das Erbe der böhmischen Kultur des 14. und frühen 15. Jahrhunderts selbst. Sie ist nicht nur monastisch vermittelt, etwa durch die Benediktiner- und Augustinerorden, nicht nur höfisch, etwa durch den Übergang der Kapelle Kaiser Sigismunds zumindest teilweise an die Habsburger, nicht nur über die engen Universitätskontakte zwischen Prag und Wien, sondern schließlich auch direkt politisch durch das Mitwirken von Tschechen, Schlesiern und Polen an der österreichischen Verwaltung und Kultur. Gerade Trient und sein Domkapitel ist ein gutes Beispiel dafür: unter dem polnischen Bischof Alexander von Masowien (1424—1444), der Friedrichs III. Onkel war, und dem schlesischen Bischof Georg Hack (1446—1465) wirkte bis 1455 der Pole Stanislaus von Sobnow als Archidiaconus, neben anderen Schlesiern, Böhmen und Polen im Domkapitel[22]. Als Vorgänger Hinderbachs im engeren Sinn ist er wohl eher der Mann, der die Trienter Sammlung begründen und — vor allem mit Codex 93 — an Hinderbach weitergeben konnte.

Gerade mit den noch unidentifizierten Messenkompositionen in Codex 93, 90 und 88 ist ein weites Feld eröffnet für die Erforschung der eigenständigen Musiktradition dieser Gebiete. Eigentlich nur Laurentius Feininger und Charles Hamm haben sich bisher um Zuschreibungen bemüht: der erstere fast ausschließlich an Dufay[23], der letztere an die Engländer[24]. Bei beiden sind stilistische Kriterien ausschlaggebend. Obwohl einige von Hamms Vermutungen später bestätigt wurden (z. B. bei den Messen *Salve sancta parens, Fuit homo* und *Veterem hominem*), ist die Methode letztlich schwach, da es an der Gegenprobe mangelt: gerade in einem Repertoire mit so aktiver Rezeption der englischen Musik wäre am einzelnen Stück nicht nur festzustellen, daß es englische Kompositionstechniken verwendet, sondern auch zu beweisen, daß es nicht kontinental sein kann. Eine Definition des Stils gerade der deutschsprachigen Gebiete aber ist vorerst unmöglich.

Erfolgversprechender scheint derzeit ein auch schon von Hamm punktuell eingeschlagener Weg zur Herkunftsbestimmung: die Identifizierung der regionalen Herkunft der cantus firmi. Die Methode wurde von Bukofzer am Beispiel der Missa *Caput* glänzend illustriert[25]; bei liturgischen Tenores müssen regionale Choralvarianten an einem breitgestreuten Quellenmaterial verglichen werden. Hamm stützt sich nur auf moderne Ausgaben und zitiert diese außerdem unvollständig. Bei den Glorias ,,*Viri Galilaei*'' (Nr. 1713) und ,,*Ecce Maria genuit*'' (Nr. 1724) sowie beim Gloria-Credo-Paar ,,*Pax vobis ego sum*'' (Nr. 259–60) erwähnt er als Choralquellen nur Bücher des Sarum Use, obwohl alle diese cantus firmi identisch, oder sogar ähnlicher, auch im römischen Gebrauch vorkommen. Der Vergleich von möglichen Choralquellen für das Credo ,,*Homo quidam*'' (Nr. 1785) und das Gloria-Credo-Paar ,,*Herdo herdo*'' (Nr. 1731, 1776) kehrt die Sachlage sogar um: die zitierte Sarum-Quelle ist dem Trienter c.f. unähnlicher als das Responsorium ,,*Homo quidam*'' im Antiphonale Romanum[26] bzw. als die von Stäblein edierten kontinentalen Hymnus-Melodien ,,*Hostis Herodes impie*'' bzw. ,,*Herodis insanus furor*'' (vgl. Melodien 20, 36, 254)[27]. Obwohl im letzteren Fall der Ostinato-c.f. wohl auch eine Adaptierung durch den Komponisten darstellt, gibt es doch unter den Trienter Tenores Melodievarianten, die eher auf regionale Traditionen zurückzuführen sind. In diesem Sinne sind noch zu untersuchen die cantus firmi ,,*O quam suavis*'' und ,,*Paratur nobis*'' (Nr. 1710 usw., Nr. 1718 usw.: beide doch englisch?) sowie ,,*Laetare Jerusalem*'' (Nr. 1783). Völlig unidentifiziert ist bisher ,,*Cuius maledictione*'' (Nr. 1725: aus einem Reimoffizium?).

In den drei verbleibenden Fällen, die noch in Codex 93 auftreten, können jetzt Ergebnisse vorgelegt werden[28].

1. Das Gloria-Credo-Paar ,,*Dixerunt discipuli*'', von Hamm wohl zu Recht als Verbindung englischer und nicht englischer Merkmale zitiert, verwendet im c.f. zwei charakteristische Abweichungen von dessen vorherrschender Melodietradition, die sich beim Vergleich von ca. 20 englischen, französisch-flämischen und deutschen Choralquellen als ziemlich stabil erweist (vgl. *Notenbeispiel 1*). Insbesondere ist die Version des *Antiphonale Sarisburiense* (fol. 593)[29] fast identisch mit der heutigen römischen Fassung des *Antiphonale Romanum*, wo die beliebte St. Martins-Antiphon als 1. Antiphon ad laudes geführt wird (S. 918). Die Abweichungen des Trienter c.f. (Nr. 1738 und Nr. 1784) begegnen nur in drei der untersuchten Choralquellen: a) *Antiphonale Graz*, UB Cod. III 29/30, aus der Benediktinerabtei St. Lambrecht (Steiermark), 14. Jh. (Cod. III 30, fol. 298r). Das zweibändige

Antiphonale enthält auch Mehrstimmigkeit des 14. Jh. in Quadratnotation[30].
b) *Antiphonale München, Bayer. Staatsbibl., Clm 15504*, aus der Benediktinerabtei Rott am Inn (Ostbayern), 14. Jh. Aus dieser Abtei stammt auch ein Fragment mensuraler Musik des frühen 15. Jh.: Clm 15611[31]. c) *Antiphonale Prag, UB III D 10*, aus Süddeutschland oder Böhmen, 15. Jh. (fol. 175 v) — hier weicht eine Note von a) und b) zugunsten der gebräuchlicheren Fassung ab („e" statt „f" auf „pa"ter). Die beiden Messensätze „*Dixerunt discipuli*" reihen sich zwanglos in die Gruppe polyphoner Stücke auf St. Martin ein, die aus dem deutschsprachigen Südosten sowie aus Böhmen bekannt sind. Eine c.f.-Messe über die als Ostinato verwendeten ersten sieben Noten der Antiphon komponierte auch Eloy d'Amerval[32] — aber eben mit der gebräuchlicheren Variante „h" statt „c" als dritte Note; dasselbe gilt für die Verwendung der Melodie in Obrechts *Missa de S. Martino*. In der Trienter Niederschrift ist der fast vollständige Text der Antiphon dem Tenor unterlegt und läßt sich wegen der getreuen Nachbildung selbst der Ligaturen des Chorals auch als Tenortext vortragen.

2. Das Gloria „*O praeclara stellu maris*" (Nr. 1716) wurde von Hamm unter den englischen Werken aufgezählt[33], obwohl er weder Text noch Melodie des c.f. identifizieren konnte; vielmehr tritt zum stilistischen Argument die Stellung des Satzes zwischen sicher englischen Stücken hinzu. Das Responsorium zur Heimsuchung Mariä findet sich zwar in einer modernen Choraledition[34], jedoch mit ganz anderer Melodie. Zunächst zum Text: Es handelt sich um ein Responsorium (2. Nokturn) des Reimoffiziums zur Visitatio Mariae von dem Prager Erzbischof Johannes von Jenstein (+ 1400), der als Dichter bekannt ist und sogar bisweilen als „Mensuralkomponist" ausgegeben wird; die Sequenz „*Decet huius cunctis horis*" aus demselben Offizium ist mit Noten ediert[35]. Johannes setzte in Rom die Annahme des Festes der Visitatio bei Papst Urban VI. durch; eingeführt wurde es von Bonifaz IX. im Jahre 1389. Johannes' Dichtung wurde jedoch bald von dem Reimoffizium des englischen Kardinals Adam Easton verdrängt („*Accedunt laudes virginis*")[36]. In den Choralbüchern findet sich meist der Text Eastons, der fast ganz in Jamben gedichtet ist, außer dem Hymnus „*In Mariam vite viam*" — so z.B. in *Utrecht, UB 3 J 7* (= 406) und *Prag, UB III D 10* (vgl. oben). Das durchweg trochäische Gedicht des Johannes könnte durch diesen metrisch gleichen Hymnus angeregt sein, oder es stammt umgekehrt der Hymnus aus seinem Offizium und hat sich als „Außenseiter" auch im Easton-Offizium durchgesetzt. Jedenfalls ist das gesamte Offizium des Johannes kaum überliefert, sondern die Handschriften bevorzugen den Text Eastons bzw. haben Prosatexte — nur eben das Responsorium „*O praeclara stella maris*" erscheint hie und da einzeln in ihnen, z.B. in Handschriften aus St. Emmeram (Clm 14667 und 14859)[37] und St. Florian (XI 477). Zusammen mit der Melodie ist es bisher in zwei Quellen nachweisbar: a) *Antiphonale Klosterneu-*

burg, Cod. 1007, fol. 92v–93r (eine Abschrift davon in Cod. 1005), 14. Jh. Die Melodie im 5. Modus unterbricht hier die modal geordnete Serie von Eastons Offizium[38]. b) Geistliche Sammelhandschrift aus *St. Emmeram, Clm 14926*, fol. 217v–218r, 15. Jh. In dieser Niederschrift ist auch auf dem Wort „nobis" eine längere melismatische Erweiterung vorhanden, die mit dem Trienter c.f. übereinstimmt, jedoch in Klosterneuburg fehlt. Alle übrigen Stellen stimmen mit dem c.f. hinreichend überein (vgl. *Notenbeispiel 2*). Der Text des Responsoriums ist dem Tenor in Trient wiederum annähernd vollständig unterlegt und singbar; dabei fällt die konsequente ternäre Rhythmisierung auf. Die Annahme ist verlockend, die Melodie stamme von Johannes von Jenstein selbst oder aus seiner unmittelbaren Umgebung und wäre vielleicht von ihm bereits rhythmisch konzipiert gewesen. Er gehörte zum Orden der Augustinerchorherren, was die Überlieferung der Melodie in Klosterneuburg mit erklären mag. Clm 14296, das auch ein mehrstimmiges Stück enthält, wird in RISM (nach Stäblein) als niederländische Handschrift bezeichnet[39]; der einzige Grund hierfür ist aber ein Offizium auf den Maastrichter Bischof St. Servatius. Er war auch Patron der Diözese Worms, und sein Fest (13.5.) findet sich in mehreren Quellen des 14. und 15. Jh. aus Regensburg und St. Emmeram[40]. Clm 14926 enthält u. a. ein deutsches Reimgebet auf St. Barbara („*Ich weys eyn blümleyn das ist feyn*"), dessen Orthographie südwestdeutscher oder mittelrheinischer Herkunft ist[41]. Ein aus dieser Gegend stammender Schreiber dürfte den Band in St. Emmeram angelegt haben. Das Gloria in *Trient 93* ist nicht die einzige Vertonung von Johannes' Responsorium aus dem deutschsprachigen Bereich: Der Vers „*Ad te clamant omnes rei*" ist mehrstimmig vorhanden im *Apel-Codex (Leipzig UB 1494)* als Nr. 84 und noch einmal, ohne Text, als Nr. 172, dort einem „C. von P." zugeschrieben[42]. Das Responsorium „*O praeclara*" selbst steht als 3st. Satz im Glogauer Liederbuch (Nr. 75); hier wird der c.f. im Diskant in gleichen Breven geführt[43].

3. Die vielleicht interessanteste Identifizierung betrifft das Gloria-Credo-Paar „*Patris sapientia*" (Nr. 1739 und 1786: in der Gloria-Serie unmittelbar folgend auf „*Dixerunt discipuli*", in der Credo-Serie nur durch „*Homo quidam*" davon getrennt). Der Trienter Schreiber hat den Text irrig mit der Initiale „*O*" begonnen; die Fortsetzung der Textmarke mit den Worten „*veritas divina*" zeigt aber eindeutig, daß der c.f.-Text nichts anderes ist als die erste Strophe des berühmten Reimgebets „*Patris sapientia, veritas divina*", das dem Kardinal Egidio Colonna (frühes 14. Jh.) zugeschrieben wird. Es ist einer der verbreitetsten Gebetstexte des Spätmittelalters; er findet sich in zahllosen Quellen als Stundengebet „*de S. Cruce*" auf Lateinisch sowie in mehreren Volkssprachen. Die sieben Strophen begleiten die Tageszeiten der Passion, ganz entsprechend wie z.B. in den verschiedenen Stundengebeten über die sieben Worte des Erlösers am Kreuz (z.B. „*Da Jesus an dem Kreuze*

stund"). Für *„Patris sapientia"* setzt die Melodieüberlieferung[44] gegen Ende des 15. Jh. ein; es erscheint angeblich zum ersten Mal mit der Melodie im *Cod. Wien, ÖNB 3027,* einem Sammelband aus Kloster Mondsee (1494?), der auch das Lied *„Da Jesus an dem Kreuze stund"* enthält sowie für *„Patris sapientia"* den deutschen Alternativtext *„Maria zw metten zeyt"* anbietet[45]. Der Codex ist vielleicht nicht in Mondsee selbst entstanden, jedenfalls aber in der Diözese Passau, und enthält Nachrichten über niederbayrische Orte. Dem heutigen Musiker dürfte die Melodie (vgl. *Notenbeispiel 3*) dadurch vertraut sein, daß sie aus hussitisch-taboritischen Quellen in M. Weisses Gesangbuch der Böhmischen Brüder (1531) eingewandert ist, wo sie die seither im lutherischen Gesangbuch geläufigen deutschen Texte *„Christus wahrer Gottes Sohn"* bzw. *„Christus der uns selig macht"* erhielt[46]. Vergleichen wir den Tenor des *„Cum sancto spiritu"* in *Tr 93* (*Notenbeispiel 3*) mit der Fassung Weisses[47] und dem Wiener Codex, so zeigt sich eine genaue Übereinstimmung nicht nur der Tonhöhen, sondern auch — bei Weisse — der gedehnten melismatischen Zeilenschlüsse. Die phrygische Melodie mit Kadenzen nach „e" und „h" (!) wird von Camillo Schoenbaum wohl zu Recht auf das Liedgut der Hussiten zurückgeführt[48]. Ihr marschartiger binärer Rhythmus ist in dem Trienter Satz so starr in das perfekte Tempus eingespannt, daß die mehrstimmigen Kadenzen öfters nicht auf den Beginn der Perfektion fallen, und zudem wird zur Vermeidung phrygischer Kadenzen meistens der originale Zeilenschluß dabei mißachtet. In den anderen Abschnitten der beiden Messensätze ist die Melodie zum Teil anders rhythmisiert bzw. in gleichen Breven deklamiert, aber dann immer auch koloriert: das *„Cum sancto spiritu"* ist somit die Stelle, an der das Lied textiert vorgetragen werden kann — sogar von Ausführenden, die den mensuralen Rhythmus nicht beherrschen. Die dritte bzw. siebente Zeile *„Deus homo captus est"* usw. erscheint zweimal auch im Cantus der Sätze, und zwar unüberhörbar in gleichen Breven, nur vom Contratenor Note gegen Note begleitet (*Notenbeispiel 4*). Hier werden im Gloria syllabisch deklamierend die Worte *„Tu solus altissimus"* vorgetragen; beim Credo scheint die Trienter Textunterlegung irrtümlich etwas verschoben zu sein — statt *„et ascendit in celum"* soll doch wohl *„secundum scripturas"* gesungen werden. Diese beiden Stellen sind satztechnisch so überraschend hervorgehoben (die Tenormelodie erscheint sonst nicht im Cantus), daß eine besondere Emphase auf den Textworten liegt, nach Art eines „Noema" oder „cantus coronatus" wie in Dufays Motette *Supremum est mortalibus* bei den Worten *„Eugenius et Rex Sigismundus"*. Handelt es sich bei *„tu solus altissimus"* und *„secundum scripturas"* nicht um hussitisch-vorreformatorische Glaubenssätze?

Es bleibt noch anzufügen, daß das *„Patris sapientia"* mitsamt seiner Melodie gegen 1500 auch anderswo vertont wurde, nämlich wiederum im *Apel-Codex* (Nr. 64)[49]: der Rhythmus des Tenors in diesem 4st. Satz stimmt genau mit dem Trienter „*Cum sancto spiritu*" überein! Wie bei „*O praeclara*" ist hier wohl eine schon rhythmisch feststehende Melodie aus böhmischem Kerngebiet sowohl nach Süden als auch nach Norden ausgewandert. Weitere Vertonungen des „*Patris sapientia*", u. a. in *Bayer. Staatsbibl. Mus. ms. 3154* (Nr. 30) sowie Sätze von Compere und aus dem 16. Jh. machen von der Melodie keinen Gebrauch.

Die drei untersuchten Messenkompositionen müssen alle aus dem österreichisch-böhmischen Raum stammen, die letzte sogar wahrscheinlich aus vorreformatorischen Kreisen. Gemeinsam haben sie, daß bei hochstehender, „westlicher" Kompositionstechnik doch der c. f. einfach und sanglich durchgeführt wird wie ein Lied, jedenfalls in bestimmten Abschnitten. Das deutet nicht nur auf Querverbindungen zur beginnenden Chansonmesse, die dann in *Tr 88* reich vertreten ist, sondern noch mehr auf die Messenzyklen über deutsche Lieder, die ebenfalls in den Trienter Codices etwas später erscheinen, z. B. die Messen *Grune Linden* (Nr. 482—486), *Christus surrexit* (Nr. 723—725), *Gross Sehnen* (Nr. 523—527) und *Sig säld und Heil* (Nr. 1338—1342), womit die Zahl der deutschen Liedmessen in diesen Quellen ja noch keineswegs erschöpft ist[50]. Vielleicht ist schon der erwähnte c. f. „*Herdo herdo*" nicht eine liturgische Melodie, sondern eine davon abgeleitete c a n t i o.

Die Verbindung von Lied bzw. cantio und Messe erscheint liturgisch vielleicht weniger prekär in einem Raum, in dem ja das Credo schon im 15. Jahrhundert zum Volksgesang wurde; führte man es mehrstimmig aus, dann konnte das Volk eben den bekannten c. f. singen wie im Tenorlied[51]. Man muß daher auch nicht unbedingt annehmen, daß die besprochenen c. f.-Messensätze in *Trient 93* ursprünglich vollen Zyklen angehörten. Die Idee des Zyklus rezipierte man später als anderswo; doch schon vor 1450 wurden Glorias und Credos über „volkstümliche" Melodien (man darf den Terminus hier wohl einmal verwenden) komponiert. Wie sie dann im einzelnen aufgeführt wurden, wissen wir nicht. Selbst daß bisweilen die Orgel den ausschmückenden Discantus zu einem Tenor-Choral übernahm, läßt sich nicht ausschließen. Erkennbar ist aber nun der Unterschied zur Entwicklung der c. f.-Messe im Westen: während dort die Chansonmesse in Anlehnung an die englischen c. f.-Zyklen mit liturgischem Tenor entsteht und von ihr bereits erprobte zyklische Ordnungsprinzipien übernimmt (vgl. die Messen *So ys emprentid* oder *Se la face ay pale*), hat im Osten die Liedmesse auch Wurzeln im c. f.-Einzelsatz, in der mehrstimmigen cantio und im beginnenden Tenorlied.

Anmerkungen

1 Das Handschriftenkonvolut *Aosta, Bibl. del Seminario*, kann nur bedingt dem deutschsprachigen Raum zugeordnet werden, doch scheinen zumindest teilweise deutsche Schreiber daran gearbeitet zu haben.
Literatur zu den erwähnten Quellen:
Guillaume de Van, *A recently discovered source of early fifteenth-century polyphonic music*, MD 2 (1948), S. 5–74; Marian Cobin, *The compilation of the Aosta mansucript: A working hypothesis*, in: Dufay Quincentenary Conference, ed. A. W. Atlas, Brooklyn College, City Univ. of New York 1976, S. 76–101. K. Dèzes, *Der Mensuralcodex des Benediktinerklosters Sancti Emmerami zu Regensburg*, ZMw 10 (1927/28), S. 65–105; I. Rumbold, *The Compilation and Ownership of the 'St. Emmeram' Codex (Munich, Bayerische Staatsbibliothek, Clm 14274)*, in: Early Music History II, hrsg. von I. Fenlon, Cambridge Univ. Press 1983, S. 161–235. G. Adler und O. Koller, *Sechs Trienter Codices I*, DTÖ VII, Bd. 14–15, Wien 1900; R. v. Ficker, *Sieben Trienter Codices*, DTÖ XXXI, Bd. 61, Wien 1924; H. Federhofer, Artikel „*Trienter Codices*" in MGG VIII (1966); G. Spilsted, *Toward the genesis of the Trent Codices: New directions and findings*, Studies in Music from the University of Western Ontario 1 (1976), S. 55–70. Die im folgenden zitierten Nummern für Werke in den Trienter Codices beziehen sich auf die thematischen Verzeichnisse in den DTÖ-Bänden von G. Adler und R. v. Ficker.
2 Marian Cobin, *The compilation ...* (Anm. 1).
3 Vgl. R. Strohm, *Zur Datierung des Codex St. Emmeram: Ein Zwischenbericht*, in: Quellenstudien zur Musik der Renaissance II, hrsg. von L. Finscher, Wiesbaden 1983 (Wolfenbütteler Forschungen, 26), S. 229–238. Es wird vermutet, der jetzige erste Faszikel mit mehrstimmigen Kyries sei erst später an die Stelle eines ursprünglichen Faszikels mit einstimmigen Kyriemelodien getreten. Die Entstehung der gesamten Handschrift wird auf die Jahre um 1440 eingegrenzt.
4 T. R. Ward, *The structure of the manuscript Trent 92-I*, MD 29 (1975), S. 127–47.
5 Ward, a. a. O., S. 134.
6 Vgl. F. X. Haberl, *Die römische „Schola cantorum" und die päpstlichen Kapellsänger bis zur Mitte des 16. Jahrhunderts*, VfMW 3 (1887), S. 225–30.
7 Vgl. zuletzt R. Strohm, *Die Missa super „Nos amis" von Johannes Tinctoris*, Mf 32 (1979), S. 34–51.
8 *Fifteenth-century liturgical music II: Four anonymous masses*, ed. M. Bent, London 1979 (*Early English Church Music* Bd. 22). Der Band enthält die vier englischen Messen *Fuit homo missus a Deo*, *Quem malignus spiritus*, *Salve sancta parens* und *Veterem hominem*, ed. u. a. nach Trient *93, 90* und *88*. Zur *Caput*-Messe vgl. R. Strohm, *Quellenkritische Untersuchungen an der Missa „Caput"*, in: Quellenstudien zur Musik der Renaissance II, hrsg. von L. Finscher, Wiesbaden 1983 (Wolfenbütteler Forschungen, 26), S. 153–176.
9 Genaue Angaben über die Faszikelstruktur verdanke ich meiner Schülerin Suparmi Elizabeth Saunders, die ihre Dissertation zur Datierung der Trienter Codices und zur Trienter Liturgie beendet hat (Ph.D., King's College, Univ. of London, 1984).
10 Vgl. Frohmut Dangel-Hofmann, *Der mehrstimmige Introitus in Quellen des 15. Jahrhunderts*, Tutzing 1975 (Würzburger musikhistorische Beiträge 3).
11 Jean Cousins Missa *tube* sowie Guillaume Le Rouges Missa *So ys emprentid* (vgl. weiter unten) sind ediert von R. Flotzinger, *Trienter Codices: Siebente Auswahl*, DTÖ Bd. 120, Graz–Wien 1970.
12 Edition der Messen *O rosa bella* I (Nr. 475–79), II (Nr. 1114–18) und III (Nr. 715–19; von Johannes Martini?) in: DTÖ XI/1, Bd. 22, Wien 1904.
13 Dufays Missa *Se la face ay pale* wurde allerdings von A. E. Planchart ziemlich überzeugend auf 1451 datiert: Vgl. A. E. Planchart, *Guillaume Dufay's Masses: A view of the manuscript tradition*, in: Dufay Quincentenary Conference ... (Anm. 1), S. 26–38.
14 Edition vgl. Anm. 12. Die ungewöhnliche c.f.-Technik und die Mensur (immer C) von „*O rosa bella II*" setzt die Technik von „*O rosa bella I*" dialektisch voraus.
15 Der einzige Komponistenname, der sich auch sonst in der Trienter Gegend nachweisen läßt, ist der des Priesters Christophorus Anthony (um 1470), dem ein Magnificat (Nr. 1090), ein Hymnus „*Ut queant laxis*" (Nr. 1091) und ein Sanctus (Nr. 1121) zugeschrieben sind. Ein Dokument, das Anthony erwähnt, bei L. Santifaller, *Urkunden und Forschungen zur Geschichte des Trientner*

Domkapitels im Mittelalter, Bd. I: *Urkunden ... 1147–1500*, Wien 1948 (Veröffentlichungen des Instituts für Österreichische Geschichtsforschung 6).

16 R. v. Ficker, *Die frühen Messenkompositionen der Trienter Codices*, StzMw 11 (1924), S. 3–58.

17 Vgl. Johannes Pullois, *Opera omnia*, ed. P. Gülke, CMM 41, Rom 1967.

18 F. Alberto Gallo, *L'Europa orientale e l'Italia tra il XIV e il XV secolo: Giovanni Jenštein, Zavoyssius de Zap, Paolo Židek, Wenceslaus de Prachaticz studenti nell'Universita di Padova*, in: Convegni sulla musica italiana e polacca, Università di Bologna 1980, S. 33f.

19 Edition durch R. v. Ficker in DTÖ XXXI, Bd. 61. Vgl. auch R. v. Ficker, *Die frühen Messenkompositionen ...* (Anm. 16), S. 56f.

20 Vgl. R. Flotzinger, *Geistliche Kultur im Mittelalter*, in: Musikgeschichte Österreichs, Bd. 1, ed. R. Flotzinger und G. Gruber, Graz 1977, S. 59–116, besonders S. 105ff. Im gleichen Band zur Rolle der Universität Wien, der Hofkapellen und zu den Trienter Codices: G. Gruber, *Beginn der Neuzeit*, S. 173–227, besonders S. 178ff.

21 R. Flotzingers Einschätzung a. a. O., S. 112 (vorige Anm.), daß österreichische Zwischenglieder zwischen der Musik der späten Ars nova (vor allem Avignons) und den Trienter Codices fehlten, ist wohl zu pessimistisch. Bei folgenden bekannten Quellen ist lokale Herkunft oder mindestens Benützung keineswegs ausgeschlossen (vgl. *RISM* B IV[2], ed. G. Reaney, und B IV[3], ed. K. v. Fischer): A – H E I, A – S s p 3, A – W n 5094. Beim Fragment Z w e t t l (vgl. K. v. Fischer, *Neue Quellen zur Musik des 13., 14. und 15. Jahrhunderts*, Acta Mus 36 (1964), S. 79–97) ist entgegen v. Fischer deutsche Herkunft sogar wahrscheinlicher als italienische, wegen eines Stückes von Roullet und der für deutsch-böhmische Handschriften typischen Bezeichnung „Patrem huius".
Die Fragmente N ü r n b e r g, *Stadtbibl. Fragm. lat. 9* und *Fragm. lat. 9a* (in *RISM* B IV[2], S. 82ff., als D-Nst 9 bzw. D-Nst 25 beschrieben), stammen aus einem umfangreichen Codex mit Messensätzen, Motetten und Chansons der späten Ars Nova, der um 1460 in Wiener Universitätskreisen als Bindematerial verwendet wurde und sehr wahrscheinlich sogar im süddeutschen Raum entstand, etwa um 1400–1420.
Kurze Stellungnahme zu einer Neuentdeckung: W. Pass, *Eine Handschrift aus dem Schottenstift zu Wien zur Erklärung der Trienter Codices?*, ÖMZ 1980/3, S. 143–53. Die wertvollen Mitteilungen des Autors über das Schottenstift sind dadurch etwas beeinträchtigt, daß er die Handschrift mindestens 40 Jahre zu früh datiert (um 1430). Das beigegebene Faksimile zeigt den Contratenor eines Credo mit zwei vorgezeichneten „b" und Ambitus Es (!) – b. Der musikalische Stil und besonders die Notenschrift, die den ersten Faszikeln von *Trient 91* ähnelt, weisen auf die Zeit ab ca. 1470. Ein Zusammenhang scheint ferner zu bestehen mit dem Hymnenfragment M ü n c h e n, *Bayer. Staatsbibl., Mus. ms. 3225* (Konkordanz mit *Tr 88*). Es entstand ziemlich sicher um 1460 und wurde kurz vor 1500 wohl im Dorotheenkloster Wien als Bindematerial verwendet.

22 Vgl. L. Santifaller a. a. O. (Anm. 15), passim. Eine Verbindung nach Krakau (vielleicht über die Universität Padua) könnte darin bestehen, daß ein „Othmarus Opilionis" (Nr. 1831 ist ihm zugeschrieben) 1441 als cantor des Bischofs von Krakau an der dortigen Universität immatrikuliert wurde; vgl. G. Pietzsch, *Zur Pflege der Musik an den deutschen Universitäten im Osten bis zur Mitte des 16. Jahrhunderts*, AfMf 1 (1936), S. 431.

23 L. Feininger, *Monumenta Polyphoniae Liturgicae S. Ecclesiae Romanae*, Series I und II, Societas Universalis Sanctae Ceciliae, Rom 1951ff.

24 C. Hamm, *A catalogue of anonymous English music in fifteenth-century continental manuscripts*, MD 22 (1968), S. 51–76.

25 M. Bukofzer, *Caput: A liturgico-musical study*, in: M. B., Studies in Medieval and Renaissance Music, New York 1950 (repr. 1978), S. 217–310.

26 *Antiphonale S. Romanae Ecclesiae de tempore et de sanctis*, Desclée 1924, S. 112*.

27 *Die mittelalterlichen Hymnenmelodien des Abendlandes*, ed. B. Stäblein, BVK 1952 (Monumenta monodica medii aevi I).

28 Die im folgenden zitierten Quellen konnte ich größtenteils in der von Bruno Stäblein gegründeten Mikrofilmsammlung mittelalterlicher Choralhandschriften einsehen. Herrn Dr. Karlheinz Schlager, Musikwissenschaftliches Institut der Universität Erlangen, bin ich für die Erlaubnis zur Einsichtnahme und für fachkundige Hilfe zu herzlichem Dank verpflichtet.

29 *Antiphonale Sarisburiense*, Facsimile Edition by W. H. Frere, The Plainsong and Medieval Music Society, 4 Bde., London 1901–1924.

30 Vgl. *RISM B IV²*, S. 327–33.

31 Vgl. *RISM B IV³*, S. 377 f.

32 Im *Codex Cappella Sistina 14*, fol. 56v–65; vgl. J. Llorens, *Capellae Sistinae Codices notis musicis instructi ...*, Città del Vaticano 1960.

33 C. Hamm, *A catalogue ...* (Anm. 23), S. 65.

34 *Variae preces ex liturgia tum hodierna tum antiqua collectae aut non receptae*, ed. 5 a, Solesmis 1900, S. 187.

35 Z. Nejedlý, *Magister Záviše und seine Schule*, SIMG 7 (1905/06), S. 41–69. Edition der Werke des Johannes: G. M. Dreves, *Die Hymnen Johanns von Jenstein*, Prag 1886 (auch in AH 48, 1905); das Offizium AH 48, S. 422 ff. Für eine Betätigung des Johannes als „Mensuralkomponist" (Nejedlý) spricht bisher nur, daß einige seiner Texte mit Melodien in rhythmisch fixierter Niederschrift versehen wurden, doch stammen die Quellen offenbar alle erst aus dem 15. Jahrhundert.

36 Eastons Offizium in AH 24, S. 89 ff. Es ist zu beachten, daß das Fest der Visitatio Mariae gerade in England erst seit 1480 in Gebrauch kam (Dreves).

37 Clm 14667, ein Antiphonale, wurde um 1500 von Dionysius Menger, Bibliothekar zu St. Emmeram, geschrieben. Das Fest der Visitatio ist etwa zu gleichen Teilen mit Versen Jensteins und Eastons bedacht (ohne Noten).

38 Cod. 1007 ist bemerkenswert durch seine Notation auf den vier Linien „f", „a", „c" und „f". Die „f"-Linien sind rot, die „c"-Linie gelb. „O praeclara" enthält zahlreiche „b"-Voizeichen.

39 *RISM B IV³* S. 377.

40 Z. B. Clm 14667 (vgl. Anm. 37); Regensburg, Staatl. Bibl. lit. 19, Graduale aus Regensburg, 14. Jh.: Sequenz auf St. Servatius; Clm 28266: Liber fraternitatis Sancti Volfgangi ecclesiae Ratisponensis alias S. Petri ..., Fest von Hand des späten 15. Jh. nachgetragen.

41 Diese Bestimmung verdanke ich Herrn Dr. Christoph Petzsch, München.

42 Vgl. *Der Mensuralkodex des Nikolaus Apel*, ed. R. Gerber, L. Finscher und W. Dömling, 3 Bde., BVK 1956 ff. (*Das Erbe deutscher Musik* Bd. 32–34). Lt. Anmerkung zu Nr. 84 (Bd. 3, S. 404) findet sich die Melodie auch in Leipzig, UB ms. 352, fol. 106 v.

43 *Das Glogauer Liederbuch*, ed. H. Ringmann, 2. Teil: Ausgewählte lateinische Sätze, BVK 1954 (*Das Erbe deutscher Musik* Bd. 8), S. 50 ff. Die Melodie ist hier identisch mit der Fassung in Clm 14926.

44 Nach später Quelle abgedruckt bei W. Bäumker, *Das deutsche katholische Kirchenlied von den frühesten Zeiten bis gegen Ende des 17. Jahrhunderts*, Freiburg 1883 ff., Bd. I, S. 432.

45 G. M. Dreves, *Beiträge zur Geschichte des katholischen Kirchenliedes*, Gregoriusblatt 23 (1898), S. 81 f. (mit Transkription von „Patris sapientia"). Faksimile von „Da Jesus an dem Kreuze stund" nach ÖNb 3027 (nicht 30207!) in F. Blume, *Geschichte der evangelischen Kirchenmusik*, 2. Aufl. bearb. von L. Finscher, Kassel 1965, Abb. 1. (Es handelt sich nicht um dieselbe Melodie wie „Christe qui lux" in Abb. 2!). Zu ÖNB 3027 vgl. auch S. Fornaçon, „Da Jesus an dem Kreuze stund"als Melodievorlage, Mf 8 (1955), S. 456–60.

46 Vgl. C. Schoenbaum, *Die Weisen des Gesangbuchs der böhmischen Brüder von 1531*, Jb. f. Liturgik u. Hymnologie 3 (1957), S. 44–61. Nach Schoenbaum (S. 52) ist Michael Weisses „Christus warer gottes son" eine Verdeutschung des tschechischen „Jěsíš Kristus Buoh Člověk" im Gesangbuch von Bischof Lukas, 1519. Die Melodie – mit dem lateinischen Text – scheint auch vorhanden zu sein in einem Nürnberger Einblattdruck von 1501, den ich noch nicht einsehen konnte.

47 Faksimile-Edition des Gesangbuchs von M. Weisse, ed. K. Ameln, Kassel 1957.

48 Dr. Karlheinz Schlager bestätigte in der Diskussion, daß der phrygische Modus mit böhmischer Herkunft gut vereinbar sei. Vgl. auch die Bevorzugung des Modus in den Melodien des Magister Zavise, bei Nejedlý (Anm. 35), S. 63–67.

49 *Der Mensuralkodex ...* (Anm. 42), Bd. 1, S. 70, und Anm. dazu Bd. 3, S. 402.

50 Vgl. R. Snow, *The Mass-Motet-Cycle: A mid-15th-century experiment*, in: Essays in honor of Dragan Plamenac on bis 70th birthday, ed. G. Reese und R. Snow, Pittsburgh 1969, S. 301–320; R. Strohm, *Die Missa super „Nos amis" ...* (Anm. 7), S. 45 ff.

Die Bearbeitungen französischer und italienischer Musik durch Oswald von Wolkenstein zeigen in der Textierung und Sanglichkeit gerade des Tenors Ansätze zum deutschen Tenorlied: Vgl. T. Göllner, *Landinis „Questa fanciulla" bei Oswald von Wolkenstein*, Mf 17 (1964), S. 393–398; Ivana Pelnar, *Neu entdeckte Ars-Nova-Sätze bei Oswald von Wolkenstein*, Mf 32 (1979), S. 26–33.

Notenbeispiele

Beispiel 1: Dixerunt discipuli
Gebräuchliche Fassung (nach Ant. Sar. fol. 593)

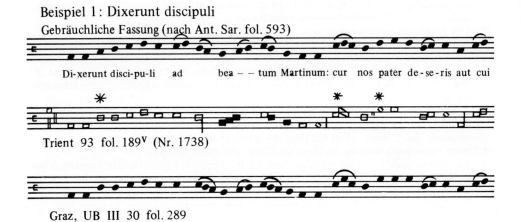

Di-xerunt disci-pu-li   ad   bea – – tum Martinum: cur   nos pater de-se-ris aut cui

Trient 93 fol. 189^v (Nr. 1738)

Graz, UB III 30 fol. 289

nos de - so - la - tos   re – linquis . . .

Beispiel 2: O praeclara stella maris
Clm 14926 fol. 217ᵛ

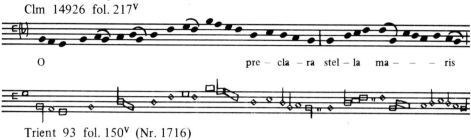

O   pre – cla – ra stel – la ma – – – ris

Trient 93 fol. 150ᵛ (Nr. 1716)

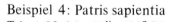

vir – go   ma–ter singu –la – – – – ris

(Beispiel 3 siehe nächste Seite)

Beispiel 4: Patris sapientia
Trient 93 fol. 192ᵛ – 193ʳ (Nr. 1739)

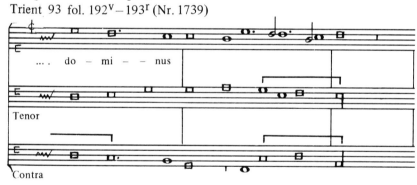

.... do – mi – – nus

Tenor

Contra

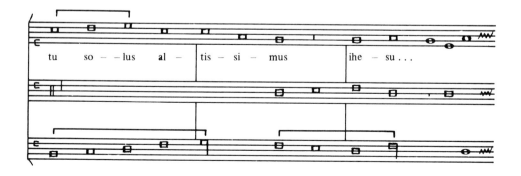

tu   so – – lus   al – tis – si – mus   ihe – su . . .

Beispiel 3: Patria sapientia

Trient 93 fol. 193^V (Nr. 1739)

Cum   sancto   spiritu

Tenor Pa –tris sa –pien–ti – a

in glo – — ri-a   dei   pa — tris

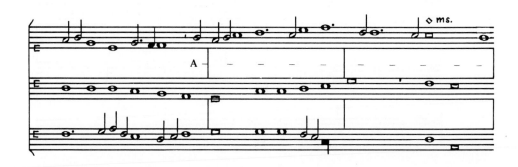

A –

◇ ms.

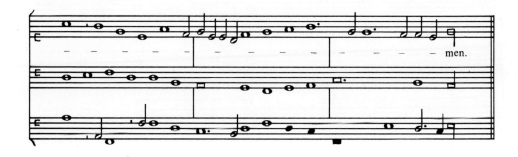

– men.

John Caldwell

(Oxford)

The Influence of German Composers on English Keyboard Music in the Seventeenth Century

It is well known that in the late sixteenth and early seventeenth centuries much of the essence of English keyboard style was transmitted in the first place to the Netherlands, through the medium of such composers as Peter Phillips and John Bull, and subsequently by Sweelinck's pupils (Paul Siefert, Andreas Düben, Melchior Schildt, and Samuel and Gottfried Scheidt) to Germany. In addition, the travels abroad of such musicians as John Dowland, Thomas Simpson, William Brade and William Young made English style more generally familiar in Germany, Denmark and the Netherlands, particularly in the sphere of consort music. Consequently there is a substantial English contribution to the middle baroque idiom of the northern countries, especially though not exclusively in the Evangelical and other Protestant lands. This English element was in the course of time so fully absorbed into the idiom of middle baroque composers, that it came to be a scarcely distinguishable part of it. In so far as keyboard music is concerned, a great deal of the documentary evidence has been presented by Werner Breig in his important work on the Lynar MSS[1]. The links between England and Germany in the sphere of consort music are the subject of another session at this symposium. On this occasion I wish to speculate on the possible influence of German music on that of England in the seventeenth century.

England in the seventeenth century remained very much alive, as before, to continental influence. This was primarily, as so often, that of Italy. The importance of the Italian madrigal — both the serious form cultivated by Marenzio and the lighter forms of Gastoldi and others — to English music of the late sixteenth and early seventeenth centuries is well known. The styles to which this gave rise fell into disuse soon after about 1625, but in the meantime Italian early baroque idioms made their way to England. This was felt not only in English attempts to emulate *stile rappresentativo*, usually rather ineptly, but also in declamatory style generally (for example in the *Ayres* of Dowland and others) and in the melodic and harmonic idioms, in the textures and scoring, of many other kinds of music, both sacred and secular. A knowledge of Frescobaldi helped to pave the way to newer styles of keyboard writing. His first book of Toccatas was copied into an English manuscript, possibly written in Oxford, of the 1630s[2]; less well known is the fact that the same manuscript contains a large collection of anonymous toccatas and canzonas in an Italianate idiom. These have never been identified; and while they may of course be the work of some Italian imitator of Frescobaldi, it is also possible that they are the work of a German follower such as Hassler[3]. Still considering Italian influence on English keyboard music, it is surprising to find imitations of e a r l y baroque idioms still current in the second half of the seventeenth century. Indeed, John Blow actually incorporated whole sections of toccatas by Frescobaldi into two of his voluntaries[4]. Side by side with this, however, is a willingness to use the more up-to-date methods of the middle baroque, and particularly its canzona idioms. English composers never used titles such as *toccata, ricercare* or *canzone*, but they made use of the styles which these terms represent in their organ ‚voluntaries‘.

An important secondary influence in England has been that of France. In the keyboard music of the second quarter of the seventeenth century, this affected mainly the form and content of dance music for ensemble and for keyboard – in particular the allemande, courante and sarabande, for which names a variety of anglicizations became current: alman, coranto (the Italian form retained from an earlier period) and saraband will serve as standard terms for our present purposes. The exact lines of musical derivation are not clear in the case of the keyboard repertory, for the influence of earlier English keyboard idioms (only the saraband was a total novelty in the 1630s) and of contemporary courtly ensemble dance were factors in the total make-up of the style; but it seems probable that the techniques of contemporary French lute music were paramount here. The same considerations apply to the grouping of these and other types of movement into suites, as we shall see.

French music continued to play a part in the development of English keyboard style throughout the century, mainly through its impact on theatrical music; but it was always subservient to that of Italy, even at the time when it was most in fashion, the early years of the reign of Charles II.

It is against this background that we must consider the possibility of German influence on English keyboard music, bearing in mind that German music could itself be the medium for the transmission of French or Italian style. Here my paper becomes frankly somewhat speculative. There are several isolated pieces of evidence for traffic in this direction; but they need to be treated with some caution, and it is not entirely clear whether they add up to a case for ‚influence‘ as such. However it is my intention first to give a resumé of these pieces of evidence, and then to offer an assessment of their value as a whole. I ought first to ask you to be lenient with me if I transgress national boundaries; to a certain extent I ought to be speaking of ‚Germanic‘ rather than ‚German‘ composers. Fortunately my key witness, J. J. Froberger, was at least born in Stuttgart.

My very first example illustrates this point, for it concerns the appearance of music by J. P. Sweelinck in English manuscripts. As is well known, four of his pieces occur in the *Fitzwilliam Virginal Book*, which was compiled by Francis Tregian while in the Fleet Prison from 1609 until his death in 1619. Tregian was a recusant, educated at the college of Douai, and he probably acquired his copies of music by Sweelinck while abroad. The history of his virginal book immediately after his death is unknown and it is unlikely that Sweelinck's keyboard style had any direct bearing on the subsequent course of English music. However, one of these pieces, the fantasia on ‚Ut re mi fa sol la‘, occurs also in the manuscript of the 1630s (or 1640s) already mentioned, Christ Church 1113, and, incomplete, in a later manuscript partly copied from it, Christ Church 1003 – so that piece at least had a wider circulation.

I have already mentioned the possibility that the unidentified toccatas and canzonas of Ch. Ch. 1113 might be the work of a German, rather than an Italian, composer. Until they are recognised, however, there is nothing that can usefully be said about them from our point of view. The first unequivocally German composer to have a bearing on the development of English music is therefore Johann Jakob Froberger; and it will be useful to examine the nature of his connection with England.

It used always to be stated, on the basis of an account by Mattheson[5], that Froberger visited England in 1662, five years before his death. He was robbed on the journey and when he arrived in London he was so destitute that he was obliged to act as organ-blower for Christopher Gibbons at Westminster Abbey. About ten years ago, however, Ulf Scharlau discovered two letters from Froberger to Father Athanasius Kircher in Rome, the second of which is strongly suggestive of a visit in 1651 or 1652[6]. The letter itself is dated 1654, but it points to a visit to England soon after the publication of Kircher's *Musurgia Universalis* in 1650. This does not rule out a subsequent visit in 1662; but it is perhaps rather more likely that Mattheson misinterpreted his sources and mistook the date. There is however further evidence for the robbery and the organ-blowing incident: a Latin inscription attached to the *allemande* of his *Suite no. XXX* records both facts, with a certain amount of circumstantial detail[7]. Neither this suite nor its inscription is in Froberger's hand, but there is no need to doubt the authenticity of the music itself, and the *allemande*, subtitled in French ‚*Plainte faite a Londres pour passer la melancholie*‘ has become one of his best-known compositions. The inscription does not refer either to Christopher Gibbons or to Westminster, and indeed if the journey occurred in the 1650s the organ-blowing cannot have taken place there, church organs having been silenced during the Commonwealth.

It is nevertheless possible that Mattheson, who claimed to be working from Froberger's own papers, was correct in referring to Christopher Gibbons. In 1648 Christopher Gibbons married a girl called Mary Kercher, the daughter of Robert Kercher, canon of Winchester and later of St. Paul's, who had died in 1644. Kercher is a very uncommon English name, and it is just possible that there was a remote family connection with Athanasius Kircher[8]. This is highly speculative, but it is conceivable that Kircher had recommended Froberger to Gibbons. This would make it extremely unlikely that Gibbons employed him as an organblower, but the contemporary documents do not say that he did. Froberger's letter does not refer to the incident at all; the inscription attached to *Suite XXX* (which survives only in the late seventeenth-century MS of the Minoritenkonvent in Vienna) does not give a date or mention any names[9].

The second letter to Kircher remains the best evidence for a visit by Froberger to England, and it is strongly suggestive of the date 1651 or 1652. We do not know, of course, what music Froberger may have brought with him, or if any of it escaped his robbery (supposing him to have been robbed on this journey); but we do at least know that *Suite XXX* was composed in London. It may be no more than a coincidence, but it so happens that 1652 is the earliest known date for the appearance of the keyboard suite in England. The manuscript *Paris, Bibl. nat., fonds du Cons., Res. 1185* contains an index dated 1652; and it contains eight sets of two, three or four movements grouped together as suites. The manuscript originally belonged to John Bull and was left behind when he fled to the Netherlands in 1613; much of it consists of his own music, preserved anonymously and almost certainly in his own hand. The manuscript passed into the hands of his imitator and admirer Ben Cosyn, who added a great deal more music over the years, and eventually indexed the volume in 1652[10].

It would be too much to claim that the arrival of Froberger in England sparked off a wave of suite-writing which found expression in a volume indexed in 1652. Of the named composers — William Lawes, ,Mr. Formiloe', William Young, Simon Ives and La Barre — Lawes died in 1645. But the music of his ,suite' was signed, and probably transcribed from ensemble works, by Cosyn; and it is just possible that the grouping of dance-pieces into suite form was of Frobergerian inspiration. The style of this music is basically French, and the appearance of a two-movement suite by Pierre Chabanceau de la Barre[11] confirms a predominantly French influence. But there seems to be no native French source for suite-like groupings at so early a date, and it is not absolutely certain that it came from that quarter. The question therefore remains open.

The appearance in this list of William Young (d. 1671) is particularly interesting, for as we have seen he was an English musician who lived abroad. His *Sonate a 3. 4. e 5.* were published at Innsbruck in 1653 with a dedication to the Archduke Ferdinand Karl, whom Young had probably previously accompanied to the Netherlands during his Governorship. At all events,

Young will have come into contact with a wide variety of continental music including, not improbably, that of Froberger. He returned to England only in 1660 at the restoration of Charles II, but his music was known in England before then: apart from our keyboard suite, Playford published two sarabands in *Musick's Recreation on the Lyra Viol* (1652). The suite may of course be an arrangement of ensemble dances, as that of Lawes seems to have been. It is an interesting coincidence, again, that the date of Playford's publication is the same as that of the index to the keyboard manuscript, one year before the Innsbruck publication of 1653.

Other manuscripts of the 1650s include suites by John Ferabosco, William Ellis, ‚Moulin' (or ‚Molin'), William Lawes, Roberts, Mercure, Tresure, Benjamin Rogers, Thomas Strengthfeild and Pierre de la Barre. Playford's *Musicks Handmaid*, first published in 1663, contains a predominantly pre-Restoration repertory and includes suites by William Lawes, Rogers and Sandley. Although the style is fundamentally that of French composers there is an overwhelming proponderance of works in the three-movement suite-form of Alman-Coranto-Saraband, which is the normal Froberger form without the Gigue and the actual form of his first and fourth suites. It is unnecessary to chronicle further the development of the English suite form here. Albertus Bryne, Locke and the minor composers represented in *Melothesia* (1673), Purcell, Blow and Croft are the principal exponents.

Froberger, along with other southern German or Austrian composers, is represented in the *Elizabeth Edgeworth keyboard manuscript*, Brussels 15418, believed to have been copied by John Blow around the year 1700. This is a considerable leap forward chronologically, but it has been argued that some of Blow's texts at least could have been in circulation in England for some time and consequently exercised a formative influence on his style. The book may be less valuable evidence for this than might at first sight appear, but it will be worth while looking briefly at its contents, as it is by far the most tangible piece of documentation that exists.

The book contains a suite by Froberger, several suites, or extracts from suites, by J. K. F. Fischer, a capriccio by N. A. Strungk, a number of fantasie, ricercari, capricci and toccate by Froberger, and a Ground by Blow[12]. I hope to make out a general case for the influence of the Frobergerian suite upon Locke and Blow, but it will not rest upon the appearance of Froberger's Suite no. XVIII, transposed from G minor to D minor, in this manuscript. Nor can the pieces by Fischer be regarded as significant in that respect. They are from his *Musicalisches Blumen-Büschlein* (1698 or 1699)[13] and must have been copied directly from it quite soon after publication: Blow even used the Latin form of the composer's name in the accusative case, just as it appears on the printed title-page. The suites are indeed the first-fruits of a new and simplified style which was to come to a ripe harvest in the suites of

Handel and Bach: they have little in common with the ornate idioms of English compers. The copying of the Chaconne in G from Suite VIII is in keeping with the late seventeenth-century English interest in such things; but it has no bearing on the growth of the sophisticated techniques of Blow and Purcell in this area.

The toccatas, ricercari and canzoni are another matter. Except for the work by Strungk all these are to be found in Froberger's *Diverse, ingegnosissime, rarissime e non maj piu viste curiose Partite di Toccate, Canzone, Ricercate, Allemande, correnti, sarabande e gigue* of 1693, published in Mainz by Louis Bourgeat[14]. This edition was planned to include suites, but in the event contained only toccatas, fantasie, ricercari and capricci. Blow copied all but one of the pieces found in this publication, but in a different order: specifically, nos. 10—14, followed by nos. 9, 8, 7, 6, 4, 3, 2, and 1. Nos 1—9 of the publication are all toccatas. It has been stated that *,,numerous details of the text show that the manuscript cannot derive from the printed edition but must be independent of it"*. The same authority, pointing out that Blow was a pupil of Christopher Gibbons, asks: *,,Was Gibbons the transmitter of Froberger's music texts to Blow?"*[15]

I have been unable to verify the point about textual independence. Given Blow's propensity for ornamenting his sources, it would be difficult, in any case, to come to a definite conclusion. As for the theory of transmission, it is a pure hypothesis: quite possible, but incapable of being substantiated. But there is nevertheless a general case for considering Blow to be influenced by some of these idioms. Blow's indebtedness to the toccata style is very limited, in spite of his plagiarism of Frescobaldi, already noted; and he never adopted the sectional variation form of Frescobaldi, Froberger and their imitators. But when Froberger's fugal works have been copied out with all the extravagances of English ornamentation, the result can begin to look very like the work of Blow. His fugal subjects are of very much the same general type, and can be readily sorted into the serious and slow-moving ricercare or fantasia on the one hand, and the lighter, quicker, canzone or capriccio on the other. There are actual thematic resemblances: Blow's *Voluntary* XXIX[16] is based on the same material as Froberger's *Fantasia sopra sol la re* (1693/10, = Fantasie IV), though the character of these works is quite different. Blow's *Voluntary* XXV has a similar theme[17]:

(Ex. 1, p.48)

More impressive however is a generally similar idiom in the slower-moving pieces, especially where chromaticism is involved, as in the fine *Voluntary* XVIII[18]:

(Ex. 2, p.48)

Admittedly these idioms derive ultimately from Italian models, and Blow's disconcerting ability to insert scraps of Frescobaldi into his own compositions shows naturally enough one of his major sources of inspiration. But the general sobriety of his treatment and his use of a post-Frescobaldian style could be the result of contact with German music as well as of his own individuality as a composer.

Much the same point may be made in relation to the suites of Matthew Locke. As we have seen, the actual idiom of the earliest English suites is of French rather than German inspiration. But the suites of Matthew Locke (d. 1677) mark a definite advance, and it is pertinent to inquire from what quarter the inspiration came. Contact with the music of a later generation of French composers (such as Chambonnieres, whose keyboard music was published in 1670) cannot be ruled out, but a comparison between the Allemande of Froberger's third suite in G, and a separate alman by Locke in the same key, will illustrate the closeness of the style[19]:

(Ex. 3, p.49)

Locke also moved towards the type of courante in which $\frac{6}{4}$ metre alternates with $\frac{3}{2}$, which Froberger cultivated along with French composers of the generation of Chambonnieres. The type of a sarabande cultivated by Froberger is reflected in the work of a later English composer, William Croft: compare the Sarabande of Froberger's *Suite VII* in E minor with a sarabande in D minor by Croft[20]:

(Ex. 4, p. 50)

Locke published four of his keyboard suites, and seven voluntaries, in *Melothesia*, together with suites by a number of minor composers. One of these was Gerhard Diesner, a German violinist who had settled in London. He has two pieces in *Melothesia* and some others in MS sources. He is not to be thought of in connection with the influence of German style upon English music; rather he is an early example of the type of foreign musician who emigrated to England and became thoroughly assimilated into the English musical scene. The type is represented by such later musicians as Gottfried Finger (ca. 1660–after 1723, really a Moravian composer, resident in England from ca. 1685 to. ca. 1703), Johann Christoph Pepusch (1667–1752, resident in England from ca. 1700) and Michael Christian Festing (1680–1752). All of these are represented in English keyboard sources[21]; but while they considerably enriched English musical life in various ways they cannot be said to have exercised any profound influence on English keyboard style.

Froberger's music, together with that of Johann Caspar Kerll (1627–1693) and several Italian composers, is represented in *A second collection of toccatas, vollentarys and fugues* (Walsh and Hare, [1719]). This is almost the last document for the dissemination of seventeenth-century German style in England; but one of the keyboard manuscripts of John Reading, organist of Dulwich College, copied in the 1720s, contains a group of three canzonas by Kerll[22]. Another of his MSS contains a voluntary by the thoroughly anglicized German composer Seedo[23]. The lively idiom of Kerll's pieces could well have influenced English eighteenth-century fugal style; as such they represent a last link, for English composers, with the mannerisms of the Italian early baroque.

The subject of German influence on English keyboard style in the seventeenth and early eighteenth centuries can thus be illustrated only by intermittent scraps of evidence, of varying degrees of value. None in itself would enable a very convincing case to be made out. In the aggregate, however, they carry some weight. This first attempt to put the evidence together should be regarded as only the barest outline, on which at some future date a fuller picture might be based.

Notes

1   W. Breig, *Die Lübbenauer Tabulaturen Lynar A1 und A2: eine quellenkundliche Studie*, Archiv für Musikwissenschaft, XXV (1968), 96–117, 223–36. See further Breig's contribution to the present symposium and, in a more general sense, A. Curtis, *Sweelinck's Keyboard Music* (Leiden and Oxford, 1969, [2]1972); W. Braun, *Britannia Abundans: Deutsch-Englische Musikbeziehungen zur Shakespearezeit*, Tutzing, 1977.

2   Oxford, Christ Church, MSS Mus. 1113.

3   It is possible that a thorough check in the enormous Giordano and Foa collection of keyboard music in Turin (Giordano MSS I–VIII, Foa MSS I–VIII) will reveal the author, be he German or Italian. Many of the toccatas are paired with a canzona, as in some of Frescobaldi's works surviving in MSS: but these pieces are not identical with any of these. Other collections checked so far include the published works of Rossi, Hassler and Erbach.

4   John Blow, *Complete Organ Works*, ed. Watkins Shaw, London 1958, [2]1972, nos. II, XXIX.

5   *Grundlage einer Ehren-Pforte*, 1740.

6   Ulf Scharlau, *Neue Quellenfunde zur Biographie Johann Jakob Frobergers*, Die Musikforschung, XXII (1969), 47–52. There is a better text of the two letters, after a transcription by Gustav Leonhardt, in the Oxford thesis by H. M. Schott, *The Works of J. J. Froberger, transcription with Commentary* (1977), with a not very clear facsimile.

7   The full title and inscription read: *Plainte faite a Londres pour passer le [!] Melancholie, laquelle se joüe lentement avec discretion. NB. Dnus Froberger volens Parisiis in Angliam abire, intra Parisios et Cales et Dover in mari adeo spoliatus est, ut in taverna piscatoria sine nummo Angliam appulerit, ac Londinum [!] venit. Ubi cum interesset Societati et musicam audire vellet, monitus est levare folles: id quod fect. Sed ex melancholia oblitus semel levare, ab organoedo pede per portam extrusus fuit. Super quo casu hanc lamentationem composuit.* DTO, X/2, 127. Cf. Schott, op. cit. The unfortunate Froberger was also robbed on the journey from Brussels to Louvain, probably in 1650 (cf. the inscription attached to Suite XIV, missed by Adler but cited by Schott). Both works, and the inscriptions, are in Vienna, Minoritenkonvent, MS 743: for Suite XXX this is the sole source.

8   Robert Kercher took his B.A. from Trinity College, Cambridge, in 1590–91 (J. Foster, *Alumni Oxonienses 1500–1714*, II, 846). I have been unable to pursue further the family connections of the Kerchers or of Athanasius Kircher.

9   Schott further points out in this connection (J.-J. Froberger, *Œuvres complètes pour clavecin*, I, ed. H. Schott, Paris, 1979, p. IX, note 5) that since Louis Couperin, who died in 1661, quotes from the opening movement of Froberger's Suite XXX in his *Prélude à l'imitation de M. Froberger* (L. Couperin, *Pièces de Clavecin*, ed. A. Curtis, Paris, 1970, no. 1), Froberger's piece cannot be linked to a journey made in 1662.

10 See John Bull, *Keyboard Music* I, ed. J. Steele, Francis Cameron and Thurston Dart, *Musica Britannica*, XIV, London, [2]1967, pp. XXV, 159.

11 1592–1656. The name appears simply as ‚Monsier Bare‘ in Cosyn's index (nos. 87–88); elsewhere in English sources as Labar, Beare, etc. It is just possible that both Pierre and his son Joseph (1633–78) are represented in English manuscripts.

12 See T. Dart, *Elizabeth Edgeworth's Keyboard Book*, Music and Letters, L (1969), pp. 470–474. The manuscript has since been edited by Thurston Dart and Davitt Moroney as *John Blow's Anthology*, London 1978. The work by Strungk, formerly attributed to G. Reutter the elder on the basis of a MS dated 1698 (see DTÖ, XIII/2, p. 60), is found in Yale University, Library of the School of Music, Lowell Mason MS 5056, pp. 183–88, with an ascription to Strungk and the date of composition, 4 August 1683. In the Brussels MS the work ist anonymous and is headed *Tocata*.

13 The volume, which is undated, is a reprint of his *Pièces de Clavessin* (Schlackenwerth, 1696). Modern edition by E. von Werra, *J. C. F. Fischer, Saemtliche Werke fuer Klavier und Orgel*, Leipzig 1901, repr. New York, 1965.

14 The title-page is also given in German as *Unterschiedliche kunstreiche gantz rar- und ungemeine curiose, und vorhin nie ans Tags Licht gegebene Partyen von Toccaten Canzonen Ricercaten Allemanden Couranten Sarabanden u. Giquen* ... Modern edition by R. Walter, Altötting, n.d. [1966].

15 Dart, op. cit., p. 472. There are four pieces by Froberger in another manuscript of similar date, London, *British Library, Egerton 2959;* this is an important source of music by Blow, written in the hand of John Gostling (ca. 1650–1733), the celebrated bass singer, a member of the Chapel Royal from 1679.

16 The numberings are from the edition by W. Shaw referred to above, note 4. References to works by Froberger are to the edition by G. Adler, DTÖ, IV/1 [8], VI/2 [13], X/2 [21].

17 Froberger: Brussels, *Bibl. du Cons., MS 15418*, p. 68 (Froberger's text is ornamented by Blow); Blow: London, *Brit. Lib., Add. 31446*, f. 11[r] (dating possibly from 1698).

18 London, *Brit. Lib., Add. 31468*, f. 31[r] (anon., ca. 1700); ibid., *Add. 34695*, f. 35[v] (s. XVIII in.). See, for comparison, the thematic material of Froberger's Toccata II, copied in the Brussels MS on pp. 102–7.

19 Locke: London, *British Library, Add. MS 31403*, f. 57[v] (no title). In the Preface to his *Little Consort* (1656), Locke had written: „*I never yet saw any Forain I[n]strumental Composition (a few French Corants expected) worthy an English mans Transcribing*“; yet in his *Observations upon ... An Essay to the Advancement of Musick*, London: John Playford, 1672, listing his preferred composers for the keyboard, he includes „*Senior Froscobaldi [sic] of St. Peter's in Rome, Senior Froberger of the Christian Emperial Court, Monsieur Samboneer of the French*“ (p. 36; cited on Pye GSGC 14128 by Colin Tilney, to whom I am grateful for this reference).

20 Croft: Suite VI, Croft, *Keyboard Music*, ed. H. Ferguson and C. Hogwood, 2 vols., London, 1974.

21 Amongst those who are not, Johann Wolfgang Franck (1644 – ca. 1710) was perhaps the most important. Finger, Pepusch and Festing are represented solely by keyboard transcriptions.

22 London, *Dulwich College MS Second Series*, 92d, pp. 62–70. Kerll is also represented in a privately-owned MS of similar date.

23 *Ibid, MS 92a* (dated 1717), pp. 246–51. On Seedo, see *MGG*.

Music Examples

Ex. 1

(a)   Froberger (ornamented)

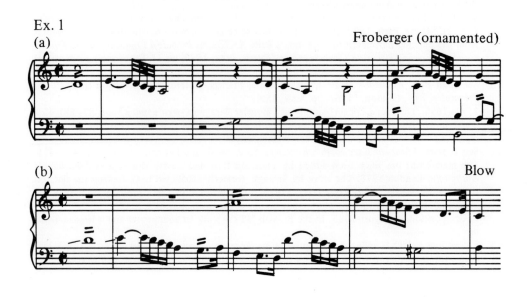

(b)   Blow

Ex. 2

(a)   Blow

(b)   Froberger

Ex. 3
(a)

Froberger

Locke
(b)

50

Ex. 4
(a)

Sarabande.   Froberger

(b) **Saraband; slow**   Croft

Werner Breig

(Wuppertal)

Die Virginalisten und die deutsche Claviermusik der Schütz-Generation[1]

„Die Virginalmusik ... hat England aus sich selbst geschaffen; in dieser Beziehung gab es damals nirgends eine Kunstpraxis, die, höher organisiert als die englische, dieser ein anregendes Vorbild hätte sein können. Gewiß ist es richtig, daß das englische Klavierspiel nicht von völlig neuen künstlerischen Grundlagen ausging, daß auch in ihm anfänglich der vokale Geist des 16. Jahrhunderts zu spüren war; ebenso richtig aber auch, daß es im kräftigen Feuer der Variationskunst sich die instrumentale Waffe schmiedete, diesen am ersten und gründlichsten zu überwinden. "

Diese Charakterisierung, die Max Seiffert 1899 in seiner *Geschichte der Klaviermusik*[2] gab, spricht bereits plastisch jene Eigenschaft der englischen Virginalmusik an, die Manfred F. Bukofzer ein halbes Jahrhundert später auf den Begriff der „idiomatischen Schreibweise" brachte und als den eigentlichen Beitrag der englischen Musik zur Entstehung des Barockstils hervorhob[3]. Und in der Tat resultiert aus der in solchem Maße vorher nicht gekannten innigen Verbindung zwischen Kompositionsweise und Idiomatik eines bestimmten Tasteninstrumentes nicht nur die satztechnische Vielfalt, der klangliche Reiz und die Virtuosität der Virginalmusik selbst, sondern zugleich die Möglichkeit ihres Einflusses auf die festländische Tastenmusik — nicht zuletzt auf diejenige der deutschen Clavieristen der Schütz-Generation.

Diese Feststellung führt jedoch sogleich zu einer weiteren Frage. Überblicken wir nämlich das Œuvre der in den 1580er und 1590er Jahren geborenen deutschen Tastenmusik-Komponisten, so fällt hinsichtlich des qualitativen und innovatorischen Anspruchs — und auf diese Ansprüche soll die Nennung des Namens Schütz im Titel dieses Beitrages hindeuten — der Hauptakzent nicht auf die Cembalomusik, sondern auf die Orgelmusik. Welches Gewicht aber konnte die englische Idiomatisierung speziell auf das besaitete Tasteninstrument hin für eine Clavieristen-Schule haben, deren zentrales Anliegen und deren gewichtigste Leistung die Orgelkomposition war?

Die angedeuteten Thesen und Probleme zeichnen den Gang der folgenden Untersuchungen vor: Wir werden
I. den idiomatischen Charakter der englischen Virginalmusik in seinem musikgeschichtlichen „Stellenwert" zu beschreiben versuchen,
II. die Beziehungen zwischen englischer Virginalmusik und deutscher Cembalomusik an einer Beispiel-Sequenz demonstrieren,
III. die zentrale Gattung der deutschen Clavieristen der Schütz-Zeit, die Orgelmusik, auf ihre Beeinflussung durch die Virginalisten befragen.

I. Die Virginalisten und die Idiomatisierung der Claviermusik

Die Geschichte der Claviermusik bis ca. 1600 läßt sich als eine Geschichte der Beziehungen zwischen instrumental geprägten Spielweisen und dem regelhaft geordneten Satz der textgebundenen Ensemblemusik betrachten.

Den Ausgangspunkt dieser Beziehungen markiert sehr deutlich die Bearbeitungspraxis der frühen Orgeltabulaturen. Die älteste erhaltene Quelle, das aus dem 14. Jahrhundert stammende *Robertsbridge-Fragment*[4], enthält zwei Stücke, von denen auch die vokalen Vorlagen überliefert sind, so daß wir das Verhältnis von Urbild und instrumentaler Transkription genau beobachten können. Wir wählen als Beispiel die Bearbeitung der isorhythmischen Motette ,, *Tribum / Quoniam secta / Merito* " von Philippe de Vitry[5], von der nachfolgend der Anfang in Synopse mit der Vorlage wiedergegeben ist[6] :

(siehe Notenbeispiel S. 54)

Die Motette Vitrys bildet ein textlich-musikalisches Sinngefüge von großer Dichte. Seine Elemente sind die Ordinierung des Tenor (Mittelstimme der Übertragung), die Periodengliederung in den texttragenden Stimmen Motetus und Triplum, die Rhythmus- und Zusammenklangs-Ordnung des dreistimmigen Satzes insgesamt sowie die Zuordnung von Text und musikalischem Aufbau.

Diese Vorlage wird nun in der Robertsbridge-Version nach einem Schema umgestaltet, das für lange Zeit fundamentales Prinzip des Tasteninstrument-Satzes bleibt: die rechte Hand spielt eine reich ornamentierte Oberstimme, die von einer relativ bewegungsarmen Stützstimme der linken Hand begleitet wird. Diese auf die Oberstimmenkolorierung hin orientierte Satzweise hat schwerwiegende Veränderungen gegenüber dem kompositorischen Gefüge des Originals zur Folge:

1. Der Tenor, im Original eine instrumentale Linie von eigener Färbung und dadurch in seiner Funktion als Satzgerüst wahrnehmbar, tritt, soweit er überhaupt bewahrt ist, in der Bearbeitung als Mittelstimme eines klanglich homogenen Satzes zurück. Teilweise ist er sogar gänzlich weggelassen worden (im Beispiel T. 8—9); umgekehrt tritt in T. 4 eine nicht im originalen Tenor vorgebildete Mittelstimme frei ein.

2. Die texttragenden Stimmen Motetus und Triplum sind in der originalen Komposition als ein Paar von rhythmisch und melodisch verwandten Linien gebildet; die Bearbeitung hat daraus ein Verhältnis von Koloratur und Begleitung gemacht.

3. Die periodische Gliederung des Originals erhält ihre Deutlichkeit wesentlich durch die annähernd getreue Wiederholung eines bestimmten ,, Rhythmus " von Erklingen und Pausieren der Stimmen. der sich über eine Folge von zwölf Longa-,,Takten " in folgendem Schema darstellen läßt (x bedeutet Erklingen, — bedeutet Pausieren der betreffenden Stimme; zugrundegelegt sind die Verhältnisse in T. 7—18):

Triplum:	x − − x x x	x x x x x x
Tenor:	x x x x − −	x x x x − −
Motetus:	x x x x x x	x − − x x x

Die freie Hinzufügung in T. 8−9 des Triplums durch den Robertsbridge-Inta-volator überbrückt die originale Pause an dieser Stelle und beseitigt das durch sie gegebene Gliederungsmoment. (Eine ähnliche Hinzufügung im original pausierenden Motetus in T. 1−3 macht die von Vitry angelegte Quasi-Imita-tion zwischen Triplum und Motetus zunichte.)

4. Die Freiheit im Schließen von Pausenzäsuren in den ursprünglich tex-tierten Stimmen ist zugleich ein Teilmoment der umfassenderen Tatsache, daß für Motetus und Triplum der Zusammenhang mit der syntaktischen und semantischen Gliederung der Texte entfallen ist.

Das Verhältnis der Bearbeitung zum Original kann zusammenfassend da-durch charakterisiert werden, daß eine textgebundene Ensemblekomposi-tion − und zwar vorwiegend in ihren äußeren Stimmen − als Gerüst für eine tasteninstrument-typische Spielweise dient. Von der ursprünglichen Kompo-sition werden dabei wesentliche Momente undeutlich, die ihren Sinn als Ein-zelwerk ausmachen; was bleibt, sind Elemente der „Außenseite" der Kom-position, die als Ausgangsmaterial für die Entfaltung von Beweglichkeit und Glanz des virtuosen Instrumentalspiels fungieren.

Das gleiche Prinzip des clavieristischen Satzes − seine Zweischichtigkeit von koloriertem Diskant und begleitender Unterstimme spiegelt sich in der zweischichtigen Notation der „älteren deutschen Orgeltabulatur" wider − findet sich noch in der zweiten Hälfte des 15. Jahrhunderts im *Buxheimer Orgelbuch*[7]. Hier ist nun die Mehrzahl der Sätze dreistimmig, wodurch bei der clavieristischen Einrichtung von Chansons der Dufay-Generation und deutschen Liedsätzen der Paumann-Schule die originale Stimmenzahl ge-wahrt bleibt. Dennoch gilt auch für das *Buxheimer Orgelbuch* grundsätzlich die an den Robertsbridge-Bearbeitungen gemachte Beobachtung: daß näm-lich die Bearbeitungstechnik sich nur auf die als Stütze benötigte Außensei-te der jeweils zugrundegelegten Komposition bezieht und gegenüber ihrem inneren Sinngefüge eine gewisse Gleichgültigkeit bewahrt. Sowohl im fran-zösischen Chanson- als auch im deutschen Liedsatz des 15. Jahrhunderts ist eine Dreistimmigkeit ausgeprägt, in der zu einem Gerüstsatz (Cantus und Te-nor) ein lagenmäßig sich vielfach mit dem Tenor kreuzender Contratenor als Füllstimme hinzutritt. Die Funktionentrennung zwischen Tenor und Contratenor, die bei Ensemble-Besetzung aufgrund des Klangfarbenunter-schiedes klar wird, kann aus der Notierung der Orgeltabulatur zwar abgele-sen, aber im allgemeinen nicht beim Spielen hörbar gemacht werden, da bei-de Stimmen mit der linken Hand auszuführen sind. (Der Gebrauch des Pe-dals, den die dreisystemige Übertragung von Bertha Antonia Wallner[8] sugge-

Robertsbridge-Codex

Philippe de Vitry

Triplum
Tenor

Motetus

Tri — — bum quem non ab — hor — ru —

it in de — — cen — — ter as — cen — de —

Quo — ni — — am secta — la — tro — — — —

re,   fu —

Merito hec patimur

num   spe — — — — lun — ca vis — pi — li —

riert, dürfte in Wirklichkeit auf wenige Ausnahmefälle beschränkt geblieben sein.) Die ursprüngliche Satzstruktur „Gerüstsatz + Contratenor" wird demnach überlagert von der clavieristischen Struktur „Koloratur + zweistimmige Begleitung". Soweit es sich bei den Vorlagen um französische Chansons handelt, findet immerhin die dort ausgeprägte Dominanz der Oberstimme (im allgemeinen der einzigen texttragenden Stimme) ein Äquivalent in der Bearbeitung. Nicht anders freilich als eine Chanson stellt sich in der clavieristischen Umsetzung ein dreistimmiges deutsches Tenorlied dar, obwohl bei ihm der Tenor und nicht der Cantus den Kern des Satzes bildet. Grundtatsache dieser Art des Claviersatzes bleibt es also, daß komponiertes Satzfundament und darübergebreitete Spielmanier einerseits aufeinander angewiesen sind, andererseits aber nur in loser Beziehung zueinander stehen.

Das Ineinanderspielen von regelhaft geordneter Komposition und instrumentaler Diminutionspraxis in der beschriebenen Weise ist nicht unbedingt an das Vorhandensein einer Vorlage-Komposition gebunden, es prägt auch solche Sätze, die original für das Tasteninstrument geschrieben sind, so etwa die deutschen Choralbearbeitungen des frühen 16. Jahrhunderts (Hofhaimer, Schlick, Buchner).

Demgegenüber war es nun ein Schritt von prinzipieller Bedeutung, daß im 16. Jahrhundert — vor allem in Italien — die Verschränkung zwischen polyphonen und instrumenten-typischen Bestandteilen des clavieristischen Satzes gelockert wurde. Erstmalig entstanden Satztypen, die sich einem dieser beiden Elemente ausschließlich anvertrauten: das Ricercar (als „*tractirung einer guten Fugen mit sonderbahrem fleiß vnnd nachdencken*"[9]) dem polyphonen, die Toccata (mit ihren „*schlechten* [= schlichten] *entzelen griffen / vnd Coloraturen*"[10]) dem instrumental-idiomatischen.

Damit ist ein Prozeß der Verselbständigung und zugleich der Nobilitierung der Claviermusik eingeleitet. Im Ricercar, dem instrumentalen Pendant zur Motette, wird der polyphone Satz nicht mehr als Gerüst für instrumentale Spielmanieren „verbraucht", sondern in der ihm eigenen Sprachfähigkeit in die Claviermusik hereingeholt; und in der Toccata werden Virtuosität und Spontaneität des solistischen Instrumentalspiels nicht mehr auf einen polyphonen Gerüstsatz bezogen, sondern auf ihre Fähigkeit hin befragt, selbst zu Elementen einer autochthonen instrumentalen Form zu werden.

Das in diesem Prozeß entstandene Claviermusik-Repertoire neuer Prägung zeigt kompositionstechnisch noch kaum Tendenzen zu einer Spezialisierung auf einen bestimmten Tasteninstrument-Typus. Gewiß darf man annehmen, daß choralgebundene Werke primär auf der Orgel, Lied- und Tanzsätze primär auf dem Cembalo ausgeführt worden sind. Diese Annahme beruht aber auf der Unterscheidung von geistlichen und weltlichen Aufführungsgelegenheiten und den dabei verfügbaren Instrumenten. Kaum zu erkennen ist indessen eine Differenzierung in der musikalischen Faktur der Werke selbst, die an die speziellen klanglich-spieltechnischen Möglichkeiten der Orgel oder des Cembalos appelliert.

Diesen weiteren Schritt, die Idiomatisierung auf einen bestimmten Tasteninstrument-Typus hin, vollzogen die englischen Virginalisten. In ihren Kompositionen wurde erstmals speziell für das besaitete Tasteninstrument mit seinem relativ zarten und nach dem Anschlag rasch verklingenden Ton komponiert. Nur im Blick auf die Klangeigenschaften dieses Instruments konnte ein clavieristischer Satz wie der folgende Beginn der *Walsingham*-Variationen von William Byrd geschrieben werden:

Die Melodie, die das Thema der sich anschließenden Folge von 23 Variationen bildet, wandert zweimal von der Tenor- in die Diskantlage; parallel dazu wird der Klang zweimal von einstimmigem (T. 1) oder zweistimmigem (T. 3) Beginn bis zur Sechsstimmigkeit aufgefüllt. Spielte man diese Takte auf der Orgel, so entstünde der Eindruck eines unmotivierten und überladenen Kontrastreichtums; nur der Cembaloklang läßt die intendierte Wirkung eines lebendig differenzierten und dennoch in sich geschlossenen Ablaufes entstehen.

Neben idiomatische Gestaltungselemente der beschriebenen Art, die das Cembalo als einzig adäquates Instrument zur Ausführung verlangen, treten als eine zweite Schicht solche, die zwar vom Cembalo her erfunden sind, sich aber gegen eine Übertragung auf die Orgel nicht grundsätzlich sperren. Hierher gehört das ganze Figurenwesen, das in der Literatur über die Virginalmusik eingehende Würdigung erfahren hat[11] und auf das wir in Abschnitt III noch werden Bezug zu nehmen haben.

Mit diesen instrumentalidiomatischen Zügen sind nicht etwa periphere Eigenschaften der englischen Virginalmusik angesprochen. Gewiß betreffen sie die klingende Außenseite des Satzes, nicht eigentlich den konstruktiven Kern. Doch gehört es gerade zum Charakteristischen der Virginalmusik, daß sie sich der Gestaltung der klingenden Außenseite mit besonderer Intensität zuwendet. Das ist daraus zu ersehen, daß die beherrschende Form der englischen Virginalmusik die Variationenfolge über Ostinato-Modelle, Lied- und Tanzsätze ist, jene Form also, in der ein gegebener, konstant bleibender konstruktiver Kern fortlaufend neu gestaltet wird hinsichtlich seiner klingenden Außenseite, der in diesem Verfahren selbst konstruktive Bedeutung zuwachsen konnte.

Indem die festländischen Komponisten die „Oberflächengestaltung" der englischen Virginalmusik studierten, hatten sie sich zugleich mit ihren kompositorischen Funktionen auseinanderzusetzen. Nach den eigenen kompositorischen Intentionen hatte es sich zu richten, in welchem Maße virginalistische Satztechniken unmittelbar übernommen werden konnten, modifiziert anwendbar waren oder sich als nicht assimilierbar erwiesen[12].

II. Englische Nachklänge in der deutschen Cembalomusik

An der deutschen Tastenmusik des uns hier beschäftigenden Zeitraums, also der ersten Hälfte des 17. Jahrhunderts, hat das für das Cembalo bestimmte Repertoire einen quantitativ beträchtlichen Anteil, wie aus der Fülle der überlieferten Quellen zu erkennen ist. Qualitativ jedoch steht dieses Repertoire nur zum geringsten Teil auf einem Niveau, das mit dem der englischen Virginalmusik vergleichbar ist; überwiegend handelt es sich um anspruchslose Lied- und Tanzsätze in Klavierbüchern, die für den Gebrauch von Musikliebhabern bestimmt waren[13]. Als Werke von hohem künstlerischen Anspruch sind uns vor allem die Liedvariationen von Samuel Scheidt überliefert (größtenteils in der *Tabulatura Nova* von 1624); hinzu kommen lediglich einige in handschriftlichen Quellen erhaltene Einzelwerke der Sweelinck-Schüler Heinrich Scheidemann, Melchior Schildt und Paul Siefert[14]. Erst um die Jahrhundertmitte beginnt mit den Suiten von Johann Jakob Froberger eine Blüte der deutschen Cembalomusik sowohl in quantitativer als auch in qualitativer Hinsicht, die dann von Süddeutschland auch nach Mittel- und Norddeutschland ausstrahlt. Sie aber steht nicht mehr im Zeichen des englischen, sondern des französischen Einflusses.

In welchem Maße in der deutschen Liebhaber-Klaviermusik des frühen 17. Jahrhunderts der englische Einfluß wirkt, hat in jüngerer Zeit Werner Braun eindringlich und mit einer Fülle von neuen Belegen aufgezeigt[15]; es dürfte an dieser Stelle genügen, auf seine Darstellung zu verweisen. Hier soll — entsprechend der eingangs ausgesprochenen Akzentuierung — lediglich die deutsche Cembalomusik von kompositorischem Anspruch zum Thema gemacht werden. Zur Veranschaulichung des Weiterwirkens englischer Elemente in diesem Repertoire sei im folgenden eine Reihe von Bearbeitungen der *Pavana Lachrymae* von John Dowland in der englischen und der festländischen Cembalomusik betrachtet. Die Wahl dieser Beispielsequenz ist gewiß nicht besonders originell; doch bietet sie wie keine andere Werkfamilie die Möglichkeit, den Rezeptionsweg und die auf ihm sich vollziehenden stilistischen Wandlungen zu verfolgen. (Und vielleicht ist sie, obwohl verschiedentlich beschrieben, doch noch nicht in allen Aspekten ausgeleuchtet.)

John Dowlands *Pavana Lachrimae* ist um 1600 in drei Fassungen gedruckt worden[16]:

1. in einer (vom Komponisten nicht autorisierten) Fassung für Laute (ohne Text) in der Sammlung *A new Booke of Tabliture*, London (Barley) 1596[17],

2. in einer Fassung für Diskant, Baß (ad libitum) und Laute mit dem Text „Flow, my tears" in Dowlands *Second Book of Songs or Ayres*, London 1600[18],

3. in einer Fassung für fünfstimmiges Violen-Consort mit hinzugefügter Lautentabulatur in Dowlands Veröffentlichung *Lachrymae or Seven Teares*, London 1604[19], wo sie unter dem Titel *Lacrymae Antiquae* als Eröffnungsstück rangiert.

Die eigentliche Werksubstanz besteht im wesentlichen in dem Außenstimmensatz, der in allen drei Fassungen weitgehend identisch ist. Überlegungen zu der Frage, welche der Dowlandschen Versionen den Autoren der Clavier-Bearbeitungen vorgelegen haben, sind deshalb weder erfolgversprechend noch für die Analyse ergiebig.

Ebenfalls bereits um 1600 setzt die Überlieferung von Bearbeitungen der *Pavana Lachrymae* für Laute, Cembalo und Instrumentalensemble ein. Die in unserem Zusammenhang interessierende Gruppe der Cembalo-Versionen beginnt in England mit je einer anonymen und einer William Randall zugeschriebenen Bearbeitung im Virginalbuch von William Tisdale (um 1600)[20] und kulminiert in den Bearbeitungen von William Byrd[21] und Giles Farnaby[22]. Als festländliche *Lachrymae*-Bearbeitungen von künstlerischem Rang kommen die seit langem bekannten Stücke von Jan Pieterszoon Sweelinck[23] und seinem Hannoveraner Schüler Melchior Schildt[24] in Betracht, außerdem eine anonyme Bearbeitung in Ms. XIV/714 des Musikarchivs des Wiener Minoritenkonvents, als deren mutmaßlicher Komponist Heinrich Scheidemann namhaft gemacht werden konnte[25].

Wir wählen für eine vergleichende Betrachtung unter den Cembaloversionen diejenigen von William Byrd, Jan Pieterszoon Sweelinck und Melchior Schildt aus. Das folgende Notenbeispiel (SS. 59–62) gibt von allen drei Bearbeitungen den mittleren der drei Pavanen-Abschnitte wieder, wobei die unterschiedlich bearbeiteten beiden Reprisen (T. 33–48 und 49–64) untereinandergeschrieben sind. Das oberste Doppelsystem enthält als variativen Ausgangspunkt von Dowlands Satz das Außenstimmengerüst (in der zweiten Hälfte des Ausschnitts zusätzlich die imitierende Mittelstimme). Die Bearbeitung von Byrd steht original in d; sie ist im Notenbeispiel um der leichteren Vergleichbarkeit willen um eine Quarte herabtransponiert.

Ob man in den zu vergleichenden *Lachrymae*-Bearbeitungen das Gemeinsame oder das Unterscheidende mehr betont, ist eine Frage des Standpunktes. Wählt man den Standpunkt in einiger Distanz, so tritt das Gemeinsame hervor; man bemerkt, daß die drei Werke nicht nur durch den gleichen Modellsatz verbunden sind, sondern auch durch grundlegende Bearbeitungsmerkmale: überall herrscht eine zwischen Streng- und Freistimmigkeit oszil-

lierende Schreibweise, in der Skalen- und Arpeggienfiguren sowie aus beiden zusammengesetzte Bildungen großen Raum einnehmen. Die drei Bearbeitungen geben sich als Repräsentanten der gleichen Schultradition zu erkennen.

Von dieser Gemeinsamkeit soll in den folgenden Betrachtungen nichts wegdiskutiert werden; wir nehmen sie als hinlänglich bekannte und deshalb keiner weiteren Demonstration bedürftige Voraussetzung an. Ergänzend aber versuchen wir, durch die Wahl eines nähergelegenen Standpunktes jene Details in den Blick zu bekommen, in denen sich die kompositorischen Verfahrensweisen des Engländers Byrd, des Niederländers Sweelinck und des Norddeutschen Schildt bei der Lösung einer gemeinsamen Aufgabenstellung voneinander unterscheiden. Unser Hauptinteresse gilt dabei der Frage der instrumentalen Idiomatik, die wir — wie sich aus dem I. Abschnitt ergibt — am Verhältnis des clavieristischen Satzes zum regelhaft geordneten Kontrapunkt abzulesen versuchen. Speziell kommen dabei zwei Gesichtspunkte in Betracht:
a) die Regulierung der Satzdichte, d. h. das Verhalten zu den polar entgegengesetzten Möglichkeiten einerseits des kontinuierlichen Flusses von selbständigen Einzelstimmen, andererseits des freien Wechsels zwischen Klangballung und Geringstimmigkeit;
b) die Behandlung des in der Horizontalen bindenden kontrapunktischen Elementes der Imitation.

Dowlands *Pavana Lachrymae* läßt — wie sich zeigen wird — in beiden Bereichen dem Bearbeiter große Gestaltungsfreiheit. Diese Eigenschaft — in Verbindung mit der identitätssichernden Charakteristik und Expressivität des Kernsatzes — macht sie zum idealen Variationenthema.

Gehen wir bei der Betrachtung der Bearbeitung von William B y r d von der Frage der Satzdichte aus, so beobachten wir, daß in der Variierung der vier Anfangstakte des Modellausschnitts (T. 33–36 und 49–52 der Bearbeitung) die Stimmenzahl zwischen zwei und sechs wechselt. Hervorgehoben sind dabei die Initialklänge (T. 33 und 49) — gleichsam als große Eröffnungs-,,Gesten" — und der auf die Kadenz hin gespannte Klang in T. 35. In T. 49 stehen größte Dichte in der ersten, geringste Dichte in der zweiten Takthälfte unmittelbar nebeneinander: hier lenkt nach dem klanglichen Initialakzent (analog zu T. 33) die Zurücknahme der Stimmenzahl — übrigens mit einer der wenigen in der Bearbeitung neu eingeführten Imitationen — die Aufmerksamkeit auf die nun im Diskant beginnende Laufwerk-Phrase, die sich durch die folgenden Takte hindurch fortsetzt. Das Arbeiten mit derartigen Differenzierungen der Satzdichte auf engem Raum erinnert an das Thema der *Walsingham*-Variationen, das wir oben als Beispiel für cembalistische Idiomatik zitierten.

In den Takten 7–13 unseres Modell-Ausschnittes gewinnt der Satz durch die zwei- bzw. dreischichtige Imitation zweier kurzer Motive seine größte kontrapunktische Dichte; der schon für sich intensiv „sprechende" musikalische Satz verbindet sich Dowlands textierter Fassung mit den Worten „*And tears / and sighs / and groans ...*" bzw. (in der Wiederholung) „*and fear / and grief / and pain ...*". Den ersten Teil dieser Partie, der auf dem Zweitonmotiv beruht, charakterisiert ein durch beide Reprisen hindurchgehender rhythmischer Steigerungszug; man vergleiche:

Die Fortsetzung behält in der ersten Reprise (T. 42ff.) die erreichte Achtelbewegung bei und wendet sie auf die dreischichtige Imitation der Vorlage an. In der zweiten Reprise (T. 58ff.) dagegen ist die clavieristische Ausarbeitung ganz auf den Diskant konzentriert, der die beiden obersten der Imitationsstimmen in einer einzigen kolorierten Linie zusammenfaßt. Hier wird besonders deutlich die Grundintention des Byrdschen Satzes greifbar, die man als expressive Erfülltheit jedes musikalischen Augenblicks charakterisieren kann. An dem Punkt der Entwicklung, an dem sich die interne Bewegungssteigerung in der Diskantstimme nicht mehr weiterführen läßt, wird der Intensivierungsprozeß durch die Bildung einer ausgedehnten kolorierten Diskantlinie dennoch fortgesetzt. Der Baß behält von T. 42 an das Motiv in seiner unverzierten Form bei, das nun Begleitfunktion hat und in keinem Imitationsverhältnis mehr zur Oberstimme steht. Die konstruktive Verdichtung der Vorlage ist also zugunsten der im Diskant konzentrierten Expression aufgegeben.

Akzeptieren wir die Zuschreibung der anonymen Wiener *Lachrymae*-Bearbeitung an Heinrich Scheidemann, so erweisen sich alle drei musikalisch profilierten *Lachrymae*-Versionen kontinentaler Komponisten für Cembalo als Werke Sweelincks und seiner Schule. Man möchte annehmen, daß Sweelinck seine Schüler Schildt und Scheidemann nicht nur dazu angeregt hat, in der Nachfolge der Virginalisten Dowlands *Paduana Lachrymae* zu bearbeiten, sondern daß ihnen auch Sweelincks eigener Satz über diese Vorlage bekannt war. Zumindest aber ist ihre generelle Schaffensvoraussetzung die Satztechnik Sweelincks; schon deshalb erscheint es methodisch geboten, bevor wir uns einer deutschen *Lachrymae*-Bearbeitung zuwenden, diejenige S w e e l i n c k s zu betrachten[26].

Frits Noske schreibt im Blick auf weitere holländische Instrumental- und Vokalbearbeitungen des Dowlandschen Satzes: „*Obviously, the treatment of this melody was a ‚must‘ for Dutch musicians and poets.*"[27] Berücksichtigt man, daß die Ausschmückung eines vorgegebenen mehrstimmigen Satzes keine für Sweelinck repräsentative Aufgabenstellung ist — seine Domäne war die kontrapunktische, nicht die figurative Variation —, so scheint es in der Tat möglich, daß Sweelinck das Stück in erster Linie schrieb, um der Beliebtheit der Vorlage seinen Tribut zu zollen; und vielleicht hat Oliver Neighbour recht, wenn er diese *Lachrymae*-Bearbeitung im Vergleich zu derjenigen Byrds (und man könnte ergänzen: im Vergleich zu anderen weltlichen Variationswerken Sweelincks) als „undistinguished" bezeichnet[28]. Man braucht eine gewisse Unauffälligkeit (um nicht zu sagen Durchschnittlichkeit) in der Ausführung des Stückes nicht zu leugnen und kann dennoch der Auffassung sein, daß es mit großer Deutlichkeit die andersartigen Prinzipien erkennen läßt, auf denen Sweelincks clavieristische Satztechnik beruht — Prinzipien, die dann zu den Voraussetzungen der Kompositionstechnik der Sweelinck-Schule werden.

Betrachten wir Sweelincks Bearbeitung unter dem Gesichtspunkt der Satzdichte, so ergibt sich ein markanter Unterschied gegenüber der Byrdschen Version. Zeigt die Komposition des Engländers auf engem Raum raschen, diskontinuierlichen Wechsel der Stimmenzahl, der als solcher wahrgenommen werden will, so ist der Satz des Niederländers offensichtlich dem Ideal der Kontinuität verpflichtet. Die Anzahl der gleichzeitig erklingenden Stimmen — dies gilt für den zitierten Mittelteil ohne Einschränkung, für die übrigen Abschnitte mit wenigen Ausnahmen — wechselt lediglich zwischen drei und vier, d. h. der Außenstimmenrahmen ist entweder mit einer oder mit zwei Mittelstimmen gefüllt. Die Entscheidung für drei- oder vierstimmigen Satz richtete sich offenbar danach, wieviele kontrapunktisch sinnvolle Mittelstimmen an der jeweiligen Stelle zwischen den Außenstimmen Platz fanden. Die Übergänge zwischen Drei- und Vierstimmigkeit sind unauffällig und bruchlos gestaltet; der Wechsel der Klangdichte wird also nicht wie bei Byrd als Wirkungsmoment hervorgekehrt, sondern eher verborgen. Hier zeigt sich zum einen, daß das Komponieren auf den expressiv erfüllten Augenblick hin, das wir bei Byrd konstatieren konnten, offenbar nicht Sweelincks primäre Intention war. Hier waltet vielmehr ein starkes Bedürfnis nach der Ausprägung musikalischer Logik, das Expressivität nicht ausschließt, sie aber mehr aus dem Gesamtablauf erwachsen läßt als aus dem Einzelmoment.

Des weiteren ist an Sweelincks Behandlung der Satzdichte Grundsätzliches über sein Verhältnis zur virginalistischen Schreibweise zu erkennen. Sweelinck übernimmt aus ihr die Figurationstechnik, die — wie oben bereits gesagt — zwar im Blick auf das Virginal erfunden wurde, ohne jedoch auf dieses Instrument ausschließlich festgelegt zu sein. Er übernimmt dagegen nicht

jene diskontinuierliche Behandlung der Satzdichte, die nur auf dem besaiteten Tasteninstrument musikalisch sinnvoll ist. Das bedeutet nicht weniger,
als daß Sweelinck auch in der weltlichen Tastenmusik (von deren primärer
Bestimmung für das Cembalo wir gewiß ausgehen dürfen) die englische Idiomatisierung auf einen bestimmten Tasteninstrument-Typus zurücknimmt in
den Bereich des allgemein Clavieristischen. Virtuosität und Klangphantasie
der englischen Virginalkunst werden gleichsam gefiltert durch das objekti-
vierende Medium des kontrapunktischen Satzes, das die Klangunterschiede
zwischen Orgel und Cembalo bei der Ausführung akzidentiell werden läßt.

Das Prinzip „Kontrapunkt" erweist sich auch als bedeutsam, wenn wir
den horizontalen Verlauf unseres Werkausschnittes betrachten. Charakteri-
stisch für den Beginn des Abschnitts ist, daß hier zusätzliche imitative Zusammenhänge geschaffen werden (ein Verfahren, das bei Byrd nur in Ansätzen zu beobachten ist): so zwischen T. 34 (Alt) und 35 (Diskant), zwischen T. 36 (Tenor) und 36f. (Baß), zwischen T. 49 (Diskant), 50 (Alt) und
51 (Baß). Wiederum geht es nicht um die expressive Erfülltheit jedes Augen-
blickes, sondern darum, musikalischen Fortgang zu begründen. Bei der Kolorierung eines präexistenten Satzes ist zwar diese Aufgabe eigentlich nicht gestellt; trotzdem fingiert Sweelinck einen von ihm komponierten Fortgang.
In den Takten 7ff. des Vorlagen-Ausschnitts, die durch zwei- bzw. dreischichtige Imitation gekennzeichnet sind, verzichtet Sweelinck weitgehend
auf figurative Intensivierung, wie wir sie bei Byrd beobachten konnten. Hier
ist in der Vorlage bereits ein weitgespannter kontrapunktischer Zusammenhang, in dessen Organisation einzugreifen Sweelinck offenbar keine Veran-
lassung sah.

Die *Lachrymae*-Bearbeitung von Melchior S c h i l d t scheint zu ihrer
Zeit zu den besonders beliebten Clavierkompositionen gehört zu haben, wie
aus der vergleichsweise reichen Überlieferung in drei Quellen zu erschließen
ist. Daß es sich dabei ausschließlich um skandinavische Quellen handelt,
könnte darauf hindeuten, daß das Werk in Schildts Kopenhagener Hoforga-
nisten-Zeit (1626–1629) entstand; gerade am Hofe Christians IV., der
1598–1606 John Dowland als Hoflautenisten in Dienst gehabt hatte, konnte
ein „Hommage à Dowland" besondere, anspielungshafte Bedeutung haben[29].

Im Blick auf die oben erwähnte mangelhafte Überlieferung der Sweelinckschen Version (vgl. Anm. 26) vergleicht Alan Curtis die *Lachrymae*-
Sätze von Sweelinck und Schildt: „*Schildt's work probably stands in relation to Sweelinck's Bârtfa pavan much like a beautifully preserved painting by a minor artist compared to a mediocre copy of a great master's lost
painting. Although the latter once inspired the former, it is now the minor
artist's work which paradoxically seems superior.*"[30] Insofern mit diesem
Urteil die musikgeschichtliche Bedeutung Sweelincks und Schildts gegenein-

ander abgewogen werden soll, ist wenig dagegen einzuwenden [31]. Doch erweist sich Schildts *Lachrymae*-Bearbeitung als denkbar ungeeignet zur
Exemplifizierung eines solchen Urteils. Was Schildts Satz von dem Sweelincks unterscheidet, beruht nicht auf minderem Rang, sondern auf unterschiedlicher Konzeption.

Doch bevor von Unterschieden gesprochen wird, ist das Gemeinsame zu
nennen. Schildts Pavana setzt den Stil des Lehrers voraus und wohl auch dessen *Lachrymae*-Bearbeitung. (Die synkopische Satzauflösung in T. 39 ff. mutet fast an wie aus der Absicht entstanden, wörtliche Übereinstimmung zu
vermeiden.) Grundsätzlich rezipiert ist Sweelincks Regulierung der Satzdichte: auch Schildts Satz hält sich (mit Ausnahme der Abschnitts-Kadenzen) im
Rahmen der Drei- bis Vierstimmigkeit. Dennoch ist er „cembalistischer" als
der Sweelincks. Dieses Urteil gründet sich nicht auf die expansivere Kolorierung (hierin unterscheidet sich das Stück nicht von vielen Tastenwerken
Sweelincks und von Schildts Orgelmusik), sondern auf Momente wie die erwähnte Synkopierung, die mit einer cembalistisch-lautenistischen Auflocke-
rung des Stimmenverbandes zusammengeht, und das „Wuchern" der Koloraturen über die Stimmengrenzen hinweg, das den realen kontrapunktischen
Satz für kurze Momente aufhebt (im zitierten Ausschnitt T. 52 und 61 f.,
außerdem T. 20, 25, 28 und 90 f.). Diese Züge lassen vermuten, daß die Sweelinck-Schüler die virginalistischen Stilelemente nicht nur durch die Werke ihres Lehrers aufnahmen, sondern daß sie darüberhinaus auch die englische Virginalmusik direkt studierten [32].

Die im Vergleich zu Sweelinck stärker ausgeprägte cembalistische Idiomatik ist ein generelles Merkmal der weltlichen Clavierwerke von Melchior
Schildt und Heinrich Scheidemann; dagegen vermissen wir sie bei dem Mitteldeutschen Samuel Scheidt. Diese Tatsache ermöglicht es, das Beobachtete
in einen größeren Zusammenhang zu stellen. Die norddeutschen Komponisten sind es nämlich auch, die auf der anderen Seite Sweelincks Satzart zu
einer ausgesprochenen Orgelidiomatik weiterbildeten (über sie wird im III.
Abschnitt zu sprechen sein), während Scheidt im wesentlichen den homogenen Clavierstil Sweelincks beibehält. (Mit dieser Aussage sind nicht alle Ein-
zelfälle erfaßt, doch ist sie in ihrer Gesamttendenz zutreffend; Heinrich
Schütz hatte recht, als er in seinem Gutachten vom 30. Dezember 1624 den
Inhalt von Scheidts *Tabulatura Nova* als „*sachen für Organisten auf die
niederländische Manier*" charakterisierte [33].)

Die Cembalowerke der norddeutschen Sweelinck-Schüler sind, wie oben
gesagt, Parerga im Gesamtœuvre ihrer Komponisten. Doch auch in periphe-
ren Werken kann geschichtlich Zentrales sich spiegeln. Versteht man die Her-
ausbildung eines in neuem, verbindlicherem Sinne orgelgemäßen Satzes
durch die Norddeutschen als Äußerung eines generellen Idiomatisierungsbe-
strebens, so läßt sich vorstellen, daß die gleiche Tendenz beim Komponieren

für das Cembalo, gleichsam in einem Pendelausschlag nach der anderen Seite, auch zu einer stärkeren Ausrichtung auf dessen Eigenart und – vielleicht – zu einem direkten Rückgriff auf die Virginalisten führte, die die durch Sweelincks Werke vermittelte Rezeption des virginalistischen Stils ergänzt hätte.

III. Virginalistische Elemente in der norddeutschen Orgelmusik

Das quantitativ und qualitativ herausragende Teilgebiet der deutschen Tastenmusik der Schütz-Generation ist – wir stellten es eingangs bereits fest – die Orgelmusik. Nur im Blick auf sie kann eigentlich gewürdigt werden, was die englischen Stilelemente für die deutsche Tastenmusik geschichtlich bedeutet haben.

Damit ist nun freilich ein Thema angesprochen, dessen Darstellung in der ihm angemessenen Breite im Rahmen des vorliegenden Textes auch nicht annähernd möglich ist. Wir wollen im folgenden nicht den Versuch einer kurz zusammenfassenden Darstellung unternehmen[34], sondern stattdessen versuchen, an einem geeigneten Beispiel Prinzipielles aufzuzeigen. Das Beispiel – es ist der 2. Versus des *Magnificat IV. Toni* von Heinrich Scheidemann – repräsentiert den avanciertesten Typus der Orgelmusik der Schütz-Generation, die norddeutsche Choralfantasie, jenen Typus der Choralbearbeitung also, in dem die Choralmelodie in einer Reihe von Abschnitten in wechselnden Kompositionstechniken und unter Aufbietung der klanglich-spieltechnischen Möglichkeiten der norddeutschen Orgel bearbeitet wird. Daß wir einen bestimmten Einzelsatz namhaft machen, geschieht weniger, um ihn als individuelles Werk zu analysieren, als vielmehr um die Möglichkeit des konkreten Bezuges auf einen Notentext zu haben. Die gewählte Choralfantasie eignet sich durch ihre Kürze als Demonstrationsobjekt; grundsätzlich wäre sie gegen andere Sätze des gleichen Typus austauschbar[35].

In der Kompositionstechnik des Satzes lassen sich drei Komponenten unterscheiden. Als erste von ihnen nennen wir das Figurenwerk, das mehr als die Hälfte des Umfangs ausfüllt (40 von insgesamt 73 Takten haben in einer Stimme Sechzehntel- oder Achteltriolen-Bewegung). Vorherrschend sind Skalen und Akkordbrechungen. Daß die Behandlung der figurativen Stimmen in ihrer glanzvollen clavieristischen Virtuosität in der Tradition der englischen Virginalmusik steht, ist leicht zu erkennen.

Die zweite Komponente ist spieltechnisch und klanglich zu definieren: es ist die Verteilung des vierstimmigen Satzes auf drei Werke der Orgel. Die Verwendung von zwei Manualen und Pedal ist durch die Satzüberschriften in der Quelle gefordert und aus der Anordnung der Stimmen in den Tabulatursystemen ersichtlich. Man könnte auch ohne Kenntnis dieser Quellengegebenheiten die Verwendung zweier Manuale und des Pedals aus spieltechnischen Notwendigkeiten ableiten. Zwei Manuale sind zur Wiedergabe erforderlich wegen der Stimmkreuzungen in den Takten 13, 17, 55 und 70 sowie wegen zahlreichen Zusammentreffens von zwei Stimmen auf einem Ton, die bei einmanualiger Ausführung zu Undeutlichkeiten führen (T. 10, 16 usw.); Pedalverwendung ist zwingend nötig, weil der vierstimmige Satz an vielen Stellen von zwei Händen nicht gegriffen werden kann.

Der Sinn der Verwendung dreier Werke der Orgel erschöpft sich aber nicht darin, spieltechnische Probleme zu lösen. Der Satz ist vielmehr von vornherein auf eine Trennung der Stimmen in drei Funktionen angelegt, die erst durch dreischichtige organistische „Instrumentierung" wahrnehmbar wird. Die erste Schicht bildet die auf dem Rückpositiv in hervortretender Registrierung gespielte Stimme, der meistens der in Koloraturen aufgelöste Cantus firmus in Diskant- oder Tenorlage anvertraut ist. An zweiter Stelle hinsichtlich der Bemerkbarkeit steht das auf Sechzehnfuß-Basis zu registrierende Pedal, das als Harmoniefundament und teilweise auch als Cantus-firmus-Träger (T. 42 ff.) fungiert. Die dritte Klangschicht bilden zwei auf einem (in den Quellen durch die Bezeichnung „Organo" geforderten) Begleitmanual zu spielende Stimmen, lagenmäßig entweder als Mittel- oder als Oberstimmenpaar behandelt. Die Bedeutung der klanglichen Mehrschichtigkeit für die Komposition ist daran zu ermessen, daß die Satzfunktion „Stimme" nicht durch eine Lagenregion, sondern durch eine Klangfarbe festgelegt ist. Die Identität der in einer Klangfarbe gespielten Stimme wird etwa an den im folgenden skizzierten Positionswechseln deutlich. Im ersten Beispiel rücken die Organo-Stimmen aus der Alt- und Tenorlage in die Diskant- und Altlage (wobei sie von der linken an die rechte Hand abgegeben werden), um die Tenorregion für den Neueinsatz des Rückpositivs freizugeben:

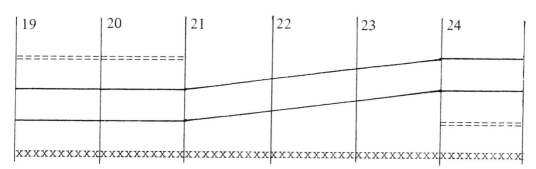

Zeichenerklärung:

==== Rückpositiv / ——• Organo / xxxx Pedal

Die Rückkehr in die ursprünglichen Lagenverhältnisse erfolgt mit einem durch drei Oktaven (A bis a''') geführten kolorierten Auslauf der Rückpositiv-Stimme (wieder mit Wechsel von der linken zur rechten Hand), nach der die Tenorregion für die untere der anschließend wieder einsetzenden Organo-Stimmen zur Verfügung steht:

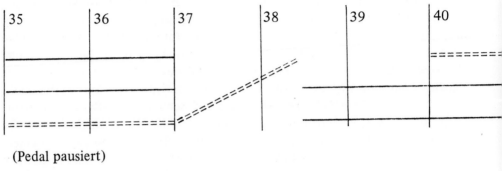

(Pedal pausiert)

Eine spezielle Art der Verwendung von Klangebenen stellt die Echo-Partie T. 42–51 dar: hier liegt der Cantus firmus im Pedal, die Figurationsmotive und ihre Echo-Wiederholungen sind auf Rückpositiv und Organo aufgeteilt; auf dem Organo-Manual sind außerdem die akkordfüllenden Mittelstimmen zu spielen[36].

Die beiden beschriebenen Satzprinzipien — die Figurenkomposition englischer Provenienz und die norddeutsche Klangfarbenkomposition — fügen sich offenbar bruchlos ineinander, ja heben sich sogar gegenseitig in ihrer Wirkung, indem das klanglich hervortretende Rückpositiv mit der bewegtesten Stimme besetzt wird.

Daß figurative Schreibweise und mehrschichtige organistische Klangrealisierung sich in dieser Weise zusammenfügen, ist allerdings erst durch Vermittlung einer dritten Komponente möglich. Diese dritte Komponente ist der kontrapunktisch geregelte Satz, der aus einer innerhalb des Stückes konstant bleibenden Anzahl von Einzelstimmen besteht. Es ist dies eine Normierung, die — wie wir sahen — in der Virginalmusik häufig zugunsten instrumentenspezifischer Wirkungen aufgegeben wurde. Nur dadurch aber, daß jede Stimme Selbständigkeit und kontinuierlichen Verlauf im Sinne des kontrapunktischen Satzes hat, ist es musikalisch sinnvoll, den Stimmenverband in klangfarblich unterschiedene Linien aufzulösen. Übernommen haben die deutschen Organisten also die Figuration als Element, nicht aber den satztechnischen Zusammenhang, in dem sie bei den Virginalisten zunächst erscheint.

Die Komponente „Kontrapunkt" beschränkt sich in Scheidemanns Choralfantasie nicht darauf, das Stimmenverhältnis in einem figurationsbetonten

Satz zu regeln. Sie prägt das „Gesicht" der Komposition darüber hinaus auch selbständig, und zwar durch den relativ großen Anteil, den das imitatorische Prinzip am Verlauf des Stückes hat. Es ist ausgeprägt als Vorimitation zu figurativen Durchführungen von Cantus-firmus-Abschnitten (T. 1 ff., 20 ff., 38 ff.) und als Haupttechnik der Durchführung des letzten Abschnitts (T. 57 ff.).

Ist die figurative Komponente des Satzes Erbe der Virginalisten, und ist die mehrschichtige organistische Realisierung eine Spezialität der deutschen Organisten, so hat die kontrapunktische Komponente ihren Ursprung im motettischen Satz der Vokalpolyphonie des 16. Jahrhunderts. Die Verbindung des figurativen Satzes virginalistischer Prägung mit den Prinzipien der klassischen Vokalpolyphonie aber ist die historische Leistung Sweelincks und die Basis der instrumentalen Kompositionstechnik seiner Schüler. Erst dank der Sweelinckschen Modifizierung des virginalistischen Satzes konnten die Neuerungen der Virginalisten von den Nord- und Mitteldeutschen für ihre Orgelkomposition adaptiert werden.

Der Vers, den wir analysiert haben, ist einer von vielen Sätzen, die den Typus der norddeutschen Choralfantasie ausprägen. Die Choralfantasie wiederum ist einer von vielen Typen der Choralbearbeitung des 17. Jahrhunderts. Neben der Choralbearbeitung schließlich gibt es noch die cantus-firmus-freie Orgelkomposition in den Formen der Fantasia, der Toccata, des Präambulums, der Canzona. Was repräsentiert dieser eine Satz, auf den wir uns beschränkt haben, innerhalb der Vielfalt von Werken, Typen und Gattungen? Er repräsentiert – und darauf mußte es in diesem Zusammenhang ankommen – den kompositionstechnischen Kontext, in dem die instrumentalidiomatischen Neuerungen der Virginalisten bei den Orgelkomponisten der Schütz-Generation weiterleben konnten. Er repräsentiert ihn in seinen Komponenten vollständig; denn „figurativer Satz", „mehrschichtiger Orgelsatz" und „kontrapunktischer Satz" sind die Elemente, aus deren verschiedener Zusammensetzung die Typologie und die Prägung des Einzelwerkes in der nord- und mitteldeutschen Choralbearbeitung der Schütz-Zeit abzuleiten sind. (Daß die Choralfantasie als der avancierteste Typus der norddeutschen Orgelkomposition gelten kann, liegt wesentlich daran, daß sie alle Komponenten in sich enthält und mit einem hohen Maß an Variabilität miteinander verbinden kann.)

Die englisch-deutschen Beziehungen erweisen sich also wiederum als englisch-niederländisch-deutsche. Die Möglichkeit, Elemente einer typisch virginalistischen Satztechnik für eine typisch organistische fruchtbar zu machen, ist der Vermittlerrolle Sweelincks zuzuschreiben, der zu beiden spezialisierten Positionen gleichsam einen Oberbegriff dachte und künstlerisch realisierte. Daß die deutsche Orgelmusik der Schütz-Zeit im Ausstrahlungsbereich der englischen Virginalmusik liegt: diese Tatsache wird dadurch freilich nicht geschmälert. Und als unmittelbar verwandt erweisen sich die Norddeutschen und die Engländer in ihrem Zug zum Instrumentalidiomatischen, der für das Virginal wie für die Orgel Musik entstehen ließ, die ihre Eigenart zu einem nicht unwesentlichen Teil dem Klang und der Spielweise des speziellen Instrumententypus verdankt.

Anmerkungen

1   Zwei terminologische Anmerkungen zum Titel: 1. Im folgenden werden die üblichen, im Blick auf den englischen Instrumententyp gebildeten Bezeichnungen „Virginalisten" und „Virginalmusik" neben den allgemeineren, auch für die festländische Musik verwendbaren Ausdruck „Cembalomusik" gebraucht, ohne daß damit auf die Unterschiede im Bau der besaiteten Klavierinstrumente eigens abgehoben werden soll. 2. Der Terminus „Claviermusik" bezeichnet im vorliegenden Zusammenhang die Musik für alle Tasteninstrumente (vgl. *Mf* 30, 1977, S. 482, Anm. 1).

2   Max Seiffert, *Geschichte der Klaviermusik*, Bd. I *[alles Erschienene]: Die ältere Geschichte bis um 1750,* Leipzig 1899, S. 71.

3   Manfred F. Bukofzer, *Music in the Baroque Era – From Monteverdi to Bach*, New York 1947, S. 13: „*At the beginning of the baroque period, a novel stilistic element made its appearance: idiomatic writing. The baroque era consciously developed the idiomatic possibilities inherent in the instrumental and vocal media. The idiom-consciousness of the baroque era must be understood as another aspect of its style-consciousness ...*" Zur englischen Virginalmusik vgl. ebenda S. 72 ff.

4   London, British Museum, *Add. Ms. 28550*, fol. 43–44^V; Teil-Faksimile in MGG XI (1963), Tafel 25 (nach Sp. 479/480); Übertragung in: *Keyboard Music of the Fourteenth and Fifteenth Centuries*, ed. by Willi Apel, = CEKM 1, o. O. 1963. Vgl. Michael Kugler, *Die Musik für Tasteninstrumente im 15. und 16. Jahrhundert*, = Taschenbücher zur Musikwissenschaft, Bd. 41, Wilhelmshaven 1975, S. 15–28, sowie die dort genannte weitere Literatur. Aufgrund der Eingliederung in eine englische Handschrift wird für die Musik des Robertsbridge-Fragments gelegentlich englischer Ursprung fraglos vorausgesetzt – noch Hans Ferdinand Redlich läßt mit dem Robertsbridge-Repertoire die Virginalmusik beginnen (MGG XIII, 1966, Sp. 1816) –, doch scheint aufgrund von Inhalt und Notation auch französischer oder italienischer Ursprung diskutabel. Die jüngste Darstellung der Quelle durch Michael Kugler (s. oben) läßt die Frage unentschieden.

5   Faksimile der Aufzeichnung im *Roman de Fauvel* in: Heinrich Besseler und Peter Gülke, *Schriftbild der mehrstimmigen Musik*, = Musikgeschichte in Bildern, Bd. III, Lfg. 5, Leipzig 1973, S. 56 f.; Übertragung in: *Polyphonic Music of the Fourteenth Century*, ed. by Leo Schrade, Vol. I, Monaco 1956, S. 92–94.

6   Um der besseren Vergleichbarkeit willen ist die vokale Vorlage um einen Ganzton nach oben transponiert.

7   München, Bayerische Staatsbibliothek, *Cim. 352b*; Faksimile-Ausgabe, hrsg. von Bertha Antonia Wallner, = Documenta musicologica II/1, Kassel 1955; Übertragung, hrsg. von ders., = EdM 37–39, Kassel 1955. Vgl. Hans Rudolf Zöbeley, *Die Musik des Buxheimer Orgelbuchs*, = Münchner Veröffentlichungen zur Musikgeschichte, Bd. 10, Tutzing 1964.

8   Vgl. Anm. 7. – Daß zudem der Gebrauch des Pedals nicht ohne weiteres mit der Absicht zu verbinden ist, Stimmkreuzungen hörbar zu machen, geht aus den Ausführungen Zöbeleys (a. a. O., S. 85 ff.) hervor.

9   Michael Praetorius, *Syntagma musicum*, Bd. III: *Termini musici* (1619), Faksimile-Nachdruck, hrsg. von Wilibald Gurlitt, = Documenta musicologica I/15, Kassel 1958, S. 23 f.

10 Ebenda, S. 25.

11 Vgl. neuerdings Alan Curtis, *Sweelinck's Keyboard Music – A Study of English Elements in Se-*

venteenth-Century Dutch Composition, Leiden 1969, S. 126–133 (Abschnitt ‚*English figural techniques*‘).

12 So eindeutig die Übernahme von virginalistischen Satz-E l e m e n t e n in die festländische Claviermusik zu konstatieren ist, so scheint doch in der bisherigen Literatur die Frage des Stellenwertes der Satzelemente in der Gesamtkomposition nicht ihrer Bedeutung entsprechend akzentuiert zu sein. Die Aufmerksamkeit auf diesen Punkt zu lenken, ist die Absicht der analytischen Bemerkungen in den folgenden Abschnitten.

13 Eine (freilich nicht vollständige) Übersicht bei Lydia Schierning, *Die Überlieferung der deutschen Orgel- und Klaviermusik aus der ersten Hälfte des 17. Jahrhunderts*, = Schriften des Landesinstituts für Musikforschung Kiel, Bd. 12, Kassel und Basel 1961, S. 110ff.

14 Sie sind zusammengefaßt in der Edition *Lied- und Tanzvariationen der Sweelinck-Schule*, hrsg. von W. Breig, Mainz 1970 (Edition Schott 6030).

15 Werner Braun, *Britannia abundans – Deutsch-englische Musikbeziehungen zur Shakespearezeit*, Tutzing 1977, S. 253ff.

16 Beate Früh (Saarbrücken) war so freundlich, mir ein Exemplar ihrer Arbeit *John Dowlands „ Lachrimae “ in der Instrumentalmusik bis 1650* (Wissenschaftliche Abhandlung für die Künstlerische Prüfung für das Lehramt an Gymnasien, Fachrichtung Musik, Saarbrücken 1980) zur Einsicht zu überlassen; ich verdanke ihrer Studie wertvolle Hilfe. Werner Braun hatte mich im Anschluß an mein Referat dankenswerterweise auf diese von ihm angeregte und betreute Arbeit aufmerksam gemacht.

17 Neuausgabe in: *The Collected Lute Music of John Dowland*, hrsg. von D. Poulton, London 1974, S. 67ff.

18 Neuausgabe in: *Select English Songs and Dialogues of the 16th and 17th Centuries*, hrsg. von A. Dolmetsch, H. II, London 1912, S. 13ff.

19 Neuausgabe in: J. Dowland, *Lachrymae – Sieben Pavanen für fünfstimmigen Violen- oder Blockflötenchor und Laute ad libitum*, hrsg. von F. J. Giesbert, = Nagels Musikarchiv, H. 173, Kassel 1964, S. 2f.

20 Ausgabe: *Tisdale's Virginal Book*, hrsg. von Alan Brown, London 1966.

21 Früheste Aufzeichnung im *Fitzwilliam Virginal Book* (niedergeschrieben zwischen 1609 und 1619). Ausgaben: *The Fitzwilliam Virginal Book*, hrsg. von J. A. Fuller Maitland und W. Barclay Squire, Leipzig 1899 (Nachdruck New York 1963), Bd. II, S. 42–46; *The Collected Works of W. Byrd*, hrsg. von Edmund H. Fellowes, Bd. 19 (Keyboard Works II), S. 150–153; W. Byrd, *Keyboard Music*, hrsg. von Alan Brown, Bd. II, = Musica Britannica 28, London [2]1976, S. 21–24.

22 Ebenfalls im *Fitzwilliam Virginal Book* überliefert. Ausgaben: *The Fitzwilliam Virginal Book* (vgl. Anm. 21), Bd. II, S. 472–476; Giles and Richard Farnaby, *Keyboard Music*, hrsg. von Richard Marlow, = Musica Britannica 24, London 1965, S. 49–52.

23 Überliefert in Budapest, Nemzeti Muzeum, Mus. Ms. Bártfa 27. Maßgebliche Ausgabe: J. P. Sweelinck, *Opera Omnia*, Bd. I/3, hrsg. von Frits Noske, Amsterdam 1968, S. 42–45.

24 Quelle: København, Kongelige Bibliotek, handschriftlicher Anhang zu Gabriel Voigtländers *Erster Theil allerhand Oden und Lieder*, 1642. Erstausgabe (Hortense Panum) in MfM 20, 1888, S. 37–41; Neuausgabe unter Berücksichtigung der fragmentarischen Aufzeichnungen in Clausholm und Uppsala in: *Lied- und Tanzvariationen der Sweelinck-Schule* (s. Anm. 14), S. 35–40.

25 Ausgabe: *Lied- und Tanzvariationen der Sweelinck-Schule* (s. Anm. 14), S. 41–46.

26 Daß Sweelincks Satz nicht in allen Details zuverlässig überliefert zu sein scheint (vgl. den Kritischen Bericht der Gesamtausgabe und Curtis, a. a. O., S. 108), spielt für unsere analytischen Fragestellungen keine wesentliche Rolle.

27 Kritischer Bericht zur Gesamtausgabe, S. XXXIII.

28 Oliver Neighbour, *The Consort and Keyboard Music of William Byrd*, London 1978, S. 172.

29 Denkbar ist freilich auch, daß das Stück schon früher entstand und nur vom Kopenhagener Hof aus seine Verbreitung fand. Curtis' Gedanke „*Although it may well have been composed after Sweelinck's death, it is not impossible that it was done, or at least begun, under his tutelage*“ (a. a. O., S. 107) ist nicht von der Hand zu weisen (mit Ausnahme des Passus „*at least begun*“ – ein einsätziges Stück von 98 Takten Länge möchte man sich kaum in mehreren Arbeitsphasen entstanden denken); doch ist strenggenommen der einzige sichere Terminus ad quem durch die

(auf die Abschrift bezügliche) Bemerkung „*Hafniae /Kopenhagen / Melcher Schildt Anno 1634 8 Juli*" am Ende der fragmentarischen Aufzeichnung in der Tabulatur Clausholm gegeben.

30 Curtis, a. a. O., S. 107.

31 — wenngleich man auch dies nicht gern konzediert, ohne zugleich daran zu erinnern, daß der Hannoveraner Sweelinck-Schüler nur aus Gründen der Überlieferungsquantität im Schatten seiner Generationsgenossen Scheidt und Scheidemann steht. In seinem nur spärlich erhaltenen Opus findet sich fast nur Überdurchschnittliches und höchst Charakteristisches; vom möglichen Umfang des Verlorenen bekommt man einen Begriff, wenn man bedenkt, daß Schildts einzige erhaltene Vokalkomposition, das gattungsgeschichtlich wie qualitativ bedeutende Choralkonzert *Ach, mein herzliebes Jesulein* (vgl. seine Würdigung bei Friedhelm Krummacher, *Die Choralbearbeitung in der protestantischen Figuralmusik zwischen Praetorius und Bach*, = Kieler Schriften zur Musikwissenschaft, Bd. 22, Kassel 1978, S. 120ff.) eins von zehn Vokalwerken Schildts ist, die nach Ausweis des Inventars 1696 in der Bibliothek der Lüneburger Michaelisschule vorhanden waren.

32 Eine Äußerlichkeit sei in diesem Zusammenhang erwähnt: die vermutlich von Heinrich Scheidemann stammende *Lachrymae*-Bearbeitung der Wiener Minoritentabulatur (vgl. Anm. 24) ist gegenüber der Dowlandschen Vorlage um eine Quarte höhertransponiert, was auf eine direkte Anregung durch die Byrdsche Bearbeitung zurückgehen könnte.

33 Heinrich Schütz, *Gesammelte Briefe und Schriften*, hrsg. von E. H. Müller, = Deutsche Musikbücherei, Bd. 45, Regensburg 1931 (Nachdruck Hildesheim 1976), S. 74.

34 Es sei dem Verfasser aber gestattet, ergänzend auf einige frühere Arbeiten hinzuweisen, in denen er das Thema der Idiomatisierung in der norddeutschen Orgelmusik der Sweelinck-Schule behandelt hat: ‚*Über das Verhältnis von Komposition und Ausführung in der norddeutschen Orgel-Choralbearbeitung des 17. Jahrhunderts*‘, in: *Norddeutsche und nordeuropäische Musik*, hrsg. von Carl Dahlhaus und Walter Wiora, = Kieler Schriften zur Musikwissenschaft, Band 16, Kassel 1965, S. 71ff.; *Die Orgelwerke von Heinrich Scheidemann*, = Beihefte zum AfMw, Bd. 3, Wiesbaden 1967: ‚*Melchior Schildt*‘, in: Musik und Kirche 37, 1967, S. 152ff.; ‚*Die Claviermusik Sweelincks und seiner Schüler im Lichte neuerer Forschungen und Editionen*‘, in: Mf 30, 1977, S. 482ff.

35 Da der Satz in der Neuausgabe leicht zugänglich ist (Heinrich Scheidemann, *Magnificat-Bearbeitungen*, hrsg. von Gustav Fock, Kassel 1970, S. 42ff.), darf auf Notenbeispiele im vorliegenden Zusammenhang verzichtet werden.

36 Die Neuausgabe notiert als Pedalton in T. 42A. Das entspricht zwar der Quellen-Notation; doch erscheint die Quelle hier korrekturbedürftig, denn dem Cantus-firmus-Verlauf entsprechend müßte die höhere Oktave (a) stehen.

Werner Braun

(Saarbrücken)

Englische Consort-Musik und norddeutsche Instrumentalmusik

Zu diesem Thema wurden 1977 einige Grundlinien gezeichnet[1]. Es stellten sich Fragen nach den Quellen für die englische Ensemblemusik in Deutschland, nach den Begegnungsorten und Mittelsmännern, nach den Gattungen und Formen, den Aufführungsgelegenheiten und Aufführungsweisen, nach den alten Beurteilungen dieser Kunst, ihren Merkmalen und ihren Einflüssen auf die deutsche Instrumentalmusik. Es wurde festgestellt, daß beide Formen des Consorts in Deutschland bekannt waren, das heterogene instrumentale, das im wissenschaftlichen Schrifttum oft mit dem nicht ganz gesicherten Ausdruck ,,broken consort" bezeichnet wird, und das homogene instrumentale, das als ,,whole consort" ebenfalls terminologische Bedenken hervorruft[2]. Von der bei Theaterkonzerten zu hörenden charakteristischen Klangmischung von Violine, Flöte, Streichbaß, Laute, Zither und Pandor war man auch auf dem Kontinent fasziniert, ohne sie jedoch nachgestalten zu können. Wir finden lediglich mögliche Ansätze dazu, so im Kasseler Festzug zur Prinzentaufe im Sommer 1600 und in dem ,,Lauten-Chor" in der Kirchenmusik des Wolfenbütteler Kapellmeisters Michael Praetorius 1619[3].

Andererseits kam aber auch das Violen-Consort in Deutschland nicht voll zur Geltung, denn die charakteristischen Gattungen anspruchsvoller Kammermusik: freie und cantus firmus-Fantasien, fehlten in Deutschland oder hatten hier andere Grundlagen (Einfluß der italienischen Canzon da sonar, etüdenhafte Fantasien, Samuel Scheidts Liedbearbeitungen für Violenensemble von 1621)[4]. Die Vorherrschaft von Pavane und Galliarde in diesem Klangbereich schlug eine Brücke zum heterogenen Consort, das diese beiden Tanzmodelle gleichfalls verwendete. In diesem Bericht soll der englische Einfluß auf die instrumentale Ensemblemusik in Norddeutschland wie auch die deutsche Eigenentwicklung an dem genannten Tanzpaar gezeigt werden. Es gewann seine neue Qualität in einem anderen sozialgeschichtlichen Kontext: weder als Kammermusik noch als Kunst für festliche Gelegenheiten, sondern als Bestandteil von Tafelaufwartungen.

I.

Vorausgeschickt werden müssen einige systematische Überlegungen zum Klangbereichswechsel, der in den englisch-deutschen Musikbeziehungen eine besondere Rolle spielt. Bezeichnet man ein Sängerensemble als S, das Violen- oder Violinen-Ensemble als V, das heterogene instrumentale Ensemble als H und die Monophonien (Musik für ein Instrument allein) als M, so lautet gemäß dem traditionellen Vorrang linearer Vokalmusik das nächstliegende Schema: S wird V oder H oder M. Da die Verbreitung englischer Songs in Deutschland an der Sprachbarriere scheiterte und da in England S keineswegs unbedingt stimmige Musik war (durch obligate Lautenpartien), gewinnt das von V ausgehende Modell Bedeutung: als eine in Stimmen und nicht in ‚Partien' aufgezeichnete Kunst. Sie besitzt kompositorische Authentizität, wohingegen ornamentale Virtuosität (M und H) vom Arrangement lebte. Durch die hochentwickelte englische Lauten- und Virginalkunst wurde aber auch die Richtung M ⟶ S/V (oder H oder ein anderes M) möglich. Sogar für die Folge H⟶V ergab sich ein Anhaltspunkt: die Außenstimmen der „*Quadran Pavin*" aus Thomas Morley's *Consort Lessons* (1599) füllte der englische Gastmusiker Thomas Simpson 1617 in Hamburg neu aus. An die Stelle des diminutiven Veränderns bei der strain-Wiederholung trat die satztechnische Variation, und das Formschema A A' B wandelte sich zu A A' A" A'''[5].

Als Konstante in diesem Wechsel prägte das Außenstimmengerüst X besonders die einfachen Gestaltungsmodelle Lied und Tanz. Der Diskant-Baß-Komplex gewährleistete als ein prägnant-abstraktes Schema die Identität von Stücken. Prägnant im Umriß, abstrakt im Klang, konnte es je nach Gelegenheit und Gestaltungsabsicht unterschiedlich realisiert werden. Bei Maskenaufzügen und Hofballetten war sein Autor keineswegs schon sein Realisator, so daß die Formel X⟶V oder X⟶H unterschiedliche kompositorische Zuständigkeiten bezeichnet, die weitere Übergänge nicht ausschlossen, etwa X⟶H⟶M.

Bei musikalisch anspruchsvolleren Formmodellen wie Pavane oder auch Passamezzo ist ein solch abstraktes Komponieren weder nachgewiesen noch gut vorstellbar. Das Gerüst diente hier weniger als Ausgang denn als Bindeglied: V⟶(mit Hilfe von X) H. Im folgenden soll der Klangbereichswechsel nach zwei neu ans Licht getretenen deutsch-englischen Notenquellen untersucht werden, um schon damit das Verbindende wie das Unterscheidende in der englischen Consort-Musik und in der norddeutschen Instrumentalmusik herauszuarbeiten.

II.

Es handelt sich um Überlieferungen in Hamburg und Kassel, also aus Zentren deutsch-englischer Musikbeziehungen[6]. In Hamburg, dem städtischen Begegnungsort, waren folgende Persönlichkeiten anwesend und mit der Herausgabe englischer Musik befaßt: Valentin Haußmann (1603 und 1604), die beiden hamburgischen Ratsmusiker Zacharias Füllsack (Posaunist) und Christian Hildebrand (Violist) (1607), der Engländer William Brade (1609), wieder die beiden deutschen Ratsmusiker (1614) und wieder Brade (1614). In dieser fünfgliedrigen Reihe interessiert der Anfang durch Haußmann. Er weilte 1600 nachweislich in der Hansestadt und veröffentlichte 1603 in dem *Rest von Polnischen und andern Täntzen* mindestens zwei Stücke englischer Provenienz (Nr. 71 und Nr. 74). Im Jahr darauf, in der Sammlung *Neue Intrade mit sechs und fünf Stimmen auff Instrumenten fürnemlich auff Fiolen zugebrauchen*, Nürnberg 1604, bezog er sich dann offen auf den insularen Nachbarn: in dem Anhang „*Hier folgen etliche Englische Paduana und Galliarde*", der auch im Untertitel der ganzen Sammlung genannt ist und zwar als Bestand „*anderer Composition*"[7].

Dieser englische Anhang besteht aus insgesamt 16 Stücken: 12 Paduanen und vier Galliarden, von denen die erste *[Nr. 13]* und letzte *[Nr. 16]* in der Überschrift ausdrücklich die „*Violin.*" verlangen. Die Paduanen sind zu zwei Dritteln fünfstimmig und zu einem Drittel sechsstimmig, die Galliarden bestehen durchweg aus fünf Stimmen. Von diesen 16 Tonsätzen ließen sich bisher sechs auch anderweitig nachweisen, allein vier davon in der gleich vorzustellenden Kasseler Handschrift (mit der aber der Hamburger Druck sonst nichts zu tun hat). Auf Haußmanns John-Dowland-Bezüge wird später einzugehen sein. Die von ihm überlieferte Galliarde von James Harding (Nr. 3, à 5) ist identisch mit der Fassung Füllsack—Hildebrand 1607, Nr. 14[8] und könnte diesen Ratsmusikern als Quelle gedient haben, denn mit ihnen hat Haußmann schon 1600 zusammengearbeitet[9]. So wäre festzuhalten erstens, daß Haußmann als der erste deutsche Komponist englische Consortmusik veröffentlicht und nennt, zweitens, daß dreiviertel seines Bestandes Pavanen sind und drittens, daß er beide Tanzmodelle streng voneinander trennt.

Aus der Hofkapelle des Landgrafen Moritz von Hessen, der über mannigfache und auch direkte Beziehungen nach England verfügte[10], stammen die erst jüngst als Quelle für die englische Consort-Musik bekannt gewordenen fünf Stimmbücher *4º Ms. mus. 125* der Landesbibliothek und Murhardschen Bibliothek der Stadt Kassel[11]. Sie enthalten keinerlei verbale Hinweise auf Gattung, Verfasser, Entstehungszeit und scheinen um 1600 geschrieben worden zu sein. Sogar auf Mensurzeichen wurde verzichtet. Der 53 Stücke umfassende Hauptteil der Handschrift besteht bis auf drei möglicherweise als Galliarden einzuordnende Tonsätze (Nr. 1, 16 und 32) aus Kompositionen vom Pavanentypus. Von den sechs Nummern des Anhangs führen die drei letzten das „*In Nomine*" als cantus firmus, die andere Hälfte besteht aus freien Fantasien. Ihr Reichtum an Kammer-Paduanen — keine wächst mit einer Galliarde zu einem Satzpaar zusammen — sowie ihre sechs Fantasien machen die Kasseler Handschrift zu einem Unicum in der deutschen Überlieferung englischer Consort-Musik. Keine andere deutsche Quelle bringt so viele Elisabethanische Kompositionen in so authentischer Weise.

Von ihrer wissenschaftlichen Erschließung sind wir derzeit noch weit entfernt. Der Herausgeber von Band 40 der *Musica Britannica* holte sich von dort (Nr. 4 und Nr. 34) Melodiestimmen zur Rekonstruktion von zwei bekannten Morley-Pavanen — *Southerne's* und *Sacred End* — in Philip Rosseter's *Lessons for Consort* (1609)[12]. Da er auch die Pavane Nr. 25 in Kassel als konkordant mit der Mixed-Consort-Fassung der „*Delight-Pavan*" von Johnson (Richard, Edward oder John) nachweist[13] (mit Fassungen für Sololaute und Virginal), klingt das eingangs berührte Problem der Randstruktur von Kompositionen wieder sehr deutlich an.

Außer den genannten drei Stücken sind sieben weitere identifiziert. Natürlich durften in einem Florilegium der bedeutendsten englischen Paduanen Dowland's *Lachrimae* (Kassel Nr. 42 im a-Modus) und *Piper's* (Kassel Nr. 49) nicht fehlen; sie waren angeblich zuerst für Solo-Laute entstanden[14]. Die Kasseler Fassung der *Lachrimae* stimmt mit der von Dowland selbst 1604 vorgelegten Consortfassung dieses Stückes bis auf geringfügige Ausnahmen notengetreu überein. Da diese Komposition spätestens schon 1600 fünfstimmig verbreitet war (nach der Überschrift *Pavana a 5 voc. Dulandi Angli* zu einem Lautensatz von Johannes Rude[15]), könnte Dowland sie im März 1595 seinem Gastgeber, dem Landgrafen Moritz, überreicht haben, worauf sie in die Kasseler Sammelhandschrift (die nicht von Dowland geschrieben worden ist) eingegangen wäre.

Von den drei Ensemble-Fassungen der *Piper's*-Pavan war lediglich die von Morley (1599) zugänglich[16]. Da dieses Arrangement wieder für H bestimmt ist, betreffen die Übereinstimmungen mit Kassel-V nur die Randstruktur. Weiter konnten in dieser deutschen Quelle identifiziert werden Nr. 6 (Byrd) und Nr. 43 (Anthony Holborne, Pavane *Decrevi*). Nr. 28 entspricht etwa der Paduana 5 bei Haußmann, und Nr. 29 liefert das Urbild zu zwei in deutschen Klavierbüchern überlieferten Pavanen. Sie sind hier überschrieben *Paduana Scharp* und *Paduana Alphonsi*, womit wohl Alphonso Ferrabosco d. J. als Autor gemeint ist[17]. Auf Peter Philips' Pavane beruht Nr. 37.

III.

Nachdem aus zwei der wichtigsten Zentren deutsch-englischer Musikbegegnung nördlich des Mains zwei bedeutende Quellen für die englisch-deutsche Ensemble-Musik und in diesem Zusammenhang auch einzelne herausragende Kompositionen genannt wurden, kann auf das Ausgangsproblem zurückgelenkt werden: auf die deutsche Rezeption des englischen Consorts. Wir müssen dabei zunächst noch bei der Philologie verweilen und nach der allgemeinen Drucküberlieferung von Pavanen und Galliarden in England und in Deutschland fragen.

Ein Blick auf den Büchermarkt um 1600 zeigt die unterschiedlichsten nationalen Voraussetzungen. Während es in Deutschland zwischen 1595 und 1620 etwa 50 Sammlungen von instrumentalen Ensemblestücken zu kaufen gab, darunter einige ausdrücklich für Violen bestimmte, steht Holborne's Sammlung von *Pavans, Galliards, Almains, and other short aeirs both grave an light, in five parts* (1599) ziemlich allein und kann zudem durch ihren Hinweis: „*for Viols, Violins, or other Musicall winde Instruments*" nur bedingt zur Violenliteratur gezählt werden (in Stuttgart galt das aus Posaunen und Zinken gemischte Bläserensemble als dritte Form des englischen Consorts)[18]. Andererseits hat der deutsche Büchermarkt den H-Sammlungen von Morley (1599) und Rosseter (1609 und 1611) nichts Vergleichbares entgegenzusetzen. In Italien und Frankreich fehlt es an Belegen für beide Darbietungsformen von Pavane und Galliarde.

Auf dem Hintergrund dieser nationalen Spezialisierungen muß Dowland's Publikation von 1604 gesehen werden: *Lachrimae or seaven teares figured in seaven passionate Pavans, with divers other Pavans, Galiards, and Almands, set forth for the Lute, Viols, or Violons, in five parts*. Sie vereinigt wie Holborne's fünf Jahre frühere Sammlung „*grave with light*" (ersteres durch die Pavane, letzteres durch die Galliarde), bringt aber zum fünfstimmigen Violensatz noch eine auskomponierte Lautenpartie. In dieser ungewöhnlichen Einrichtung V/H zielt Dowland sowohl auf den englischen Geschmack (angesprochen durch die Widmung an Königin Anna) als auch auf denjenigen des Kontinents (angesprochen durch die Widmung an König Christian IV. von Dänemark, Bruder der englischen Königin). Sein genanntes Publikationsmotiv: Abwehr fremder und nicht autorisierter Ausgaben von „*divers Lute-lessons of my composition*"[19], bezieht sich fraglos auf Lautenbücher des Kontinents, ließe sich aber auch auf Consort-Fassungen etwa der ersten *Lachrimae*-Pavane übertragen. Im folgenden Notenbeispiel ist der Beginn der Cantus-Verläufe der drei publizierten Consorts übereinander gestellt: von Morley 1599 (Satz für H), Haußmann 1604 (Satz für V) und Dowland 1604 (Satz für V/H)[20]:

(Notenbeispiel siehe S. 80)

Am stärksten weicht Haußmann von der autorisierten Fassung ab: durch Umrhythmisierung (Mensur 5), durch Umspielung des Gangs f'' – cis'' (Mensur 1–2) – wodurch die Augmentierung des Eröffnungsmotivs unkenntlich wird – und durch Einbau des Eröffnungsmotivs in Mensur 3 – was den Gestus des Ganzen erheblich stört. Da die erste Hälfte der genannten Umspielung – die Noten g'' f'' e'' d'' – auch in Dowland's Satz für Laute solo vorkommt[21], scheint Haußmann von einer solchen Fassung aus (nach dem Gehör?) seinen Ensemblesatz eingerichtet zu haben (M⟶V). Man kann sich vorstellen, daß Dowland diese Wiedergabe als Verfälschung empfunden hat oder hätte. Mit Morley's korrekterer Fassung wird er einverstanden gewesen sein, wenngleich das prächtige Klanggewand H dem ‚verinnerlichten' Satz wenig angemessen scheint. Analoges ließe sich von Haußmanns und Morley's Einrichtungen von *Can she excuse my wrongs* sagen.

Beispiel 1:

John Dowland: Lachrimae, Beginn des Cantus – in drei Consort-Fassungen

Morley 1599

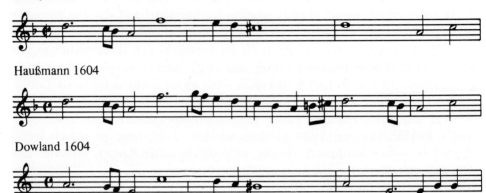

Haußmann 1604

Dowland 1604

Vermutlich wollte der Komponist mit seiner Ausgabe von 1604 englischen wie kontinentalen Hörgewohnheiten in gleicher Weise Rechnung tragen. Eine englische Wiedergabe bestünde etwa in der Streicherausführung von Cantus und Bassus zusätzlich zum Lautensatz, eine deutsche im reinen Streicherklang. Tatsächlich bringt dann 1610 der Deutsch-Engländer Simpson in seinem in Frankfurt a. M. erschienenen *Opusculum neuer Paduanen, Galliarden, Couranten und Volten* den zweiten Lautensatz Dowland's von 1604 ohne die originale Lautenbegleitung[22]. Auch andere Zeugnisse – der Stammbucheintrag Dowland's für Johann Cellarius, *Lachrimae*-Exemplare der Bibliothek v. Dohna-Schlobitten[23] — bezeugen den Erfolg des *Lachrimae*-Komponisten in Deutschland.

IV.

Damit sind für die deutsche Rezeption der englischen Consort-Kunst drei Modelle erschlossen oder denkbar: H——→V (Simpson), M——→V (Haußmann) und V/H——→V (Dowland). Dazu muß nun noch die beibehaltende Übernahme erörtert werden: V——→V. Sie liegt scheinbar besonders nahe, kam aber wegen der anderen Rolle dieses ‚V' in England und Deutschland nur an solchen Orten zum Zuge, wo durch besonders enge persönliche Beziehungen zwischen deutschem Auftraggeber und englischem Beauftragten die Idee der englischen Kammermusik verstanden und sinngemäß realisiert wurde: wir sprechen wieder von der Handschrift Kassel und beziehen uns jetzt auf Kompositionen von Byrd und Morley.

Unter Byrd's Virginal-Pavanen dominiert der primär idiomatische Typus mit undeutlichem Außenstimmengerüst, kenntlich schon am verzögerten, gleichsam arpeggierenden Einsatz des Soprans. Wir haben hier ganz sicher originale Claviersätze vor uns. Ein paar Pavanen besitzen die intakte Klammer, aber ohne dabei wie sonst im Falle V——→M zwei Autoren zu nennen: den Erfinder und („set by") den Arrangeur. Offenbar stammt also auch das Urbild der c-Moll-Pavane von Byrd (Kassel Nr. 5). Sie erweist sich durch ihre motivische Polyphonie als ursprüngliche Ensemble-Komposition. Trotz aller Beschneidungen (im folgenden durch eckige Klammern angezeigt), trotz Stimmen-Umlegungen und trotz zugefügter Verzierungen kam kein klaviermäßiger Satz zustande; Kassel liefert uns eine authentische Kammer-Pavane, die man sich vom Violen-Quintett gespielt vorstellen muß. Da zwei Virginalbücher sie als des Komponisten allererste Pavane bezeichnen[23], stand das Arrangement am Anfang seines Komponierens für Tasteninstrumente zumindest in diesem Bereich.

(Notenbeispiel siehe S. 82)

Die doppelte Verfasserschaft findet sich nun aber bei den Einzelstücken von Rosseter's *Lessons for Consort* (1609), wodurch die beiden bei Haußmann und in Kassel überlieferten Morley-Pavanen ebenfalls als Originalkompositionen gelten können. In der Tat ist z. B. die F-Dur-Pavane „*Southerne's*" voll subtiler motivischer Verknüpfungen, die sowohl die Fassungen M wie auch H als Urfassungen ausschließen. Der erste Pavanenteil stellt drei verschiedene Motive heraus, die miteinander verwandt sind und im dritten Pavanenteil wieder aufgegriffen werden. Morley selbst war in seiner Fassung fürs Virginal zu Abstrichen an motivischer Polyphonie gezwungen: im dritten Teil fällt unter dem cantus firmus der wichtige Eintritt der vierten Stimme

82

Beispiel 2:

William Byrd: c-Moll-Pavane, Schluß des zweiten Teils

Ms. Kassel Nr. 6

nach Musica Britannica XXVII (1969), S. 102

fort. Da Giles Farnaby in seinem Virginalsatz über das gleiche Modell[24] (von
F-Dur nach G-Dur transponiert und schon in der Grundgestalt stärker idio-
matisch) diesen Einsatz bringt, kann er sich nicht auf den Virginalsatz von
Morley bezogen haben (Fortfall der Möglichkeit M ⟶ M); ihm lag wohl
gleichfalls eine Fassung V vor. Wieviel davon in Rosseter's H-Bearbeitung übrig geblieben war, ist wegen der torsohaften Überlieferung der *Lessons for
Consort* ungewiß.

Beispiel 3:

Thomas Morley: Motivexzerpte aus „Southerne's"–Pavan

V.

So läuft die deutsche Auseinandersetzung mit der englischen Consort-Musik
letzten Endes auf eine Kombination der Ausdruckstypen „grave and light"
(der Klangtypen V und H) im damit auf höherer geschichtlicher Stufe wie-
derbelebten Tanzpaar hinaus. Unter dem Eindruck vor allem von Brade's
hamburgischen Paduanen- und Galliarden-Drucken zwischen 1600 und 1620
hat man sich daran gewöhnt, jenes seriöse Gestaltungsmodell als englisch zu
empfinden. Doch handelt es sich bei diesen Veröffentlichungen bereits um
uneigentliche Dokumente der Musica Britannica: dem deutschen Geschmack
angepaßt und von deutschen Autoren oder von englischen Gastmusikern in
Deutschland vorgelegt. Brade versichert 1614, ihm sei „*gantz wol bewußt /
daß vor dieser zeit / feine liebliche Paduanen und Galliarden / welche an Kö-
nigen / Chur: / und Fürstlichen Höfen / von den bestelten Musicanten auff
allerley Instrumenten exerciret werden / in Druck außgangen sind*"[25]. Er
kannte aus seiner Heimat die Kammer-Pavane, die der Fantasia nahestand
und in der Regel keinen Nachtanz aufwies — Haußmann und die Handschrift

Kassel bewahren diesen Zustand —, und er kannte natürlich die Galliarde des heterogenen Klangtypus'. Die Ausgestaltung zum motivverwandten Paar war ihm vor allem aus der Virginalmusik geläufig, wo vermutlich auch die mit den Morley-Pavanen „*Southerne's*" und „*Sacred End*" verbundenen Nachtänze erst im Zuge der Klangtransposition entstanden sind.

In der deutschen Ensemble-Musik kam das Paar Paduana—Galliarde neu („englisch") zustande durch Anbau an die V-Paduana oder durch Anbau an die ursprünglich wohl vor allem im H-Bereich angesiedelte Galliarde[26]. In beiden Fällen wirkten sich Stil und Gestus der Ausgangssätze auf die Ergänzungskompositionen aus, ohne deren Typus undeutlich zu machen. War die Pavane das Modell, so wurde die Galliarde entsprechend kunstvoll (latent kammermusikalisch), war es die Galliarde, so leitete die Pavane auf ihren Ausdruckscharakter hin. Da in Deutschland die italienische Canzon da sonar mehr Erfolg hatte als die englische Kammerfantasie, zeigten sich früh die Auswirkungen auch dieses Modells in der Paduana, zumal in deren drittem Teil, wo auch die Engländer gern fiktive cantus firmi ausgebreitet hatten; er wird zum bevorzugten Ort dieses motivischen „Scharmützelns"[27].

Auf die Canzone da sonar blickte bereits der deutsch-englische Pavanen—Galliarden-Spezialist Brade, der die Erweiterung des Tanzpaars zur Ensemble-Suite einleitete. Wir können diese ganze Entwicklung in vier Stufen gliedern: Tanzpaar — Stilisierung 1 (durch die englische Kammerpavane oder Ausdrucksgalliarde) — Stilisierung 2 (durch die italienische Canzon da sonar) — Stilisierung 3 (zur Suite). Im Verband der Suite und damit im Wirkungsfeld sehr unterschiedlicher Traditionen, veränderten sich die ehemaligen Tanzsätze weiter: prägnante Motive erleichtern die variative Ableitung. All dies macht die Paduana zur eigentlichen Repräsentantin der instrumentalen Ensemblekunst in Deutschland zwischen 1600 und 1620, und sie hat zumal durch Johann Hermann Schein und Scheidt eine Freiheit, Mannigfaltigkeit und Aussagekraft, die man in anderen deutschen Gattungen der Instrumentalmusik sonst vergeblich sucht. Dies wäre gesondert darzustellen. Hier ging es lediglich um den grundsätzlichen Nachweis von Entwicklungsrichtungen.

Anmerkungen

1   W. Braun: *Britannia abundans. Deutsch-englische Musikbeziehungen zur Shakespearezeit*, Tutzing 1977.
2   W. Edwards, Introduction zu: *Music for Mixed Consort (Musica Britannica XL)*, London 1977, S. XIII.
3   Wie 1, S. 384—386.
4   Ebenda, S. 208 f., S. 232—236 und 245—247.

5   Ebenda, S. 222.

6   Ebenda, S. 193–197 und 26–28.

7   Ebenda, S. 197. Eine Photokopie des Cantus-Stimmbuchs (besorgt über das Deutsche Musikge-
    schichtliche Archiv in Kassel) traf erst nach Abschluß meiner 1977 vorgelegten Untersuchungen
    ein.

8   Neuausgabe durch B. Engelke, *Musik und Musiker am Gottorfer Hofe* Bd. I. *Die Zeit der engli-
    schen Komödianten (1590–1627)*, Breslau 1930, S. 101 f.

9   Wie 1, S. 196 f.

10 Ebenda, S. 26–28.

11 Kursorisch beschrieben durch W. Edwards in *Musica Britannica* XL, 1977, S. 154. Für die Über-
    lassung der Filmaufnahmen bin ich der Kasseler Bibliotheksleitung zu Dank verpflichtet.

12 *Musica Britannica* XL, S. 161.

13 Ebenda, S. 157.

14 D. Poulton, *John Dowland*, London 1972, S. 117 und 123.

15 Ebenda, S. 130.

16 *The First Book of Consort Lessons*, Reconstructed and edited by S. Beck, New York – London –
    Frankfurt 1959, S. 64 –71.

17 Wie 1, S. 264.

18 Ebenda, S. 371.

19 D. Poulton, *Dowland*, S. 343.

20 Fassung Morley nach der in Anm. 16 genannten Ausgabe, Fassung Dowland 1604 nach der Ausga-
    be durch F. J. Giesbert in *Nagels Musikarchiv*, Kassel 1954, S. 2.

21 Wie 1, S. 199.

22 Ebenda, S. 53 und 350 f.

23 W. Byrd, *Keyboard-Music* I, Edited by A. Brown (*Musica Britannica* XXVIII), London 1969, S.
    177 (zu 29 a).

24 G. und R. Farnaby, *Keyboard Music*, Edited by R. Marlow (Musica Britannica XXIV), London
    1965, S. 55. Als Autoren der Urfassung werden darin auch Byrd und Francis/Thomas Cutting er-
    wogen.

25 Widmungsvorrede an Johann Sigismund, Markgraf zu Brandenburg, in: *Newe außerlesene Padua-
    nen / und Galliarden / mit 6 Stimmen ...*, Hamburg 1614, Canto-Stimmbuch.

26 Wie 1, S. 214.

27 Vgl. B. Delli, *Pavane und Galliarde. Zur Geschichte der Instrumentalmusik im 16. und 17. Jahr-
    hundert*, Diss. Berlin (FU), 1957 (masch.), S. 100.

Jens Peter Larsen

(Kopenhagen)

Deutsche und englische Musiktraditionen im Händel'schen Oratorium

Unter den vielen bedeutenden Komponisten der Bach—Händel-Zeit dürfte Händel wohl in besonderem Maße als international, als Kosmopolit gelten. Das geht schon aus einer ganz kurzen Übersicht über die Stadien seines Werdens und Wirkens hervor.

Geboren 1685 in Halle, wurde er früh durch Zachow in die gute alte Tradition deutscher evangelischer Kirchenmusik eingeführt. Dafür haben wir die Worte Matthesons[1]: „*Er war starck auf der Orgel: stärcker, als Kuhnau, in Fugen und Contrapuncten, absonderlich ex tempore; aber er wusste sehr wenig von der Melodie, ehe er in die hamburgische Opern kam.*" Sehr früh soll Händel jedoch von Musik einer ganz anderen Art Eindrücke bekommen haben, die für ihn lebensbestimmend wurden. Was wir über diese frühe Zeit wissen, ist leider sehr beschränkt, überliefert durch posthume Lebensbeschreibungen, in erster Linie durch Mainwarings *Life of Handel* (1760). Zufolge dieser Überlieferungen soll Händel schon als Knabe die Hofmusik in Weissenfels und in Berlin kennengelernt haben, das heißt vor allem Opern- und Instrumentalmusik italienischer und französischer Prägung. Daß eine Opernlaufbahn sein Ziel wurde, erhellt ja aus seiner weiteren Entwicklung. Schon als 18jähriger verließ er Halle, um in Hamburg die einzige freie Oper Deutschlands aufzusuchen, und nach wenigen Jahren dort zog er 1706—07 nach Italien, um sich ganz italienischen Musiktraditionen zu widmen. Daß er neben dem italienischen auch zum gewissen Teil den französischen Stil — vor allem den Stil der französischen Ouverture — beherrschte, geht wieder aus einem alten Bericht über eine kleine Episode zwischen Händel und Corelli hervor, der die Ouverture zu Händels *Il Trionfo* als einen ihm nicht geläufigen französischen Kompositionsstil angab[2]. 1710 ließ er sich, als Nachfolger von Steffani, als Kapellmeister in Hannover engagieren, verließ aber nach kurzer Zeit wieder Hannover, um 1710—11 vorübergehend, und ab 1712 dauernd in London zu wirken.

Als Händel nach England kam, war seine musikalische Sprache zweifellos ganz überwiegend italienischer Provenienz. Von deutschen Kirchenmusiktraditionen war bei ihm wenig oder nichts mehr zu spüren. Mit englischen Musiktraditionen sollte er sich erst nach und nach in wachsendem Maße auseinandersetzen, wenn er auch schon in seinen frühesten englischen Jahren, 1712—14, Werke wie das *Utrechter Te Deum und Jubilate* und die Geburtstagsode für Königin Anne komponierte, die jedenfalls äußerlich englische Konventionen zur Voraussetzung haben. Von den zwei großen Gruppen von

Werken, die vor allem als Händels Lebenswerk gelten müssen, den Opern und den Oratorien, bleiben die Opern – aller Wandlungen und Variationen zum Trotz – in großen Zügen der italienischen Linie treu. In Händels Oratorien dagegen, obwohl italienischen Traditionen entsprungen und mit englischen Texten geboren, entsteht eine Kunstform, die in ganz besonderer Weise Händels persönlichen Stil zum Ausdruck bringt; persönlich nicht in dem Sinne, daß dieser Stil von ihm allein geprägt ist, – das ist gewiß nicht der Fall –, sondern so, daß hier eine Zusammenfassung, eine Verschmelzung von Stileigenheiten vieler Art vorliegt, die nur einmal, nur durch Händel so verwirklicht wurde. Auf Händels Oratorien konzentriert sich die Frage von deutsch-englischen Musikbeziehungen bei ihm. Es soll hier versucht werden, die Voraussetzungen dieser Händelschen Synthese anzugeben. Zuerst soll eine kurze Darstellung seines Weges zum Oratorium gegeben werden. Als Hauptwerk der Gattung soll dann sein *Messias* etwas näher betrachtet werden, mit besonderer Berücksichtigung der fundamentalen Frage des Unterschieds zwischen Oper und Oratorium, und abschließend wollen wir den Händelschen Oratorienbegriff im Lichte der Fragestellung *'Deutsch-englische Musikbeziehungen'* einer Prüfung unterwerfen.

Händels erste Oratorienversuche fallen in seine italienische Zeit; 1707–08 hat er die beiden ganz italienisch geprägten und italienisch-sprachigen Werke *Il Trionfo del Tempo e del Disinganno* und *La resurrezione* komponiert. In gewisser Weise könnte man sie als eine isolierte frühe Vorstufe betrachten, da sie mit den späteren Oratorien wenig Verbindung haben, aber Händel hat durch seine Wiederaufnahme und Neubearbeitung von *Il Trionfo* im Jahre 1737 und noch einmal als sein spätestes Werk dieser Art 1757 die Kontinuität der Entwicklung dennoch unmißverständlich betont.

Nach diesen frühen Werken ist eine lange Reihe von Jahren vergangen, bis er, wohl 1718–19, in Cannons in England wieder einmal zwei oratorienartige Werke komponierte, *Acis & Galathea* und *Esther (Haman und Mordechai)*. Auch diese Werke stehen von Anfang an recht isoliert da. Eine Tradition dieser Art gab es in England nicht, wie Burney in seiner Musikgeschichte betont: „*Oratorios, though common in Italy during the last century, were never attempted in England, either in public or private, till the year 1720, when Handel set the sacred drama of 'Esther' for the chapel of the duke of Chandos at Cannons.*"

Wenn wir nach den Voraussetzungen für diese Werke fragen, so melden sich in erster Linie natürlich die italienischen Oratorien aus Händels Frühzeit. Seine ersten englischen Oratorien sind unter ähnlichen Verhältnissen wie seine frühen italienischen Werke entstanden: als aristokratische Unterhaltung in einem privaten Kreis vornehmer Liebhaber, nicht – wie die späteren Oratorien – als Werke für den öffentlichen Konzertbetrieb. Aber ihr musikalisches Gepräge ist anders geworden. Das hat gewiß mit englischen Traditionen zu tun. Merkwürdigerweise sind wir aber über Händels Kenntnisse der Musik seiner englischen Vorgänger sehr wenig informiert. Es gibt wohl von Purcell und anderen Werke, die als Wegbereiter für Händel aufgefaßt werden können und die er entweder gehört oder in anderer Weise kennengelernt haben mag. Man kann an Werke wie Purcells Anthems oder seine Cäcilien-Oden denken, an sein *Te Deum* oder seine dramatische Musik, an die Einlagen in großen szenischen Werken wie *King Arthur* oder *Timon of Athens* oder an seine kleine Volloper *Dido und Äneas*. In diesen Werken findet sich die Bezeichnung ,*masque*' von geschlossenen Einlagen in dramatischen Werken, und diese Bezeichnung ist auch gelegentlich als Gattungsbezeichnung für *Esther* (*Haman und Mordechai*) verwendet worden. Mit wieviel Recht, darf vielleicht gefragt werden. Das soll hier nicht diskutiert werden. Betont sei nur, daß hier eine englische halb-dramatische Gattung vorliegt, die offenbar mehr oder weniger als mit Händels neuem ,Oratorium' verwandt empfunden wurde.

Es gibt aber eine andere Entwicklungslinie, die auch mehr oder weniger direkt zu Händels Oratorium führt: die Kirchenmusik, oder genauer die kirchliche Chormusik. Gerade in den Jahren vor (und um) seine beiden frühen englischen Oratorien hatte er eine Serie von Anthems für denselben Auftraggeber, den Herzog von Chandos, komponiert. In diesen Anthems finden wir in interessanter Weise direkte Anklänge an eine Reihe früherer Händel-Kompositionen: Sätze oder Zitate aus seinen italienischen Psalmkompositionen erscheinen hier neben solchen aus seinen frühen englischen Werken, der Geburtstags-Ode und einem Te Deum in D-Dur. Aber in unserem Zusammenhang noch interessanter ist das Vorkommen einer Anzahl von Zitaten deutscher Choräle, am auffallendsten in der Form einer typischen Choral-Bearbeitung (nur mit gekürztem Schluß) von ,*Christ lag in Todesbanden*'.

In diesen Choralzitaten dürfen wir wohl eine Nachwirkung von Händels erneuter Begegnung mit der deutschen Kirchenmusik sehen. In den Jahren 1716—17 war Händel, soviel wir nach den Quellen urteilen können, nach langer Zeit wieder einmal in Deutschland gewesen. Hier war gerade um diese Zeit die Kirchenkantate im Aufblühen, und Händel kann diese Entwicklung kaum übersehen haben. Tatsächlich gibt es in den *Chandos Anthems* Züge, die eher auf deutsche Kantaten als auf die englische Anthem-Tradition hinweisen. Auf die erneute Vertrautheit mit deutscher Kirchenmusik weist jedoch besonders e i n Werk Händels aus dieser Zeit ganz deutlich hin: seine Komposition einer Passion über den Text des Hamburger Ratsherrn Berthold Brockes, den bekanntlich neben Händel auch andere Zelebritäten der Zeit vertont haben. Wie in den Bach-Passionen finden wir hier eine Zusammensetzung von Rezitativen, Arien, Chören und Chorälen, nicht aber, wie bei Bach, mit dem unverfälschten Evangelientext als Kern, sondern durchaus auf dem recht geschmacklosen, theatralischen Brockes-Text basierend. Für die Oratorienentwicklung kam dieses Werk aber erst ein wenig später als wirkende Kraft mit in Betracht.

1732 wurde Händels *Esther* durch die Initiative eines Förderers seiner Kunst, Bernard Gates, wieder zur Aufführung gebracht, zuerst einige Male als geschlossene Vorstellung, dann aber, zum erstenmal, als öffentliche Vorstellung im Theater, als Seitenstück zur Oper. Die Umstände dieser Übertragung des Oratoriums auf den Markt kommerzieller Unterhaltung sind oft beschrieben worden. Für die Aufführung benötigte Händel die Knaben aus den Kirchenchören, und der Bischof von London verbot die Mitwirkung der Knaben, wenn eine eigentlich szenische Aufführung stattfinden sollte. Um die Aufführung zu ermöglichen, wurde eine Form der Darstellung gefunden, die tatsächlich für die ganze spätere Zeit verbindlich wurde und die in einer Ankündigung der Vorstellung klar zum Ausdruck kommt, in der es heißt[3]: „*There will be no Action on the Stage, but the House will be fitted up in a decent Manner for the Audience. The Music to be disposed after the Manner of the Coronation Service.*"

Der Hinweis auf Händels berühmte Krönungshymnen von 1727 ist nicht eine bloß formelle Sache. Zwei der Krönungshymnen sind in der neuen Fassung von *Esther* als Schlußchöre verschiedener Teile verwendet worden und die anderen zwei wurden in ähnlicher Weise in das folgende Oratorium *Deborah* (1733) eingeführt. Aber auch die Brockes-Passion kam nun in Betracht. Aus ihr holte Händel für diese Werke eine ganze Reihe von Sätzen, die mehr oder weniger bearbeitet als Materialien für Oratoriensätze gedient haben. Der Zusammenhang zwischen Kirchenmusik- und Oratorientraditionen ist in diesen beiden Werken auffallend klar, weniger aber in dem dritten Oratorium aus dieser zweiten Welle des Händel-Oratoriums auf englischem Boden, *Athalia* (1733), mit dem diese Welle wieder verebbt.

Der dritte — und entscheidende — Beginn einer englischen Händel-Oratorien-Tradition ist etwa fünf Jahre später anzusetzen, 1738. Zwei wesentliche Voraussetzungen müssen hier betont werden. Die erste, sehr wichtige, aber oft übersehene Voraussetzung ist der Solistenwechsel Händels. Durch eine Reihe von Jahren hatten zwei Opernunternehmungen miteinander gekämpft und die finanzielle Grundlage einer Weiterführung der Oper in dieser Form unterminiert. Im Sommer 1738 gab Heidegger, der Manager, mit dem Händel zusammenarbeitete, auf, und machte bekannt, daß er in der kommenden Saison nicht länger die teuren italienischen Sänger, die als Hauptkräfte der Oper bisher gedient hatten, engagieren wolle[4]. Händel hat die Konsequenzen aus diesem Entschluß sofort gezogen und hat für die folgende Saison statt Opern das erste Mal seit fünf Jahren zwei neue Oratorien komponiert, *Saul* und *Israel in Ägypten*. Wenn man die Arien in *Saul* mit Opernarien der vorausgehenden Zeit vergleicht, wird man den großen Unterschied des Charakters unmittelbar empfinden. Ganz direkt kann man die Wandlung in einem Punkt messen: die Verwendung der Da Capo-Arie, die bisher in der Oper ganz vorherrschend war, und in den frühen Oratorien etwa die Hälfte der Arien bestimmt hatte, in *Saul* aber nur in 5 von 30 Arien vorliegt.

In *Israel in Ägypten* kommt die zweite Voraussetzung zum Ausdruck: die erneute Betonung des Einflusses der Kirchenmusik, und in diesem Fall noch konkreter: der d e u t s c h e n Kirchenmusik. 1737 hatte Händel, nach einem Schlaganfall, in Deutschland Heilung gesucht und gefunden, und wieder in London hatte er Gelegenheit, in einer seiner schönsten Kompositionen, der Trauerhymne (*Funeral-Anthem*) für die Königin Caroline, seinen wieder aufgenommenen Kontakt mit der deutschen evangelischen Kirchenmusik klar zum Ausdruck zu bringen. Die Trauerhymne ist, wie ich in einem Vortrag beim Hamburger Kongreß 1956 (und in meinem *Messias*-Buch 1957) nachwies[5], eine Art stilisierte deutsche Begräbnismusik oder Trauerkantate. Erwähnt seien besonders eine groß angelegte Choralbearbeitung von *Du Friedefürst, Herr Jesu Christ* (natürlich nicht mit diesem Text) und die großartige Neubearbeitung der Sterbemotette von Gallus *Quomodo moritur justus.*

Die Trauerhymne mit ihren meisterhaften, mannigfaltigen Variationen des Chorsatzes als alleiniger Grundlage der Komposition, scheint Händel die weniger glückliche Idee eingegeben zu haben, ein ganzes Oratorium fast ausschließlich aus Chorsätzen aufbauen zu wollen: *Israel in Ägypten*, zu dem die Trauerhymne mit leicht geändertem Text als erster Teil verwendet werden sollte. Das Werk war bekanntlich ein Mißerfolg, und Händel hat sich in der nächstfolgenden Zeit von dieser Linie ferngehalten. Die beiden 1739 und 1740 komponierten Werke, die *Cäcilien-Ode* und *L'Allegro* führen die von dem *Alexanderfest* (1736) angegebene, eher englischen Kantatentraditionen beipflichtende Linie weiter. Aber im August 1741 begann er, nachdem er wenige Monate früher mit seiner langen Operntradition definitiv Schluß gemacht hatte, die Komposition des Oratoriums, das mehr als alle anderen eine vollkommene Synthese zustandebringen sollte: *Messias*.

Im Oratorium hatte sich die Verwendung der englischen Sprache von Anfang an durchgesetzt, und zum endgültigen Sieg des Oratoriums über die Oper in Händels Schaffen hat dieser Sprachwechsel zweifellos sehr viel beigetragen. Aber ein weiteres textliches Charakteristikum unterscheidet *Messias* von den meisten anderen Oratorien. Im Gegensatz zu den Texten von Werken wie *Samson, Judas Maccabäus* oder *Jephta* ist der *Messias*-Text nicht ein frei gedichtetes Libretto, sondern eine sehr geschickte Textzusammenstellung von Bibelworten. Auch dies wirkt in mehrerer Hinsicht wesentlich auf die musikalische Komposition und die Gesamtwirkung des Oratoriums ein.

Vergleicht man den *Messias*-Text mit einem typischen Operntext oder Oratorientext, so springt die höhere Qualität des *Messias*-Textes unmittelbar in die Augen. In gewisser Weise lassen sich seine Vorzüge am einfachsten negativ charakterisieren: es fehlt ihm das s t e r e o t y p e Gepräge, das vielen Libretti, sowohl von Opern wie von Oratorien, anhaftet, und das in zwei Beziehungen besonders hervortritt: in den langen, für die Weiterführung der Handlung wohl notwendigen, aber oft etwas monotonen Rezitativtexten, und in den für die musikalische Kontrastierung der Da-Capo-Arie zurechtgelegten, oft etwas schematisch anmutenden Arientexten. Im *Messias*-Text gibt es keinen Unterschied im Gepräge der Rezitativ- und der Arien-Texte. Im ganzen *Messias* gibt es überhaupt erstaunlich wenige und ganz kurze Secco-Rezitative. Es ist weit entfernt von den Opern-Rezitativen, wenn in vier Takten Rezitativ die folgende Textstelle ausgeführt wird: „*Dann wird erfüllt, was da geschrieben stehet: der Tod ist in den Sieg verschlungen.*" Die Stelle ist genau so bedeutungsvoll wie die im nachfolgenden Duett enthaltene Fortsetzung des betreffenden Bibelzitats. Und beide Texte sind auch formal gleich: Prosaformung, nicht die sonst in den Arien vorkommende gereimte Versfolge. E i n Moment soll noch hervorgehoben werden: Viele Strecken des Textes werden den Zuhörern schon von traditionellen kirchlichen Lesungen bekannt gewesen sein. Es wird ihnen, im Vergleich zu den Opern, viel leichter gefallen sein, die Einheit, den Zusammenhang des Textes unmittelbar zu erfassen.

Zu den besonderen Zügen des *Messias* zählt noch das nur noch in einigen wenigen anderen Oratorien vorkommende Fehlen handelnder Personen. In den meisten alt-testamentlichen Oratorien treten ja, wie in den Opern, Hauptpersonen und sie umgebende Nebenpersonen auf. In einigen wenigen Fällen kommen, nach Art des allegorischen Oratoriums, das Händel in seiner Jugend in Italien kennengelernt hatte, statt eigentlichen handelnden Personen, allegorische Figuren vor; so ist es in dem kurz vor *Messias* komponierten Oratorium *L'Allegro, il Penseroso ed il Moderato* oder in der noch ein wenig früher aufgeführten umgearbeiteten Fassung seines Jugendwerks *Der Triumph der Zeit und der Wahrheit*. Aber im *Messias* gibt es keine Personen, wie etwa in Bachs Passionen.

In mehrerer Hinsicht bedeutet dies eine größere Freiheit der Konzeption. In den Opern gab es ja, gerade in Bezug auf die Sänger, geschriebene oder ungeschriebene Konventionen, die fast als Gesetze respektiert wurden. Die Primadonna und der Primhuomo sollten so und so viele Arien von Bedeutung haben, die Nebenpersonen eine kleinere Anzahl usw. Konventionen dieser Art waren wohl vor allem mit den seit Ende der 1730er Jahre aus Händels Praxis verschwundenen italienischen Gesangsvirtuosen verbunden; in der Oratorienpraxis hatten sie weniger zu sagen, aber nachgewirkt haben sie vermutlich doch zum Teil. In den ‚dramatischen Oratorien' (um Winton Dean's Benennung zu verwenden) spielt sich die Handlung ja hauptsächlich in der Form von Rezitativen und Arien handelnder Personen ab, zu denen sich ab und zu anschließende dramatische Chöre gesellen, während die großen eigenständigen Chöre vor allem Aktanfänge und Aktschlüsse markieren. Aber hier im *Messias* gibt es keine Personen als Handlungsträger. Händel konnte Arien und Chöre nebeneinander gleichberechtigt wirken lassen. Der Chor ist ebenso sehr wie die Arien Träger der Entwicklung, nicht bloß Einfügung in den Handlungsverlauf oder Umrahmung desselben.

Im *Messias* hat Händel — im Gegensatz zum *Israel*-Experiment — eine glückliche Vereinigung von Arien- und Chorkomposition durchgeführt. Dabei stellt sich eine Frage, die wir kaum werden beantworten können: wie sehr ist dieser Plan — also nicht nur die Wahl und Zusammenstellung der Bibelworte zu einer textlichen Komposition, sondern auch die Verteilung derselben auf Rezitative, Accompagnati, Arien und Chöre — von Jennens (dem Kompilator des Textes) oder von Händel selbst konzipiert worden, oder durch eine Zusammenarbeit von beiden zustandegekommen? Wir kennen das Originalmanuskript des *Messias*-Textes nicht. Vom *Samson*-Text gibt es ein Manuskript, das wahrscheinlich als Originalmanuskript vom Librettisten, Newburgh Hamilton gelten darf, mit Ergänzungen von Händels Hand; die Aufteilung des Manuskripts in Rezitativtexte und Arientexte ist hier deutlicherweise vom Textverfasser, nicht erst von Händel unternommen worden. (Zwei Faksimileseiten davon sind bei Winton Dean zu finden[6].) Und so wird es wahrscheinlich auch bei *Messias* gewesen sein. Aber es ist kaum denkbar, daß diese für die musikalische Komposition so fein disponierte Aufteilung des Textes nicht auf eine vorausgehende gemeinsame Planung zurückgehen sollte, wenn wir auch für eine Entscheidung darüber keine Belege haben.

Das Zurücktreten der Solisten in dem Plan der Komposition mag vielleicht als ein Indiz für die Annahme gelten, daß *Messias* nicht nur das erste Mal in Dublin aufgeführt, sondern auch direkt für Dublin komponiert wurde. Händel brachte nämlich als Solisten nur die zweifellos effektive Sopranistin Sra. Avolio, und als Altistin die gesanglich weniger bedeutende, als dramatische Künstlerin jedoch hervorragende Mrs. Cibber mit, während die männlichen Solisten von den lokalen Kirchenchören gestellt werden sollten. Diese Sänger kannte er nicht, und es scheint festzustehen, daß er an 2—3 Stellen gezwungen war, anstelle der geplanten Arien (o. ä.) Rezitative oder sonstwie geänderte (erleichterte) Fassungen einzulegen.

Zusammenfassend können wir die wesentlichen Auswirkungen der Anlage des Werkes — aufgrund von Bibelworten statt eines freien Librettos, und ohne Personen als Träger der Handlung — wie folgt angeben: der Text an sich war auf weit höherem Niveau als die meisten Oratorientexte, und er kam dem Publikum dadurch entgegen, daß man eine Vertrautheit mit Inhalt und Text voraussetzen durfte; für die musikalische Komposition bedeutete die personenlose Handlung eine größere Freiheit in der Zusammenstellung von Rezitativen, Arien und Chören; das relative Zurücktreten der Solisten war vielleicht z. T. durch die lokalen Aufführungsmöglichkeiten mit veranlaßt, kam jedenfalls diesen entgegen.

Aufgrund des von Jennens zusammengestellten Textes hat Händel in der

Zeit vom 22. August bis zum 14. September 1741 den *Messias* komponiert. Wie schon betont, scheint es unvorstellbar, daß er mit der Aufteilung des Textes in eine Reihe kleinerer Abschnitte und Episoden nicht schon vertraut gewesen sei, denn diese Einteilung ist für die Gesamtwirkung von entscheidender Bedeutung[7]. Für den Dramatiker Händel bleibt die Gegenüberstellung und Kontrastierung wechselnder Arien und Chöre ein Hauptmittel zur Erzielung der elementaren, unwiderstehlichen Wirkung, die so oft in seiner Musik gerühmt wurde. Nennen wir aus dem ersten Teil des *Messias* nur den Übergang von der Arie ,*Das Volk, das da wandelt im Dunkel*‘ zum Chor ,*Denn es ist uns ein Kind geboren*‘ als Beispiel des Licht-Dunkel-Kontrastes, der die ganze Einleitung des Werkes charakterisiert und überhaupt fast als Thema des ganzen Werkes gelten kann. Auf die Gesamtstruktur und die Gesamtwirkung wollen wir noch kurz zurückkommen. Zuerst jedoch einige Worte über die Elemente des Gesamtaufbaus, die Arien, Rezitative und Chöre, aus denen Händels Großwerk, anscheinend fast wie in einem Zug, herauswuchs.

Ich erwähnte schon, daß die textliche Grundlage der R e z i t a t i v e sich von den Texten der Arien prinzipiell nicht unterscheidet. Für solche Texte wäre die Parlando-Deklamation gewöhnlicher Secco-Rezitative wenig geeignet. Händel findet Auswege: er macht die wenigen Secco-Rezitative kurz, aber — im Verhältnis zu den traditionellen Secco-Rezitativen — ausdrucksvoll, redend auf höherer Ebene, und er verwendet statt Secco-Rezitativen mit Vorliebe Accompagnato-Rezitative von weit stärkerer Wirkung.

Um den spezifischen Charakter der A r i e n im *Messias* — und in dem Oratorium überhaupt — zu erklären, werden wir am besten zuerst nach Wesen und Eigenart der O p e r n a r i e fragen müssen. Textlich-inhaltsmäßig stehen in der Oper zwei Funktionen der Arie einander gegenüber: sie ist einerseits da, um — allein oder als Teil einer Gruppenbildung — eine bestimmte Situation zu charakterisieren, andererseits aber auch, um zur Charakteristik einer bestimmten Person beizutragen. Diese Doppelfunktion der Arie bestimmt ihren allgemeinen, generellen Ausdruckscharakter (Freude, Hoffnung, Liebe, Haß, Schmerz usw.), und von diesem allgemeinen Ausdruckscharakter ausgehend muß der Komponist Wege zu einer musikalischen Charakterisierung im großen und im kleinen finden: eine Charakterisierung der Ganzheit durch Wahl von Tonart, Taktart, Tempo, Instrumentation u.a.m., und eine individuelle Charakterisierung durch Motiv- und Melodiebildung, Harmonik, Artikulation u.a.m. Als grundlegende Form der Opernarie herrschte, wie schon erwähnt, die Da-Capo-Arie vor, deren A – B – A-Form auf zwei spezielle Wirkungen angelegt war: einerseits die Gegenüberstellung des Hauptaffekts der Arie (im A-Teil) mit einem Neben- oder Gegenaffekt (im B-Teil), und andererseits auf die Schaustellung von Solisten-Virtuosität (und Solisten-Eitelkeit), wenn nach italienischen Traditionen, durch Vorführung improvisierter oder pseudo-improvisierter Ornamentierung der Melodielinie in der Reprise, die ‚sportliche‘ Leistung des Sängers in den Vordergrund rückte.

Betrachten wir, ausgehend von dieser Charakterisierung der Opern-Arie, die Stellung und Eigenart der O r a t o r i e n - A r i e, so wird man wesentliche Unterschiede feststellen müssen. Es gibt wohl in den Oratorien Arien, die an Opern-Arien gemahnen, und gelegentlich auch von der Oper direkt übertragene Arien, aber das sind nur Ausnahmen, nicht wirklich typische Oratorien-Arien.

E i n grundlegender Unterschied zwischen Oper und Oratorium muß zuerst hervorgehoben werden. In der Oper haben wir vor uns eine Anzahl Personen von sehr wechselnden Qualitäten: Gute und Böse, Herrscher und Beherrschte, intrigante Egoisten und selbstlose Idealisten. Bestimmend für die Entwicklung der Handlung ist irgendeine Intrige, durch die ein rücksichtsloser Machthaber unedle Pläne durchführen will; am Ende muß er jedoch sein Vorhaben aufgeben, so daß die bedrängten Hauptpersonen, etwa ein Ehepaar oder zwei Liebende, nach überstandenen Gefahren sich an einem glücklichen Ausgang der Sache erfreuen können. Das Schicksal der Hauptpersonen und die Lösung der Intrige, das sind die beiden großen Fragen.

Gute und böse Hauptpersonen, und Intrigen verschiedener Art, gibt es gewiß auch in einigen Oratorien, besonders in solchen, die sich schon inhaltsmäßig der Oper nähern, wie *Semele* und *Herakles* oder *Belsazzar* und *Alexander Balus*. Aber in den meisten Oratorien ist eine neue Dimension hinzugekommen. Als neue kollektive Hauptperson tritt das israelitische Volk in den Vordergrund, s e i n Schicksal steht als übergeordnetes Problem an, und zwar nicht als Teil eines Intrigenspiels, sondern bestimmt durch den Willen von Jehova, dem Herrn und Gott Israels. Hervortretendes Merkmal dieser neuen Dimension ist dementsprechend eine neue musikalische Dimension: die Integrierung umfassender Chorwirkungen in das Gesamtbild des Oratoriums. Aber auch für die Arie an sich bedeutet die neue inhaltliche Dimension eine Anregung zur Neugestaltung. Die Charakterisierung individueller, gegensätzlicher Haltungen weicht zum großen Teil einer Charakterisierung der kollektiven Person, des israelitischen Volkes, und seiner Vertreter, nicht in haßerfüllten Ausladungen gegen einen Feind, einen Unterdrücker, sondern vereint im Streben nach Befreiung des Volkes, in Anrufung und Hoffnung auf Stärke und Mut im Kampf für Leben und Freiheit. Gemeinschaft, Aufopferung, Hoffnung, Trauer, Freude, Vertrauen treten als Grundthemen anstelle von Unterdrückung, Rache, Feindschaft und Haß stärker hervor. Musikalisch bedeutet dies eine gewisse „E n t d r a m a t i s i e r u n g“ der Arie, eine Annäherung an den kammermusikalischen Stil und — besonders jedoch in den Chören — in gewissem Umfang auch an den kollektiven Stil der Kirchenmusik. Ein markanter Zug der „Entdramatisierung“ der Arie ist in der formalen Entwicklung zu sehen: das schon erwähnte, in vielen Oratorien sehr starke Zurücktreten der Da-Capo-Arie[8].

Diese Tendenz zur Entdramatisierung der Arie kommt natürlich in *Messias* besonders klar zum Ausdruck; denn hier gibt es ja überhaupt keine handelnden Personen. Die Arien sind, mit den Chören, Träger der symbolischen Darstellung der Erlösung. Ausgesprochen opernartig ist im *Messias* vor allem die Baß-Arie des zweiten Teils ,*Warum denn rasen und toben die Heiden*‘, eine Arie im Stil der bekannten „Rache-Arien“; es ist aber hier eben die Rede vom „Toben der Heiden“, von dem im Gesamtplan des Werkes entscheidenden letzten Aufstand; auch die folgende Arie ,*Du zerschlägst sie*‘ mit dem Niederschlagen des Aufstandes mutet etwas opernmäßig an – und mit weniger einleuchtender Begründung, da hier nicht von dem Aufstand der Heiden, sondern von der Strafe Gottes die Rede ist. – Einen einprägsamen, dramatisch wirkenden Kontrast findet man in der bekannten dualistischen Version der ersten Baß-Arie ,*Doch wer wird ertragen*‘; diese Version ist aber nachkomponiert für den Sänger Guadagni und ersetzt eine ursprüngliche einheitliche Fassung ohne Andeutung dieses Kontrastes.

In der ersten Fassung des *Messias* waren vier Da Capo-Arien vorhanden, aber nur zwei davon haben standgehalten. Zwei dieser Arien waren für Sopran (,*Wohlauf, frohlocke*‘ im ersten Teil und ,*Wie lieblich ist der Boten Schritt*‘ im zweiten Teil). Sie mögen vielleicht als Konzessionen an Sra. Avolio, dem einzigen italienischen Solisten bei dieser Gelegenheit, gelten; jedenfalls sind beide in späteren Aufführungen als Da Capo-Arien weggefallen. Die beiden anderen Da Capo-Arien (,*Er war verachtet*‘ und ,*Die Tromba erschallt*‘) sind von Händel selbst nicht aufgegeben worden, und in beiden Fällen liegt auch – besonders bei ,*Er ward verachtet*‘ – eine musikalische Kontrastierung vor, die diese Form motiviert. (In heutigen Aufführungen wird jedoch oft die – recht lange – Trompetenarie ohne Mittelteil und Reprise gesungen, so daß nur eine der vier Da Capo-Arien übrig bleibt.) – In den anderen Arien des *Messias* liegen recht verschiedenartige Vertreter der Oratorien-Arie vor, auf die wir hier nicht eingehen können.

Noch stärker betont wird jedoch der Oratorien-Charakter durch die C h ö r e. Abgesehen von *Israel in Ägypten* ist wohl kein anderes Oratorium so sehr durch die Wirkung der mannigfaltig variierten Chöre geprägt wie *Messias*. Mehrere sehr markante Typen von Chören tragen dazu bei. Ein ungewöhnlicher, aber für den *Messias* besonders charakteristischer Typ liegt in den vier nach Duetten geformten Chören vor, berühmt davon besonders ,*Denn es ist uns ein Kind geboren*‘. In anderen Chören begegnet uns eine fast deskriptive Tendenz, nach Art einiger berühmter Chöre aus *Israel in Ägypten*, und in einigen wenigen, aber recht charakteristischen Chören tritt die alte Turba-Chor-Wirkung, das unmittelbare Eingreifen des Chores in die Handlung, zutage. Den stärksten Chor-Eindruck vermitteln wohl doch die großen Chöre und Chorgruppen, wie die Chor-Trilogien in der ersten Hälfte des zweiten Teils und am Ende des dritten Teils, und – vor allem – die großen Anthem-Chöre ‚*Hoch tut Euch auf*' und der ‚*Halleluja*'-Chor. Im Verhältnis zu Chören aus anderen Oratorien sind diese Chöre vielleicht weniger ungewöhnlich, aber kraft der Größe ihrer Konzeption zählen sie dennoch zu den Ausnahmefällen, selbst bei Händel.

Händels *Messias* ist ein einmaliges Werk, wie seine Stellung im westlichen Musikleben durch zwei Jahrhunderte klar zum Ausdruck bringt. Das hängt mit vielen verschiedenen Umständen zusammen, die hier nur angedeutet werden können. Zweifellos hat der Charakter des Textes, die *Messias*-Darstellung durch Bibelworte, die oft zu einer fehlerhaften Auffassung des Werkes als Kirchenmusik geführt hat, damit zu tun. Aber vor allem ist natürlich die Qualität der Musik entscheidend gewesen. Das muß in zweifacher Weise verstanden werden: die Qualität der Einzelstücke und – vielleicht noch stärker – die Qualität des Gesamtwerks, der Gesamtwirkung: die ideale Verschmelzung von Solostücken und Chören zu einer Ganzheit.

Aber auch in anderer Hinsicht ist das Werk einmalig: es führt sozusagen kein Weg von ihm weiter. Eine generelle Oratorientradition konnte von *Messias* nicht ihren Ausgangspunkt nehmen. Dafür ist der Aufbau des *Messias* zu eigenartig. Aber für die Entstehung und die Bestimmung des „Oratorienhaften" ist vielleicht dennoch *Messias* mehr als alle anderen Oratorien richtunggebend gewesen, weil hier die „Entdramatisierung" der Arien besonders klar zum Ausdruck kommt, und weil die durch den Text bedingte freie Zusammenstellung von Arien und Chören dazu beigetragen hat, die mannigfaltigen Ausdrucksmöglichkeiten des Chor-Elements auszubauen.

Händels Oratorien nach *Messias*: das ist eine etwas bunte Entwicklung, auf die wir hier nicht eingehen können. Werke, die opernhafte Züge wieder hineinbringen, wechseln mit „heroischen" Oratorien mit einem alt-testamentlichen Befreier des israelitischen Volkes als zentraler Figur; und wieder mit anderen, die, ohne das Motiv der Befreiung in den Vordergrund zu stellen, alt-testamentliche Gestalten als Hauptpersonen einführen, wie *Salomon* oder *Jephtah*. Aber diese ganze Reihe, viel abwechselnder als oft erkannt, ist zusammengehalten von dem unausgesprochenen Begriff des „Oratorienhaften", das vor allem in *Messias* geformt wurde; es tritt stärker oder weniger stark hervor, aber es führt wie ein roter Faden durch die Reihe der Oratorien.

Ich habe versucht darzustellen, wie sehr eine Inspiration aus deutschen Kirchenmusiktraditionen in entscheidenden Stadien der Entwicklung des Händel-Oratoriums am Werk waren. Aber eine genaue Angabe getrennter nationaler Elemente in seinem Oratorienstil wird kaum möglich sein. Ganz allgemein läßt sich wohl sagen, daß I t a l i e n der Gattung Ausgangspunkt und Namen gegeben hat, und daß in der melodischen Sprache der Rezitative und

Arien, aber auch in den Chören, Auswirkungen des italienischen Stils vorliegen, der nicht nur für Händel, sondern für die ganze europäische Musik dieser Zeit in vieler Hinsicht grundlegend war. − E n g l a n d hat die Sprache, und damit auch − wenn auch nur in Abglanz − seine große dramatische Tradition als wesentliche Voraussetzung des Aufbaus beigetragen. Wie sehr die großen Chorwerke Purcell's (wohl besonders seine späten Cäcilien-Oden) für Händel Bedeutung gehabt haben, ist kaum zu sagen. Zweifellos hat die große englische Chortradition für ihn eine Inspiration bedeutet. Aber daß Händel − wie von Dent und anderen gemeint − erst von der englischen dramatischen Musik die Behandlung des Chores lernte, stimmt nicht. − Von D e u t s c h l a n d kam zweifellos ein starker, direkter und indirekter Einfluß der deutschen Kirchenmusik, besonders wirksam in den Chören, gelegentlich an Choralzitaten direkt erkennbar, wie im Halleluja-Chor des *Messias*.

Die vielen Strömungen europäischer Musik, die der Kosmopolit Händel in seinen Stil im Laufe der Jahre aufgenommen hatte, fließen in seinen Oratorien, und besonders im *Messias*, in einen persönlich/überpersönlichen Stil zusammen, von ähnlicher Zeitlosigkeit wie der Stil Bachs. Eine so vollständige Integration deutscher und englischer Musiktraditionen wie in Händels Oratorien liegt wohl bei keinem anderen Meister vor.

Anmerkungen

1   J. Mattheson, *Grundlage einer Ehren-Pforte*, Hamburg 1740, S. 93.
2   (J. Mainwaring), *Memoirs of the Life of the late George Frederic Handel*, London 1760, S. 55 ff.
3   O. E. Deutsch, *Handel, a Documentary Biography* (1955), S. 289.
4   Deutsch, S. 464 f.
5   *Kongreßbericht Hamburg 1956* (1957), S. 15 ff.; J. P. Larsen, *Handel's Messiah* (1957), S. 68 ff.
6   Winton Dean, *Handel's Dramatic Oratorios and Masques*, London 1959, S. 348/49.
7   J. P. Larsen, op. cit. S. 96−103.
8   Ibid., S. 39.

Theodor Göllner

(München)

Händel und die Wiener Klassiker

Wenige Tage vor seinem Tod sagte Beethoven zu seinem Arzt: *„Mein Tagewerk ist vollbracht, wenn hier noch ein Arzt helfen könnte, ‚his name shall be called wonderful'.*"[1] Mit dem letzten Teil des Satzes durchbricht Beethoven die Sprachebene und wendet sich aus der vertrauten Muttersprache in das ihm fremde Englisch. Die englische Sprache wird aber nicht als Umgangssprache benutzt, sondern als Zitat, als ein Satz der Bibel, aus Kapitel 9, Vers 6 des Propheten Jesaja in der traditionellen englischen Übersetzung der „King James Version". Die Kenntnis dieser Textstelle verdankt Beethoven nicht der Lektüre der englischen Bibel, sondern sie wurde ihm als Musik vermittelt. Die Worte *„his name shall be called wonderful"* stehen an exponierter Stelle des Chores *„For unto us a Child is born"* in Händels *Messias*[2]. In der Komposition Händels war der englische Bibeltext zu Beethoven gelangt und hatte sich ihm tief und unauslöschlich eingeprägt.

Gerade der späte Beethoven hat sich intensiv mit den Kompositionen Händels befaßt. Noch wenige Monate vor seinem Tode erhielt er im Dezember 1826 die erste Ausgabe der Werke Händels als Geschenk des in London lebenden Harfenbauers Joh. Andreas Stumpff. Das Studium dieser Bände beschäftigt ihn dann noch auf dem Krankenlager. Hocherfreut über das unerwartete Geschenk der gesammelten Werke Händels in der Ausgabe von Samuel Arnold rief er aus: *„Schon lange hab ich sie mir gewünscht; denn Händel ist der größte, der tüchtigste Compositeur, von dem kann ich noch lernen."*[3] Schon zwei Jahre zuvor hatte er dem Besucher Stumpff gegenüber auf dessen Frage nach dem größten Komponisten, der je gelebt habe, geantwortet: *„Händel, für den beuge ich meine Knie."*[4] Die Vertrautheit mit Händels *Messias* wird durch Abschriften einzelner Partien bestätigt, die sich in Beethovens Skizzenbüchern finden[5]. Auch Händels Oratorium *Saul* findet wiederholt Beethovens Interesse und regt ihn zu dem Plan an, ein eigenes Oratorium über diesen alttestamentarischen Stoff zu schreiben[6].

Die Bekanntschaft mit dem Werk Händels teilte Beethoven mit den ihm vorausgehenden Wiener Klassikern. M o z a r t war schon als achtjähriges Kind bei seinen Londoner Auftritten im Jahre 1764 mit Händelschen Chören in Berührung gekommen. Am 29. Juni dieses Jahres spielte er in einem Londoner Konzert, in dem neben den Eingangschören aus *Acis und Galatea* und dem *Alexanderfest* das berühmte Krönungsanthem *Zadok the Priest* erklang[7]. Später bearbeitete er in Wien im Auftrage Gottfried van Swietens 1788 *Acis und Galatea* (KV 566), 1789 den *Messias* (KV 572), 1790 das

Alexanderfest (KV 591) und die *Cäcilienode* (KV 592)[8]. Ähnlich wie Beethoven äußerte Mozart seine Bewunderung für die Musik Händels. Bekannt ist Mozarts Ausspruch gegenüber Rochlitz: „*Händel weiß am besten unter uns allen, was großen Effekt tut; wo er das will, schlägt er ein wie ein Donnerwetter.*"[9]

H a y d n erlebte die Händelsche Musik in ihrer vollen Größe und Wirkung erstmalig, als er bei seinem Londoner Aufenthalt im Sommer 1791 die viertägige Händel-Feier in der Westminster Abtei besuchte. „*Er ist der Meister von uns allen*" soll er tränenerfüllt unter dem Eindruck der Aufführung ausgerufen haben[10]. Bei den Konzerten anläßlich der Oxforder Promotionsfeierlichkeiten, an denen Haydn wenige Wochen später teilnahm, stehen neben den Aufführungen seiner eigenen Sinfonien Ausschnitte aus den Werken Händels im Vordergrund[11]. Das unmittelbare Ergebnis dieser Begegnungen mit der Musik Händels sind bekanntlich Haydns eigene Oratorien *Die Schöpfung* und *Die Jahreszeiten*.

Die Wiener Klassiker, Haydn, Mozart und Beethoven kannten also die Musik Händels aus eigenem Erleben, ebenso wie als Bearbeitungsvorlage und als Gegenstand des Studiums. Der bewunderte und verehrte Händel war zugleich der bekannteste Komponist der unmittelbar vorausgehenden musikalischen Epoche. Diese ragte durch Händel in die neuere Zeit hinein, die von der Komposition der Wiener Klassiker entscheidend bestimmt wurde. Neukomposition und Aufführungstradition einer zurückliegenden Kompositionsstufe machen gemeinsam die Musik dieser Zeit aus. Auch wenn man die von Land zu Land verschiedene, in Wien und in London anders geartete Gewichtung dieser beiden Strömungen berücksichtigt, bleibt die Tatsache, daß die Wiener Klassiker ihre Zeit mit der Aufführung Händelscher Musik teilen mußten. Im Gegensatz zu Bach, dessen Musik von der Öffentlichkeit wenig beachtet vornehmlich in Organistenkreisen gepflegt wurde, war Händel ein weithin sichtbarer Repräsentant einer Musik, die an zentraler Stätte erklang und von breiten Schichten getragen wurde. In England beherrschte die von Händels Musik geprägte Aufführungstradition so sehr das öffentliche Konzertleben, daß Haydn die Aufführung seiner eigenen Sinfonien den älteren Gepflogenheiten anpassen mußte[12]. Andererseits wurden in dem kompositorisch führenden Wien die als altmodisch erscheinenden Werke Händels auf eine der gegenwärtigen Kompositionsstufe entsprechende Weise umgearbeitet[13]. In einem Falle zwingt die Tradition die Neukomposition in eine rückschrittlich erscheinende Aufführungsprozedur, im anderen Falle macht die fortschrittliche Kompositionsstufe eine Umarbeitung des Originals erforderlich. Beide Male wird das jeweils kompositorisch Gemeinte durch die Aufführung, d. h. durch eine zeitliche Verschiebung des Aufführungsvorganges gegenüber der Komposition und somit durch das Auseinanderfallen von Komposition und Aufführung, verzerrt wiedergegeben. Während in England die

Musik Händels noch die Aufführung der Wiener klassischen Musik bestimmt, bedingt in Wien die vorherrschende Komposition eine Modernisierung Händels zum Zweck der dortigen Wiedergabe.

Die noch zu Lebzeiten Händels einsetzende und dann ununterbrochen anhaltende Aufführungstradition Händelscher Musik beschränkt sich nur auf einen Ausschnitt des Gesamtwerkes. Abgesehen von einigen Oratoriumsouvertüren scheidet die Instrumentalmusik Händels für die unmittelbar folgende Aufführungstradition aus. Auch die italienischen Opern Händels fanden weder als Ganzes noch in einzelnen Arien in der Folgezeit Beachtung. Dagegen konzentriert sich die Aufführungsgeschichte von Anfang an auf Händels englischsprachige Musik, also auf die Oratorien, die Kompositionen zu den Cäcilienfesten, einzelne Anthems, das Utrechter und später auch das Dettinger *Te Deum* sowie auf die geradezu populäre Pastorale *Acis und Galatea*. Doch wie nie zuvor in der Musikgeschichte wurde der Name eines Komponisten mit einem einzigen Werk identifiziert, dem *Messias*.

Um Händels Verhältnis zur Musik der Wiener Klassiker näher zu bestimmen, läge es nahe, gewisse konservative Züge dieser Musik, wie etwa die Behandlung der Fuge in Chorkompositionen, vielleicht auch ein besonderes Fugenthema, als von Händel abhängig zu untersuchen und so die Bindung der neuen Kompositionsstufe an eine ältere Tradition hervorzuheben. Es bietet sich aber auch ein zweiter Weg an, nämlich auf bestimmte neue, moderne Eigenschaften Händelscher Komposition als der Wiener klassischen Musik verwandt aufmerksam zu machen, um so das offenbar zukunfträchtige Wesen Händels, seine anhaltende und zunehmende Popularität zu erklären. Im folgenden sei dieser Weg gewählt.

Wenn Mozart an Händel bewundert, daß er „*großen Effekt tut*" und daß er, „*wo er das will, einschlägt wie ein Donnerwetter*"[14], so trifft er damit auch eine wesentliche Seite seiner eigenen Musik wie der Wiener klassischen Musik überhaupt. Die Stelle aus dem Messias-Chor, von der Beethoven sprach, gehört zu diesen Donnerschlägen, mit denen das Ereignis des Augenblicks in Musik gebannt wird[15].

(Notenbeispiel 1 siehe nächste Seite)

Es ist der massive Chorklang, der einen plötzlichen Umstoß vollzieht und damit auch den b a s s o c o n t i n u o für kurze Zeit aussetzen läßt. Aber gerade diese vom Sprechvollzug ausgelöste Wucht der Chorblöcke ist es, die Händels Musik aus dem unmittelbaren Kontext des Generalbaßsatzes herauslöst und ihr einen modernen Charakter verleiht[16].

Offenbar ist diese Eigentümlichkeit Händels nicht erst in seinen späteren Oratorienchören anzutreffen, sondern schon in seinen englischsprachigen Frühwerken, wie etwa in der Pastorale *Acis und Galatea*[17]. Der Chor Händels, der hier neben den kompakten Akkordschlägen auch die sprachrhyth-

Notenbeispiel 1:

mische Individualisierung von einzelnen Stimmen aufweist, rückt dabei in die Nähe des solistischen Opernensembles Mozarts. Es ist bezeichnend, daß Händel das Soloensemble in dieser Art nicht kennt und zur Erfassung individueller Vorgänge in der Regel auf den Chor angewiesen ist. Allerdings gibt es vereinzelte Ansätze für ein dramatisches Konzept, wie es uns von Mozart bekannt ist. In dem Terzett zwischen Acis, Galatea und Polypheme „*The flocks shall leave the mountains*" kommt es zu einer Personengruppierung, wie wir sie etwa in Mozarts Zauberflötenterzett „*Soll ich dich, Teurer, nicht mehr sehn*" wiederfinden. Einem Liebesduett steht als verneinende Macht ein Baß gegenüber, der sein eigenes mit dem Duett unvereinbares Gepräge besitzt. Als gegen Ende des Händel-Terzetts Polyphem sich anschickt, Acis durch einen Steinwurf zu töten, wiederholt er mehrfach die mit Achtelauftakt beginnenden und dann zu Sechzehnteln übergehenden Einwürfe „*Fly swift, thou massy ruin fly*", während gleichzeitig das Liebespaar unbeirrt sein inniges Duett weitersingt[18]. Nach wiederum mehrmaligen Einwürfen, in denen Polyphem das „*presumptuous Acis*" prägnant auftaktig artikuliert (drei Sechzehntel, zwei Achtel), schreitet er zur Tat. Der tödliche Wurf trifft mit dem dritten Ausruf „*die*" auf dem hohen es', das zugleich gegen die Taktordnung (auf zwei) gesetzt wird:

Notenbeispiel 2:

Eine verwandte dramatische Situation kennzeichnet Mozarts Zauberflötenterzett „*Soll ich dich, Teurer, nicht mehr sehn*". Dem Liebespaar Tamino und Pamina tritt Sarastro mit seinem „*die Stunde schlägt*" entgegen. Auch hier drängen die auftaktigen Einwürfe des Basses (drei Achtel, Halbe) zur Tat, während das Paar die „Gold'ne Ruhe" besingt. Der Augenblick der Trennung ist da, wenn Sarastro mit erhobener Stimme sein letztes „die Stunde schlägt" einwirft und das hohe es' erreicht, denselben Ton, der auch bei Händel die Handlung auslöste[19]:

(Notenbeispiel 3 siehe nächste Seite)

Während Händel zur musikalischen Erfassung von Vorstellungsgehalten von einem Text ausgeht, der in seinem realen Sprachvollzug als rhythmisches Gepräge in die Komposition eingeht und dabei primär an das Medium des Chores gebunden ist, können die Wiener Klassiker auf die Anwesenheit des Wortes verzichten, um zu einer ähnlichen rhythmischen Artikulation zu gelangen. Die Sprache kann dabei mitwirken, sie braucht es jedoch nicht[20]. Der Weg von einem ursprünglich vokal konzipierten Gebilde in den Bereich instrumentaler Selbständigkeit läßt sich etwa an einem Beispiel Mozarts zeigen, wobei wiederum der Ausgangspunkt Händel ist. So übernimmt Mozart

Notenbeispiel 3:

die Hallelujah-Rufe aus Händels *Messias* in dem wahrscheinlich 1779 für Salzburg komponierten *Regina Coeli*[21]:

Notenbeispiel 4:

Aber auch im Gloria von Mozarts *c-moll Messe* KV 427 (417a) begegnen uns bei den Worten „*in excelsis*" die Halleluja-Rufe aus dem *Messias*[22]:

Notenbeispiel 5:

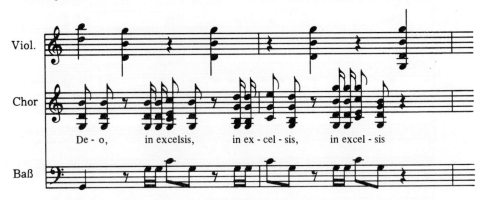

Der zentrale Baustein aus Händels berühmtestem Chor ist in einen Mozartschen Messensatz gewandert und hat sich dabei mit einem neuen, einem lateinischen Sprachglied verbunden, das in seiner rhythmischen Beschaffenheit dem Original durchaus angemessen ist. Die auftaktigen Akkordblöcke sind zwar in Händels „*Hallelujah*" heimisch, aber sie gehören ebenso sehr zu Mozarts musikalischem Vokabular. Auch Mozart vermag mit diesem Mittel „*einzuschlagen wie ein Donnerwetter*", eine Fähigkeit, die er wohlwissend an Händel bewunderte.

Nur wenige Monate, nachdem die Messe im August 1783 anläßlich eines Besuches von Mozart und seiner Frau in Salzburg aufgeführt worden war, komponierte er auf der Rückreise nach Wien in Linz eine Sinfonie in C-Dur, die sogenannte *Linzer Sinfonie*, KV 425. In das Thema des ersten Satzes sind Spuren des „*Hallelujah*" bzw. des „*in excelsis*" eingegangen, denn die Akkordstöße zum Ende des Themen-Vordersatzes weisen eindeutig in diese Richtung. Hier werden die drei Akkordschläge auf den Stufen I–IV–I mit ihrem auftaktigen Duktus durch einen plötzlichen Ruck dem ruhig anhebenden Anfang entgegengestellt und bringen durch ihren schlagartigen Einsatz den Vordersatz zum Abschluß[23]:

Notenbeispiel 6:

Vollends im Banne Händels stehen die mehrfachen Wiederholungen dieser Akkordschläge bei der unmittelbar folgenden Variante des Themas. Da keine Textsilben mehr unterzubringen sind, tritt an die Stelle der zwei leichten Anlauftöne ein einziger Akkordschlag, aber die Konturen des Motivs und somit seine Herkunft aus der chorischen Sprachdeklamation Händels sind unverkennbar[24]:

Notenbeispiel 7:

Ein sprachlich geprägter Baustein hat von Händel über die Chorkompositionen Mozarts den Weg in ein selbständiges Instrumentalwerk dieses Komponisten gefunden. Aber der Charakter des Zuschlagens ist ihm auch oder erst recht in seiner neuen Umgebung eigen.

Wie bei Mozart, so ist auch bei Haydn und Beethoven der instrumentale Satz durchfurcht von sprachrhythmischen Partikeln. Als Haydn aufgrund der Londoner und Oxforder Händel-Erlebnisse seine deutschsprachigen Oratorien schrieb, konnte er schon in seinen Sinfonien, also in der instrumentalen Komposition, etwas Sprachähnliches schaffen, so daß er im Gegensatz zu Händel das Oratorium oder genauer den Oratorienchor nicht mehr benötigte, um sprachliche Substanz zu vertonen. Wenn er es dennoch tat, so kommt es zu einer Kompositionshaltung, an der zwar die Sprache wesentlich beteiligt ist, ohne aber allein und unmittelbar den musikalischen Satz zu prägen. Dieser setzt vielmehr implizit in seiner instrumentalen Faktur die Händelsche Sprachschicht voraus. So sind etwa die hämmernden auftaktigen Viertelschläge im Finale von Haydns Sinfonie Nr. 103, die das Thema eröffnen und den ganzen Satz beherrschen, ein instrumentales Mittel zur Gestaltung der Komposition, aber von ferne schwingt in ihnen ein sprachlicher Auftakt mit, wie wir ihn von Händel her kennen[25]:

Notenbeispiel 8:

Wenn Haydn nun in der *Schöpfung* immer wieder auf diesen Auftakt zurückgreift, so wirkt der dabei erklingende Text wie eine äußere Zutat. Der Text ist zwar der musikalischen Wendung konform, aber diese ist jetzt autonom, verdankt ihre Gestaltung nicht mehr dem unmittelbaren Anstoß durch das vorgetragene Wort. In dem Chor ,, *Vollendet ist das große Werk* "[26] erscheint dieser Auftakt (drei Achtel-Viertel) bei der Stelle ,, *Der Schöpfer sieht's – und freuet sich* ", wobei aber zwei verschiedene Sprachglieder dieselbe Vertonungsformel erhalten[27]:

(Notenbeispiel 9 siehe nächste Seite)

Vor und zwischen die Sprachglieder ist die auftaktige Wendung als selbständige Instrumentalformel eingefügt, so daß wir fünfmal hintereinander dieselben rhythmischen Stöße vernehmen, dreimal ohne und zweimal mit Text. Wie sehr die für Händel charakteristische enge Zuordnung von sprachli-

Notenbeispiel 9:

cher und instrumentaler Struktur bei Haydn aufgelockert ist, sieht man auch
aus der vorausgehenden Stelle des Haydn-Chores. Hier verbindet sich derselbe Text „*der Schöpfer sieht's — und freuet sich*" mit einer ganz anders gearteten Vertonung, die zwar auch der Sprache adäquat ist, aber doch nicht einzig von ihr abhängt[28]. Während einerseits dieselbe Wortfolge sich mit verschiedenen musikalischen Bildungen verbinden kann, verknüpft sich andererseits ein- und dieselbe musikalische Gestalt mit verschiedenen Texten. So
wird die auftaktige Drei-Achtel-Formel auch noch mit einem wiederum
neuen Text („*Auch unsre Freud*") an den Anfang des folgenden Fugenthemas gestellt. Die Fortsetzung dieses Themas („*erschalle laut*") dagegen
bringt einen auf fünf Achtel erweiterten Auftakt, in dem auch das Verbum
durch verzierte Dehnung der Hauptsilbe eigens berücksichtigt wird. Aber die
Formel selbst ist bei Haydn ebenso unabhängig vom Text wie der prägnantere Drei-Achtel-Auftakt[29] :

Notenbeispiel 10:

Die kompositorische Selbständigkeit einer musikalischen Gestalt führt
bei Haydn dazu, daß sie weder auf einen konkreten Wortrhythmus angewiesen ist, noch an eine bestimmte, sei es eine chorische, solistische oder instrumentale Ausführung gebunden ist. Was bei Händel nur dem Chor möglich ist,

kann bei Haydn auf das Orchester allein oder auf Orchester und Chor übertragen werden. Dies relativiert den Chor, da er nicht mehr als eigengesetzliche Kraft, als Verkörperung einer Gemeinschaft seine eigene Sprechweise zur
Geltung bringt, sondern als ein beliebiges klangliches Mittel eingesetzt werden kann. So erklärt sich die Hinzufügung des Chores zum Eröffnungsrezitativ der *Schöpfung*.

Notenbeispiel 11:

Von der sprachlichen und gattungsmäßigen Grundlage her handelt es sich
um ein Solorezitativ, das den biblischen Schöpfungsbericht vorzutragen hat.
Um die Bedeutung einer zentralen Textstelle hervorzuheben und um den
Vorgang der Lichtwerdung musikalisch anschaulich zu machen, wird das Rezitativ zunächst durch den Chor und schließlich durch das mit elementarer
Wucht einbrechende Orchester ergänzt. Der plötzliche Blitzschlag der Lichtwerdung trifft zwar mit dem Wort „Licht" im Baßrezitativ und im Chor zusammen, aber das Ereignis wird durch das unerwartete Orchestertutti ausgelöst. Es ist nicht mehr die Sprache allein, auch nicht nur ihre chorische
Durchschlagskraft wie bei Händel, sondern die kompositorische Faktur als
Ganzes, ihre Einbeziehung in einen festen Partiturrahmen, die hier den
Augenblick der Lichtwerdung musikalisch fixiert[30].
Was Mozart und Haydn an Händel bewunderten, als wahlverwandt empfanden, dürfte auch für Beethovens Verhältnis zu Händel maßgebend gewesen sein. Es war die Wirkung und Durchschlagskraft der Händelschen Chöre,
ihre wortgewaltige mitreißende Botschaft, in der die primär als Instrumentalkomponisten tätigen Wiener Klassiker eine ihnen nahestehende Haltung erblickten. Von Beethovens Händel-Kenntnis zeugt u. a. das Thema der Donanobis-pacem-Fuge in der *Missa solemnis*. Das Vorbild ist bekanntlich die Fu-

ge in Händels *Hallelujah* mit den Worten „*and he shall reign for ever and ever*"[31].

Notenbeispiel 12:

Was wir schon bei Mozart und Haydn beobachteten, nämlich die Befreiung einer musikalischen Gestalt von dem sie prägenden Text und somit ihre Verselbständigung als eigenständiges Element, trifft auch für die Beethovensche Gestaltung des Fugenthemas zu. Während bei Händel jeder Ton mit einer Silbe, ja meist mit einem Wort behaftet ist und so die Melodieschritte geradezu aus der Wortfolge des Textes herausgemeißelt werden, geht es bei der textarmen Verwendung des Themas durch Beethoven lediglich um die Melodieschritte und ihre gleichförmige Rhythmisierung. Daß dabei auch die Worte „*dona nobis*" erklingen, hat für die Struktur selbst keine Bedeutung. Es ist eine äußere Zutat zu einer schon tief in der Sprache verwurzelten Gestalt, die durch das Händelsche Englisch entstanden war.

Wie schon eingangs erwähnt, beschäftigte der späte Beethoven sich mit Plänen, angeregt durch das Studium von Händels *Saul*, ein eigenes Oratorium über diesen alttestamentarischen Stoff zu schreiben. Im Zusammenhang mit Beethovens Interesse an *Saul* steht auch eine Notiz vom März 1820 in seinem Konversationsheft, die von der Absicht spricht, Variationen über den Trauermarsch aus *Saul* zu komponieren. Auch dieses Projekt wurde bekanntlich nicht ausgeführt. Doch scheinen einzelne Elemente aus Händels Trauermarsch in Beethovens Ouverture *Die Weihe des Hauses* (op. 124) eingegangen zu sein[32]. Dabei wurde offenbar nicht nur das einleitende „*Maestoso e sostenuto*" von Händel angeregt, sondern auch das Fugato-Thema des Hauptteils weist besonders in seiner rhythmischen Faktur auf das Anfangsmotiv von Händels Trauermarsch hin:

Notenbeispiel 13:

Auch ohne die äußere Verwandtschaft zwischen Händels Marschmotiv und Beethovens Fugenthema – übrigens bezeichnete Beethoven selbst sein Thema als im Händelschen Stil konzipiert[33] – enthält Beethovens Thema konkrete Händelsche Substanz. Der rhythmische Kern setzt die sprachrhythmische Prägekraft von Händels Chordeklamation voraus[34]. Beethovens Fugato ist zwar reine Instrumentalmusik, ein Spätwerk der Wiener Klassik, aber es trägt auch die rhythmische Durchschlagskraft einer Händelschen Chorfuge in sich. Um sich sprachlich zu artikulieren, bedarf Beethoven und bedürfen die Wiener Klassiker allgemein nicht der konkreten Anwesenheit der Sprache, nicht der Vokalmusik. Verbindet sich die Sprache dennoch bei ihnen mit der kompositorischen Faktur, so findet hier zwar eine äußere Anpassung, aber keine innere, notwendige Durchdringung statt. Der instrumentale Rhythmus ist schon ohnehin von sprachlicher Substanz geprägt. Händel dagegen ist auf die real erklingende Sprache, besonders auf die volkssprachliche englische Chorkomposition angewiesen, um Spontaneität und momentanes Geschehen musikalisch zu erfassen. Zuerst und vor allem ist dazu der Chor notwendig. Mit ihm durchbricht Händel am stärksten und nachhaltigsten das Kontinuum des Generalbaßsatzes. Es ist deshalb der Händelsche Oratorienchor, der sich bei der Nachwelt in frischer Erinnerung gehalten hat und der auf die Musik der Wiener Klassiker ausstrahlte. Was er bei ihnen auslöste oder was er in ihnen aktivierte, war eine Musik, die auch als instrumentales Phänomen zu sprechen verstand. Von Beethoven wissen wir, daß über die kompositorische Begegnung hinaus ein Händel-Chor wiederum in die Unmittelbarkeit des gesprochenen Wortes entlassen werden konnte, von dem er ausgegangen war. Nachdem der sprachliche Satz gleichsam seine kompositorische Schuldigkeit getan hatte, indem er einen bleibenden instrumentalen Rhythmus schuf, prägte er sich als schlichte Rede dem Gedächtnis ein: ... „his name shall be called wonderful".

Anmerkungen

1 Bericht des Arztes Prof. Wawruch ‚*Ärztlicher Rückblick auf Ludwig van Beethovens letzte Lebensepoche*', datiert vom 20. Mai 1827, zuerst erschienen in: *Wiener Zeitschrift* vom 30.4.1842; vgl. L. Nohl, *Beethoven nach den Schilderungen seiner Zeitgenossen*, Stuttgart 1877, S. 253.

2 *G. F. Händels Werke*, hrsg. von Friedrich Chrysander (im folgenden zitiert: GA, Bd. 45, S. 69. Siehe unten Notenbeispiel 1.

3 A. W. Thayer, *Ludwig van Beethovens Leben*, Bd. 5, Leipzig 1908, S. 424.

4 A. W. Thayer, Bd. 5, S. 126.

5 Vgl. Berlin, Staatsbibl. Preußischer Kulturbesitz, Artaria 197, S. 5 (SV 12); Landsberg 10, S. 57–63 (SV 64); London, British Library, Add. Ms. 29997, fol. 26[v] (SV 187).

6 A. W. Thayer, Bd. 5, S. 326–328.

7 C. F. Pohl, *Mozart und Haydn in London* I, Wien 1867, S. 105.

8 Neue Mozart-Ausgabe, Serie X, Supplement, hrsg. von A. Holschneider, Werkgruppe 28, Abt. 1, Bd. 1–4.

9 *Allgemeine Musikalische Zeitung* I, 1798, S. 115 f.

10 C. F. Pohl, *Mozart und Haydn in London* II, Wien 1867, S. 138 ff.

11 C. F. Pohl, a. a. O., S. 146 ff.

12 Bekanntlich leitete Haydn die Aufführung seiner Sinfonien in London als Generalbaßspieler vom Tasteninstrument aus. Daß er bei der Aufführung am 6. Juli 1791 in Oxford den Platz an der Orgel einnahm, geht ebenfalls auf die Generalbaßtradition zurück. Vgl. Pohl, a. a. O., S. 146.

13 Vgl. hierzu u. a. H. Abert, *W. A. Mozart*, 8. Aufl., Leipzig 1975, Bd. 2, S. 514 f.; siehe auch oben Anm. 8.

14 Siehe oben Anm. 9.

15 Ähnlich wie Mozart äußert sich ein literarischer Zeitgenosse, Joh. Heinrich Voß, anläßlich einer Hamburger *Messias*-Aufführung, wobei er sich unmittelbar auf den betreffenden Chor bezieht: „*... Drauf alle Stimmen mit Donnerton: Wunderbar! Die Instrumente donnern nach ... Aber nun, als ob Blitz und Schlag zugleich käme ...: Allmächtiger Gott!*" Vgl. J. H. Voß, *Briefe*, hrsg. von Abraham Voß, Bd. I, Halberstadt 1829, S. 296. Siehe auch Th. Göllner, ‚Zur Sprachvertonung in Händels Chören‘, in: *Deutsche Vierteljahrsschrift für Literaturwissenschaft und Geistesgeschichte* 42, 1968, S. 491 f.

16 Der Abschnitt stellt das Kernstück eines Chores dar, der in seinen übrigen Teilen die Kontrafaktur eines italienischen Kammerduetts ist, das Händel wenige Monate vor dem *Messias* komponiert hatte (*No, di voi non vo' fidarmi*, GA, Bd. 32, S. 122 ff.). Vgl. auch J. P. Larsen, *Handel's Messiah*, 2. Aufl., New York 1972, S. 125.

17 Vgl. Th. Göllner, ‚Zur Sprachvertonung in Händels Chören‘, a. a. O., S. 485 f.

18 GA, Bd. 3, S. 95 ff.

19 Vgl. auch Thr. Georgiades, *Musik und Sprache*, 2. Aufl., Berlin–Heidelberg–New York 1974, S. 120.

20 Schon die deutschen *Messias*-Übersetzungen, darunter diejenige von Mozarts Bearbeitung, verraten ein schwindendes Bewußtsein von der prägenden Kraft sprachlicher Wendungen für den kompositorischen Satz. Vgl. Th. Göllner, ‚Zur Sprachvertonung in Händels Chören‘, a. a. O., S. 487 f.

21 KV 276 (321^b), *Neue Mozart-Ausgabe*, Serie I/3, hrsg. von H. Federhofer, Kassel usw. 1963: S. 244, T. 13–14; S. 251, T. 78–79; S. 258, T. 133–134. Den Hinweis hierauf verdanke ich Dr. Manfred Hermann Schmid; vgl. auch dessen Studie *Mozart und die Salzburger Tradition*, Münchner Veröffentlichungen zur Musikgeschichte, Bd. 24, Tutzing 1976, S. 45.

22 T. 20–21, S. 41–42.

23 Allegro spirituoso, T. 20–23.

24 T. 33–36.

25 Finale, Allegro con spirito, T. 18–24.

26 Nr. 26.

27 Nr. 26, T. 11–13.

28 Nr. 26, T. 8–11.

29 Nr. 26, T. 14–15.

30 Nr. 1, T. 81–86.

31 Händel, *Messias*, Nr. 42, T. 42–43. Beethoven, *Missa solemnis*, Agnus dei, T. 216–219.

32 Im einzelnen vgl. hierzu Th. Göllner, ‚Beethovens Ouvertüre *Die Weihe des Hauses* und Händels Trauermarsch aus *Saul*‘, in: *Festschrift H. Hüschen zum 65. Geburtstag*, Köln 1980, S. 181 ff.

33 A. Schindler, *Biographie von Ludwig van Beethoven*, hrsg. von A. Ch. Kalischer. Berlin–Leipzig 1909, S. 330 f.

34 Vgl. etwa im *Messias* die Stelle „*He is the King of Glory*" aus dem Chor „*Lift up your heads*", T. 34 ff., oder „*who giveth us the victory*" im Chor „*But thanks be to God*", T. 27 ff. Auch die oben zitierte Stelle aus Haydns *Schöpfung*, „*Vollendet ist das große Werk*" (Notenbeispiel 10) bei der Wortfolge „*erschalle laut*" weist diesen Rhythmus auf, obwohl das Motiv hier schon einen autonom instrumentalen Charakter angenommen hat.

Klaus Rönnau †

(Detmold)

Bach und England. Bemerkungen zur englischen Bach-Rezeption im frühen 19. Jahrhundert

Die Wirkungsgeschichte der Musik Johann Sebastian Bachs hat von jeher eine besondere Faszination ausgeübt. Die Gründe hierfür liegen auf der Hand: im Gegensatz zu œuvres wie denjenigen Haydns oder Mozarts, deren Rang seit ihrem Entstehen einhellig akzeptiert wurde, oder zur Musik Berlioz' oder Wagners, in deren Rezeption sich Bewunderung und Ablehnung mischte — bei gleichfalls stetiger und breiter Präsenz ihrer Werke —, im Gegensatz aber auch zur Musik von Bachs Zeitgenossen oder gar der vorausgehenden Jahrhunderte, die ihre eher bescheidene Existenz im breiten Musikleben und in Konzertprogrammen weitgehend musikhistorischen Anstößen verdankt: im Gegensatz also zu diesen Haupttypen der öffentlichen Wirkung hat Bachs Werk — rezeptionsgeschichtlich singulär — zunächst eine Phase durchlaufen, in der die ästhetische Distanzierung von ihm vorherrschte, bevor es sich aus eigener Kraft durchsetzte. „Aus eigener Kraft" — dies besagt zunächst nur: ohne primären und spezifisch fachmusikhistorischen Anstoß oder Beistand (wie etwa bei Telemann, Schütz oder Monteverdi), aber natürlich nicht, daß sich Bachs Musik allein aufgrund ihrer innermusikalischen Qualitäten durchgesetzt hätte. Denn gerade einige neuere Untersuchungen zur Bach-Rezeption haben gezeigt, wie stark neben primär musikalischen und ästhetischen auch außermusikalische Voraussetzungen die um 1800 einsetzende breitere Aufnahme des Bachschen Werkes ermöglichten.

Neben Deutschland, naturgemäß dem Hauptschauplatz der sich seit etwa 1800 verbreiternden Bach-Bewegung, existieren einige Nebenschauplätze, deren wichtigster der englische zu sein scheint. Offenbar sind hier die gleichfalls um 1800 einsetzenden Bestrebungen zur Wiedererweckung Bachscher Werke kräftiger als etwa in Frankreich[1]. Angesichts der umstrittenen Frage nach der Leistungsfähigkeit rezeptionsgeschichtlicher Untersuchungen erscheint der Blick auf die frühe englische Bach-Bewegung deswegen als lohnend, weil sie sich — z. T. gleichzeitig mit der deutschen — in einem Umfeld vollzogen hat, dessen bedingende Merkmale sich in fast jeder Hinsicht von dem deutschen so deutlich unterscheidet.

Wir bescheiden uns dabei mit dem Blick auf die frühe Phase der englischen Bach-Rezeption in den ersten Jahrzehnten des 19. Jahrhunderts, die zeitlich also etwa parallel läuft mit jenem entscheidenden Abschnitt der deutschen Bach-Bewegung, der durch das Erscheinen von Forkels Bach-Biographie (1802) einerseits und die Aufführung der *Matthäus-Passion* durch Mendelssohn (1829) andererseits begrenzt ist. Diese erste Phase der englischen Bach-Rezeption läßt sich recht gut trennen von einer zweiten, die dann um die Jahrhundertmitte erneut einsetzt.

Die wichtigsten Daten der frühen englischen Bach-Bewegung hat die englische Musikforschung seit längerer Zeit ermittelt[2]. Danach ist schon die erste nähere Bekanntschaft der englischen Öffentlichkeit mit Bach verknüpft mit einem Grundzug des englischen Musiklebens im 18. und frühen 19. Jahrhundert: mit der Tätigkeit ausländischer Komponisten und Musiker in London. August Friedrich Christoph Kollmann (1756–1829), ein deutscher Organist, der 1784 als Organist der deutschen evangelischen Gemeinde an der St. James-Kirche nach London gekommen war, veröffentlichte 1796 einen *Essay on Musical Harmony* mit Analysen und Auszügen aus dem f-moll-Präludium des 2. Wohltemperierten Klaviers. Wichtiger ist sein *Essay on Practical Musical Composition*, der 1799 erschien und als Musterbeispiel polyphoner Stimmführung die Kanons aus dem *Musikalischen Opfer* (mit ihren Auflösungen nach Kirnbergers *Kunst des reinen Satzes*) sowie weitere Bachsche Klavierwerke enthält[3]. Im selben Werk von 1799 kündigte Kollmann eine mit analytischen Bemerkungen versehene Ausgabe beider Teile des Wohltemperierten Klaviers an, die dann aber nach Erscheinen der kontinentalen Druckausgaben von 1801 zunächst unterblieb. Stattdessen gab er 1807 Bachs *Chromatische Fantasie und Fuge* (BWV 903), gleichfalls mit analytischen Anmerkungen versehen, heraus.

Als zentrale Gestalt der englischen Bach-Bewegung tritt jetzt Samuel Wesley ins Bild. 1766 geboren und musikalisch zunächst in der eher konservativen, an Händel, Corelli, Al. Scarlatti und Geminiani orientierten Tradition des englischen Musiklebens aufgewachsen, als spielendes und komponierendes Wunderkind schon in den 70er Jahren gefeiert, lernte er als jugendlicher Teilnehmer der Bach–Abel-Konzerte, später der Salomon-Konzerte, die aktuelle kontinentale Musik Johann Christian Bachs und Haydns kennen.

Mit Johann Sebastians Instrumentalmusik kam Wesley außer durch Kollmann über einen zweiten nach London emigrierten und dort naturalisierten deutschen Musiker in Berührung, Carl Friedrich Horn (1762–1830). Horn, der 1782 als Nachfolger Johann Christian Bachs an den englischen Hof gekommen war, besaß nach Wesleys Aussage (Brief an Benjamin Jacob, Oktober 1808) „*a vast quantity of Bach's compositions that have never seen the light*"[4], Abschriften also, die Horn, der aus Thüringen stammte, wahrscheinlich aus seiner Heimat mitgebracht hatte.

Zu dem Kreis der Bach-Enthusiasten um Wesley gehörten ferner einige Engländer, vor allem Benjamin Jacob (1778–1829), der als Organist an der Londoner Surrey-Chapel ab 1808 „Organ exhibitions" veranstaltete, umfängliche Matinee-Konzerte mit Orgel- und Instrumentalmusik, an denen u. a. auch Wesley und Johann Peter Salomon als Violinisten teilnahmen und in denen Bachs Instrumentalmusik einen bedeutenden Anteil hatte. Wesley, ein gerühmter Organist (der aber nur untergeordnete Organisten-Ämter inne-hatte), setzte sich zwischen 1810 und 1830 durch mehrere Vortragsreihen und Konzertveranstaltungen, auch außerhalb Londons, für die Verbreitung des Bachschen Werkes ein[5]. Im Jahre 1809 veranstaltete er in den Hanover-Square-Rooms ein nur Bach gewidmetes Konzert, bei dem er neben Orgel-werken auch die Motette „*Jesu meine Freude*" aufführte – die erste und auf lange Zeit einzige öffentliche Aufführung eines vollständigen Bachschen Vo-kalwerkes in England. 1810 stieß auch Vincent Novello, der spätere Verleger, zu dem Kreis der Bach-Verehrer um Wesley.

Wichtiger und auf längere Zeit wirksamer war Wesleys editorische Tätig-keit. 1810 gab er, zusammen mit C. Fr. Horn, die Orgel-Triosonaten heraus, und zwar mit Rücksicht auf die meist pedallosen (oder mit nur angehängtem und klein-umfänglichem Pedal versehenen) englischen Orgeln sowie auf die Ausführbarkeit auf dem Klavier in einer Bearbeitung zu 3 Händen. 1810–13 erschienen dann in vier Lieferungen die beiden Teile des Wohltemperierten Klaviers, ebenfalls von Wesley und Horn gemeinsam herausgegeben. Im Vor-wort zur ersten Lieferung rechtfertigt Wesley die Neuausgabe mit dem Hin-weis: „... *presented in a more correct manner than they have ever yet appeared, even in the Country, where they were composed*". Die vorange-stellte Subskribentenliste nennt ca. 160 Namen[6], nicht viel weniger also als der erste deutsche Partiturdruck der *Matthäus-Passion*. 1820 veranlaßte Wes-ley eine englische Ausgabe der Bach-Biographie Forkels, die Kollmann über-setzt hatte.

Um die Motive und Tendenzen der frühen englischen Bach-Rezeption deutlicher erkennen und bewerten zu können, bedarf es eines Vergleichs mit der deutschen Bach-Tradition bis zum Beginn des 19. Jahrhunderts. Sie ist oft beschrieben worden, und so genügt hier die grobe Skizzierung einiger Grundzüge[7].

Eine erste Grundlinie der frühen deutschen Bach-Tradition setzte schon zu Bachs Lebzeiten ein: Scheibes bekannte Bach-Kritik von 1737 ist das äl-teste prominente Dokument jener ästhetischen Argumentation, welche die neuen Ideale des galanten und empfindsamen Stils, die Hochschätzung kan-tabler, leicht überschaubarer und in diesem Sinne „natürlicher" Melodik und einfacher Begleitung am Negativbild des kontrapunktisch durchgearbeiteten Bachschen Satzes entwickelt und beschreibt. Gerade Bachs kontrapunktische Meisterschaft macht seine Musik als immer wieder zitiertes Gegenbild der neuen rationalistischen Ästhetik geeigneter als die seiner Zeitgenossen und trug auf diese Weise dazu bei, sie vor völligem Vergessen zu bewahren. Dieses Negativbild des Bachschen Werkes – oft freilich durch ehrfurchtsvolle Bezeu-gungen seiner Kunstgelehrtheit begleitet und verbrämt – dominiert bis gegen Ende des 18. Jahrhunderts, bis hin zu den Äußerungen Reichardts – in sei-nem *Musikalischen Almanach* 1796 – oder Burneys in den 80er und 90er Jahren. Erst Forkels Bach-Biographie bezeichnet hier eine Wende.

Ein zweiter Grundzug der älteren Bach-Tradition benutzt die Gestalt und das Werk Bachs zwar als positives Argument in einem Streit, der aber außer in künstlerischen auch in nationalen oder patriotischen Motiven wurzelt. Schon 1737 wird in Lorenz Mizlers *Musikalische Bibliothek* über Bachs virtuoses Klavier- und Orgelspiel mit dem Unterton nationalen Kunst-Stolzes berichtet: als Zeichen für die Überlegenheit der deutschen über die italienische und französische Musik. In die gleiche Richtung zielt auch, daß die Anekdote von Bachs Wettstreit mit Marchand seit dem späten 18. Jahrhundert die Wendung erfährt, Bach habe hier „*die Ehre der deutschen Nation gerettet*"[8]. Daß sich in der Verehrung Bachs primäres Kunstinteresse mit deutschem Nationalstolz trifft, spricht Forkel aus, wenn er im Vorwort seines Bach-Buches über die angekündigte Hoffmeistersche Bach-Ausgabe urteilt, daß sie „*nicht nur der Kunst selbst in jedem Betracht äußerst vorteilhaft ist, sondern auch ... zur Ehre des deutschen Namens gereichen muß*". Und schon bald nach Forkel gewinnt der nationalpatriotische Grundton der deutschen Bach-Verehrung eine durch die folgenden politischen Ereignisse sicher mit aufgeheizte polemische Dimension, die, namentlich im Berliner Kreis um A. B. Marx, auch dazu dient, italienische und französische Musik, Rossinis, Aubers und Meyerbeers Opern zumal, als „welsche Seichtigkeiten" im Namen deutscher Tiefe und Gründlichkeit, im Namen Mozarts, Beethovens, aber eben auch Bachs, abzuwerten.

Ein weiterer Grundzug der älteren Bach-Tradition im 18. Jahrhundert ist darin zu erkennen, daß Bach vor allem als Lehrer verehrt wird, seine Werke eher als Lehr- und Studienwerke denn als Kunstwerke gelten. Ein Stück des Ansehens Philipp Emanuel Bachs wurde auch auf Johann Sebastian als seinen Lehrer zurückgeworfen, und sich als Schüler oder Enkelschüler Johann Sebastians ausweisen zu können, galt für die deutschen Organisten des 18. Jahrhunderts als Empfehlung. „*Die Schüler deiner Zucht und ihrer Schüler Reih / Dient durch ihr Wissen dir zur schönen Ehrencrone ... Doch was insonderheit dich schätzbar machen kann / das zeiget uns Berlin in einem würdgen Sohne*" dichtete Telemann in seinem Nachruf 1751. Auch was im späteren 18. Jahrhundert an Werken Bachs im Druck erscheint, dient nicht als Material für Aufführungen, sondern erscheint als kontrapunktisches Studienmaterial in Lehrwerken wie Marpurgs *Abhandlung von der Fuge* oder Kirnbergers *Kunst des reinen Satzes*. Ähnliches gilt für die Sammlungen Bachscher Choräle, die, textlos und auf eine Klavierakkolade zusammengezogen, von Philipp Emanuel den „*Lehrbegierigen der Setzkunst*" als Muster zugedacht sind. Und die vielen Abschriften Bachscher Klavierwerke, namentlich des *Wohltemperierten Klaviers*, die in dieser Zeit kursieren, werden zum Teil weniger als Kunstwerke eigenen Rechts denn als Übungsstoff geschätzt. Daß der junge Beethoven in der Öffentlichkeit mit dem Hinweis eingeführt wird, er habe sein Talent durch gründliches Studium des *Wohltemperierten Klaviers* erwiesen, ist nur eines von vielen Beispielen für die Einschätzung der primär pädagogischen Qualitäten des Bachschen Werkes.

Und schließlich gilt Bachs Nachruhm im 18. Jahrhundert mehr dem virtuosen Orgel- und Klavierspieler, dem Improvisator als dem Komponisten.

Bach als Orgelvirtuose, als Lehrer, als Musterfigur gelehrter Setzkunst, als esoterische Gestalt, als Komponist mehr für Komponisten und Kenner denn für Liebhaber und Publikum, schließlich als Verkörperung deutscher Überlegenheit gegenüber italienischer und französischer Musik: diese Grundzüge bestimmen in Deutschland das Bach-Bild des 18. Jahrhunderts mehr als die Anerkennung genuin künstlerischer Qualitäten, von denen merkwürdig wenig die Rede ist und die erst seit der Jahrhundertwende und dann zunehmend im Zusammenhang mit der Aufführung der *Matthäus-Passion* deutlicher ausgesprochen werden. Gewiß wird man jene Attribute, mit denen Bach in der älteren Tradition belegt wird und die am eigentlich künstlerischen Schaffen vorbeizielen, zum Teil auch als nachträgliche Rechtfertigung eines genuin künstlerischen Interesses an Bachs Werk sehen müssen, und man ginge sicher zu weit, wenn man Marpurg, Kirnberger oder Forkel unterstellen wollte, ihr Interesse sei allein in der Eignung Bachs und seines Werkes als Argumentationshilfe für andere — patriotische, kunstpolitische oder pädagogische — Zwecke begründet. Aber jene topoi sind insgesamt doch zu deutlich formuliert, als daß sie ausschließlich als bequeme Ausflucht aus einer Argumentationsnot wegzuinterpretieren wären, die für den Ausdruck spezifisch künstlerischer Betroffenheit keine Worte findet und sich daher außerkünstlerischer Argumente zur Verteidigung Bachs bedient, die in einer rationalistischen Umwelt leichter Anerkennung finden als die Beschreibung rational schwerer faßbarer künstlerischer Qualitäten. Vielmehr begegnet sich hier wohl beides: ein ursprüngliches künstlerisches Interesse an konkreten Einzelwerken, das sich allerdings — von Ausnahmen wie Mozarts bekanntem Wort über Bachs erste Motette abgesehen — kaum artikuliert, und pädagogische, kunstpolitische oder patriotische Motive, die der älteren Bach-Tradition bis zu Forkel ihr Gepräge geben. Man muß allerdings fragen, ob Forkels Position, die in Bach ein verpflichtendes Muster auch für die Gegenwart sieht, die in Seichtigkeit zu verfallen drohe, noch aktuell und haltbar ist in einer Zeit, als Haydns und Mozarts, z. T. auch schon Beethovens Werke allgemein bekannt waren und sich im öffentlichen Musikleben durchsetzten. Von dem neuen, noch vor 1800 auch philosophisch und literarisch reflektierten Musikbegriff, der sich am Kunsterlebnis der Werke Glucks, Haydns und Mozarts bildete und sehr bald auch einen neuen Weg zum künstlerischen Verständnis Bachs eröffnete, hat Forkel, der Verächter Glucks, offenbar nichts geahnt. Forkel erscheint daher eher als Abschluß einer älteren Bach-Tradition denn als Wendepunkt und Anfang eines neuen „romantischen" Bach-Bildes[9], das dann — im wesentlichen nicht mehr von Fachmusikern, sondern vom gebildeten Bürgertum getragen — zur Wiederaufführung der *Matthäus-Passion* führen sollte.

Nun — eben zu diesem Zeitpunkt, als sich die ältere deutsche Bach-Tradition, der das eigentlich künstlerische Verständnis noch kaum zum zentralen Problem geworden war, wandelt zu einer Bewegung, der die ästhetischen Implikationen der Musik Bachs wichtiger werden als die handwerklich-fachmusikalischen — eben in dieser Zeit setzt die englische Bach-Rezeption ein. Läßt sie den Wandel der deutschen Bach-Tradition vom eher rationalistischen zum romantischen Bach-Bild gleichfalls erkennen? Oder trägt sie eigene Züge, und inwieweit, so ist zu fragen, hängen sie mit den allgemeingeschichtlichen Voraussetzungen in England zusammen?

Inauguriert durch den aus Deutschland stammenden Immigranten Kollmann, dessen theoretische Lehrwerke eine deutliche Abhängigkeit von Kirnberger zeigen[10], sowie durch den der thüringischen Organistentradition entstammenden Horn, gerät die englische Bach-Rezeption gleich zu Beginn auf den Weg der älteren, rationalistischen und fachmusikalisch orientierten deutschen Tradition. Bei Samuel Wesley, dem eifrigsten Verfechter Johann Sebastian Bachs und der Zentralfigur der frühen englischen Bach-Pflege, stößt Bachs Musik offenbar auf spontanes Verständnis.

Die neuere englische Musikhistoriographie erkennt Wesley als Komponist einen hohen Rang unter seinen englischen Zeitgenossen zu — freilich auf dem Hintergrund jener Epoche der englischen Musikgeschichte, die durch den frappanten Mangel an Komponisten europäischer Geltung gekennzeichnet ist[11]. Wie weit das günstige, z.T. enthusiastische Urteil über Wesleys Kompositionen mit bestimmt ist durch die Achtung vor seinen Verdiensten um die Wiederbelebung der Musik Bachs, ist schwer zu beurteilen ohne nähere Kenntnis seines kompositorischen Werkes. Sicher scheint aber zu sein, daß Wesleys Bach-Begeisterung und seine eigenschöpferischen Potenzen sich nicht — wie später etwa bei Mendelssohn — gegenseitig förderten. Nach den Andeutungen der englischen Musikforschung und den dort mitgeteilten wenigen Auszügen aus seinem Schaffen zu urteilen, scheinen sich seine Kompositionen — soweit sie nicht, wie seine lateinische Vokalmusik, der römischen Kirchenmusik oder anderen Gattungstraditionen folgen[12], sondern überhaupt die Möglichkeit eines Bezuges zu Bach eröffnen, wie vor allem seine späteren Klavier- und Orgelwerke — eher epigonal zu Bach zu verhalten. Auch hierin also scheint Wesley Männern der älteren deutschen Bach-Tradition wie Kirnberger, Fasch oder Forkel näher zu stehen als dem Kreis der Bach-Verehrer um Mendelssohn.

Bezeichnend ist nun, wie die Grundzüge der älteren deutschen Bach-Tradition, mit halbjahrhundertjähriger Verspätung nach England verpflanzt, dort ein neues Gesicht erhalten. Die persönliche Erinnerung an Bach als Lehrer und Orgelvirtuose, die in Deutschland noch bis gegen 1800 lebendig ist, spielt dort naturgemäß keine Rolle. Umso größeres Erstaunen ruft in England Bachs kontrapunktische Kunst, die virtuose Selbständigkeit der Stimmführung in seinen Orgelwerken hervor. Im Vorwort zum 3-händigen Klavier-Arrangement der Orgel-Triosonaten beschreibt Wesley die ursprüngliche Disposition des Werkes für zwei Manuale und Pedal mit bewundernden Ausdrücken für eine Virtuosität, die — schon durch die Tradition des englischen Orgelbaus — dort völlig unbekannt war. Tatsächlich wurde die Bach-Rezeption zum Hauptantrieb für die Umstellung des englischen Orgelbaus im 19. Jahrhundert und seiner Orientierung am deutschen Orgelbau. Die ausführlichen Anweisungen zum Üben des *Wohltemperierten Klaviers*, die Wesley seiner Ausgabe von 1810 voranstellt und in denen er den obligaten Charakter aller Stimmen betont, gehen in die gleiche Richtung. Im Zusammenhang damit wird die kontrapunktische Meisterschaft der Bachschen Klavier- und Orgelwerke sogleich hervorgehoben, und wiederum mit besonderem Bezug auf das mit kontrapunktisch-imitatorischer Konsequenz wenig vertraute englische Publikum: Wesleys Ausgabe des *Wohltemperierten Klaviers* ist auf lange Sicht die einzige, die den Fugenaufbau aus Themen, Kontrapunkten, Umkehrungen, Diminutionen und Augmentationen durch Zusatzzeichen verdeutlicht; sie verzichtet dagegen — gleichfalls im Gegensatz zu den deutschen Ausgaben des Werkes — völlig auf dynamische und artikulatorische Zusätze oder auf Tempo-Bezeichnungen: das Besondere der Fugen wird mehr in ihrem Aufbau als in ihrem Ausdruckscharakter gesehen.

Der kontrapunktische Charakter der Bachschen Musik, der von ihren deutschen Verfechtern auch als polemisches Argument gegen das Ideal einer melodiebetonten Einfachheit galanter Musik verwendet worden war, erhält in der englischen Auseinandersetzung nun eine neue, und für die dortige musikgeschichtliche Situation höchst bezeichnende Stoßrichtung. Das Londoner öffentliche Konzertleben — wahrscheinlich das reichhaltigste und fortschrittlichste in Europa — hatte das Publikum mit der jeweils aktuellen Musik kontinentaler Komponisten in reichem Maße bekannt gemacht. Die Konzertprogramme und das Musikleben insgesamt wurden aber dominiert von der Gestalt Händels. Die Feiern zur Händel-Commemoration seit 1784 hatten der Händel-Pflege einen neuen mächtigen Auftrieb gegeben. Der Zusammenhang einer breiten und tiefen Händel-Verehrung — vom Königshaus und von musikalischen Autoritäten wie Burney gefördert — mit dem englischen Chor- und Festivalwesen sowie mit dem Oratorium als bevorzugter Gattung englischer Komponisten ist bekannt. Die neuere englische Musikgeschichtsschreibung neigt dazu, den Mangel an bedeutenden englischen Komponisten zwischen Händel und Elgar auf eben diesen unbedingten und übermächtigen Händel-Kult des englischen Publikums zurückzuführen, weil er jede Regung zu musikalischer Originalität schon bald erdrückt habe [13]. Auch wenn noch andere Ursachen dabei mit im Spiele sein mögen: ein Zusammenhang zwischen Händel-Kult und wenig entwickelter kompositorischer Originalität in der englischen Musikgeschichte dieser Jahrzehnte scheint unleugbar.

Samuel Wesley ist einer der ersten, der diese Gefahr sieht. In einem seiner Vorträge beklagt er die zunehmende Repertoire-Verfestigung der Chorfestivals, der „*Antient Concerts*" und anderer Konzertprogramme, die einseitige Ausrichtung auf die Gattung Oratorium, die übermächtige Bevorzugung Händels und die in England üblich gewordenen erdrückenden Massenbesetzungen.

In einer musikalischen Umwelt, deren Musikbegriff so weitgehend durch die Musik Händels geprägt ist, muß die Berufung auf Johann Sebastian Bach eine andere Richtung gewinnen als in Deutschland. Nun ist Wesley kein Verächter Händels, aber er sieht, daß der übermächtige englische Händel-Kult der Anerkennung Bachs im Wege steht. Eine besondere Rolle spielt dabei, daß Charles Burney in seiner *General History of Music* (1776—89) und in seinem Bericht über die Händel-Gedenkfeiern von 1784 abfällig über Bach im Vergleich zu Händel gesprochen hatte, und zwar gerade in bezug auf die Fugenkunst der beiden Meister. Und das Urteil Burneys — einer anerkannten Autorität im englischen Musikleben — mußte Wesleys Bemühungen empfindlich treffen.

Tatsächlich ist es Wesley gelungen, Burney, mit dem er befreundet war, für Bach zu gewinnen: „*The Octogenarian Burney becomes a Convert to Bach.*"[14] Wie wichtig Wesley Burneys Urteil wegen dessen öffentlicher Wirksamkeit war, lesen wir in einem seiner Briefe an B. Jacob: „*Think of what we shall have to announce to the Public: that Dr. Burney (who has heard the Music of other Folks) should be listening with Delight to an Author whom he so unknowingly and rashly had condemned*"; und weiter: „*... Stellen Sie sich vor, wie effektvoll eine solche Meldung helfen wird, die lächerlichen Zwergengestalten Williams und Smith zu verwirren und zum Schweigen zu bringen.*"[15] (Williams und Smith, offenbar Ultra-Händelianische Bach-Verächter, waren Organisten an der Westminster Abbey bzw. an der Chapel Royal.) Allerdings gibt es keine Nachrichten darüber, daß Burney die Bach-Kampagne des Wesley-Kreises selbst noch öffentlich unterstützt hätte.

Der nationalpatriotische Charakter schließlich, mit dem die deutsche Bach-Tradition verknüpft war, behinderte die englische Bach-Rezeption nicht: die deutsche Bach-Verehrung war ja allenfalls gegen die Musik Frankreichs und Italiens gerichtet, aber niemals gegen England; eher wirkte sie sich förderlich aus, denn die Überzeugung von der Vorrangstellung deutscher Musik war seit dem ausgehenden 18. Jahrhundert in England herrschend, und für eine Kompensation nationaler Defizite durch die Betonung einer Kunst-Vorherrschaft bestand im allgemeinen englischen Bewußtsein, dessen Nationalstolz sich auf handgreiflichere Fakten stützen konnte, wohl kein Bedürfnis. Sicher war im Händel-Kult auch eine nationalpatriotische Komponente enthalten (die später dann Sullivan auch parodistisch genutzt hat), aber um 1800 hat sie das im ganzen eher kosmopolitische englische Kunstbewußtsein nicht ernsthaft gefährdet oder verengt. So konnte denn auch 1820 Forkels Bach-Buch, dessen patriotische Wendungen alle mitübersetzt wurden, erscheinen, ohne deswegen Anstoß zu erregen. Freilich fehlte der englischen Bach-Bewegung damit auch jener Antrieb, den sie nur in Deutschland haben konnte.

Wir fassen zusammen:

1. Die frühe englische Bach-Bewegung um Samuel Wesley zweigt sich — über Kirnberger und Kollmann — von der älteren deutschen Bach-Tradition ab. Sie ist zwar stärker bemüht, auch das Publikum für Bach zu gewinnen, verharrt im übrigen aber auf der eher fachmusikalischen Bewunderung für Bachs kontrapunktische Meisterschaft, während sie eine Reflexion der eigentlich ästhetischen Probleme, die in Deutschland am Ende des 18. Jahrhunderts einsetzt[16], kaum erkennen läßt. Gemessen an der gleichzeitigen frühromantischen deutschen Bach-Bewegung erscheint sie also als verspätet.

2. Damit hängt zusammen, daß die um Wesley zentrierten Bestrebungen einer Wiederbelebung der Bachschen Musik in gewissem Sinne gescheitert sind, jedenfalls nicht zu unmittelbarer Breitenwirkung geführt haben. Dies hat vielleicht auch biographische Ursachen — Wesleys Aktivität war seit den 20er Jahren durch langwierige Krankheiten gebrochen — ist aber damit natürlich nicht allein erklärt. Der Händel-Kult wirkte unvermindert fort, und das englische Chorwesen, das an sich der Aufnahme des Bachschen Vokalwerkes hätte förderlich sein können, war von seinem traditionellen Selbstverständnis her durch andere Funktionen ausgelastet. Auch eine konservative Grundhaltung des englischen Musikverständnisses scheint sich hier auszuwirken: um 1800 waren die Werke Haydns und Mozarts zwar noch bereitwillig und verzögerungsfrei aufgenommen worden. Aber es ist vielleicht kein Zufall, daß die ästhetische Reflexion, die in Deutschland die Aufnahme des Beethovenschen Werkes öffentlich begleitet und hier auch die Aufnahmebereitschaft für die Musik Bachs gefördert hatte, in England weitgehend fehlt.

3. Aus deutschem Blickwinkel zunächst unerwartet und rezeptionsgeschichtlich daher aufschlußreich ist die Beobachtung, daß sich die Aufnahme der Musik Bachs und Händels gegenseitig im Wege stehen können. In Deutschland hat die Aufnahme der Händelschen Oratorien seit dem letzten Viertel des 18. Jahrhunderts sicher auch mitgeholfen, den Boden vorzubereiten für die öffentliche Wirksamkeit des Bachschen Werkes, zumal des Vokalwerkes. Im spätgeorgianischen und frühviktorianischen England dagegen, wo die institutionsgeschichtliche Entwicklung, die sich in Deutschland erst herausbilden mußte, weit fortgeschritten war, gerieten Bach- und Händel-Pflege in einen schroffen Gegensatz. Wenn wir eben sagten, daß die frühe englische Bach-Bewegung, gemessen an der gleichzeitigen deutschen, eigentlich verspätet war, so gilt auf der anderen Seite, daß der Weg in die Öffentlichkeit, den

Wesley und sein Kreis immerhin gesucht hatte, gemessen an dem damals herrschenden öffentlichen Musikverständnis in England, verfrüht war. Eine deutliche Wende tritt hier erst um die Jahrhundertmitte ein: jetzt erst setzt, gefördert vor allem durch die Tätigkeit William Sterndale Bennetts, eine neue Phase der englischen Bach-Pflege ein, deren spezifische Voraussetzungen aber gesondert zu beschreiben wären[17].

Eine abschließende Bemerkung am Rande: Es geschieht nicht eben häufig, daß musikgeschichtliche Ereignisse durch eindeutige und unmittelbare Ursachenketten verknüpft sind. Im Vorwort zu seinem Bach-Buch berichtet Forkel (1802), daß er die Arbeiten für seine Geschichte der Musik einstweilen beiseite gelegt hätte, um die soeben bei Hoffmeister und Kühnel mit dem *Wohltemperierten Klavier* begonnene Bach-Ausgabe durch seine Biographie zu ergänzen. Diese Ursachenkette läßt sich noch weiter zurückverfolgen: 1799 lesen wir folgende, in den ersten Jahrgang der Leipziger ‚*Allgemeinen Musicalischen Zeitung*‘ eingerückte Notiz Forkels: „*In England ist soeben ein ‚ Essay on Musical Composition ‘ erschienen. Der Verfasser, August Friedrich Kollmann, kündigt darin eine mit analytischen Bemerkungen versehene Ausgabe von Bachs ‚ Wohltemperiertem Klavier ‘ an. In England weiß man offenbar das Genie Bachs besser zu würdigen als in seinem Vaterland.*“ – Es war eben diese Notiz, die Hoffmeister und Kühnel – und dazu gleich noch Simrock sowie Nägeli – zur sofortigen Edition des *Wohltemperierten Klaviers* veranlaßt haben; Kollmanns Ausgabe unterblieb deswegen zunächst. Durch jene bloße Ankündigung also, welche die frühen Druckausgaben des *Wohltemperierten Klaviers* und in ihrem Gefolge auch Forkels Bach-Biographie evozierte, hat die frühe englische Bach-Bewegung auf die Geschichte der deutschen Bach-Rezeption tiefgreifend zurückgewirkt.

Anmerkungen

1   Vgl. hierzu V. Fédorov, *Bach en France*, in: *Revue Internationale de Musique* 1950, S. 165–171; A. Palm, *Zum Erwachen des Bach-Verständnisses in Frankreich*, in: *Musik und Kirche* 1968, S. 169–176; ders., ‚ *La Connaissance de l'œuvre de J. S. Bach en France* ‘, in: *Revue de musicologie* 1966, S. 88–114.

2   Vgl. etwa Percy M. Young, *A History of British Music*, London 1967, S. 382ff. (‚ *The Wesleys and the Bach-Revival* ‘); ders., ‚ *Die Anfänge der Bachforschung in England* ‘, in: *Bericht über die Wiss. Konferenz zum III. Internat. Bachfest der DDR*, Leipzig 1977, S. 287ff.

3   Die entsprechenden Passagen aus Kollmanns beiden *Essays* jetzt bequem zugänglich in: *J. S. Bach, Dokumente* Bd. III (Dokumente zum Nachwirken J. S. Bachs 1750–1800), Kassel–Leipzig 1972, Nr. 1000 und 1021.

4   Wesleys Briefe an Benjamin Jacob in Auszügen veröffentlicht durch O. A. Mansfield, ‚ *J. S. Bach's first English Apostles* ‘, in: *The Musical Quarterly* 1935, S. 143–154.

5   Wesleys Vortrags-Mss. erhalten im British Museum.

6   Vgl. R. Capell, , *Wesley, Mrs. Oom and the „Fourty eight"* ', in: *The Musical Times* 1920, S. 170ff.

7   Diese Skizze stützt sich wesentlich auf Arno Forchert, , *Von Bach zu Mendelssohn* ', Vortrag Berliner Bach-Tage 1979 (= Erste Beilage zum Programm-Buch „*Bach-Tage Berlin 1980*"), S. 8–16.

8   Ernst Ludwig Gerber, *Historisch-Biographisches Lexikon der Tonkünstler*, Leipzig 1790, Art. ,*J. S. Bach*'.

9   Vgl. Forchert, a. a. O., S. 13.

10 Vgl. E. R. Jacobi, *Die Entwicklung der Musiktheorie in England nach der Zeit von J. Ph. Rameau*, Straßburg 1957, S. 24ff.

11 Die beste Würdigung des kompositorischen Werkes Wesleys in zusammenfassender Form neuerdings in *The New Grove Dictionary of Music and Musicians*, London 1980, Bd. 20 (N. Temperley).

12 Vgl. hierzu die Neuausgaben in *Musica Britannica* 41 (1978) und 43 (1979).

13 Vgl. hierzu aber auch G. Knepler, *Musikgeschichte des 19. Jahrhunderts*, Berlin 1961, Bd. 1, S. 412ff. (*Die Ursachen der Komponistennot*).

14 So eine Kapitel-Überschrift in Percy A. Scholes, *The Great Dr. Burney*, London 1948, Bd. 2.

15 Scholes, a. a. O., Bd. 2, S. 215.

16 Vgl. hierzu Carl Dahlhaus, *Zur Entstehung der romantischen Bach-Deutung*, in: Bach-Jahrbuch 1978, S. 192–210.

17 Eine wichtige Verbindung zwischen der älteren und der jüngeren, um die Jahrhundertmitte einsetzenden englischen Bach-Bewegung ist offenbar (worauf in der anschließenden Diskussion Friedhelm Krummacher hinwies) in der Gestalt Vincent Novellos zu sehen, dessen verlegerische Förderung Bachscher Werke durch seine frühe Zugehörigkeit zum Kreis der Bach-Verehrer um Wesley sicherlich vorbereitet war.

Christoph-Hellmut Mahling

(Mainz)

Deutsches und englisches Konzertwesen im 18. und 19. Jahrhundert

Es wäre schlicht vermessen, wollte man behaupten, die Vielfältigkeit des Konzertwesens in England und in Deutschland in Kürze umfassend darstellen zu können. Es sei daher erlaubt, gleichsam schlaglichtartig, einige Aspekte herauszugreifen und daran Unterschiede und Gemeinsamkeiten zu beleuchten. Weiter sei es gestattet, hierfür in erster Linie die Verhältnisse in den beiden Metropolen London und Berlin als Anschauungsmodelle heranzuziehen.

I.

Betrachtet man die Entwicklung eines allgemeinen öffentlichen Konzertlebens zunächst einmal im Hinblick auf die politischen Gegebenheiten, so zeigt sich zwischen Deutschland und England ein gravierender Unterschied: in England förderten die Verhältnisse ein solches Konzertleben, in Deutschland dagegen hemmten sie es, ja sie ließen erst gar nicht ein Bedürfnis danach aufkommen. Während im England des 18. Jahrhunderts, abgesehen von der königlichen Kapelle, so gut wie kein allein vom Adel getragenes Orchester bestand, waren in Deutschland die zahlreichen kleineren und größeren Höfe mit ihren fest institutionalisierten Hofkapellen bzw. Hoforchestern die das ‚Musikleben' weitgehend bestimmenden Faktoren. Hier hatte der festbesoldete Musiker wie jeder andere Hofbedienstete regelmäßig seinen Dienst zu versehen und im Orchesterverband vor einer bedingten Öffentlichkeit – d.h. dem Hofstaat – zu spielen. Der Musiker, ausgenommen der Hofkapellmeister, hatte also keinerlei Eigeninitiative zu entfalten. Der Bedarf an primär funktionaler Musik – sei es in der Kirche oder im städtisch-dörflichen Bereich (so zum Beispiel an Tanzmusik) – wurde ohnehin von einer anderen ‚Kategorie' Musikern, von den Stadtmusikanten, Spielleuten oder auch Militärmusikern, gedeckt. Und erst mit dem allmählichen ‚Heranwachsen' einer bürgerlichen Schicht in der zweiten Hälfte des 18. Jahrhunderts begann dieses Gefüge immer mehr in Bewegung zu geraten. Die französische Revolution von 1789 verstärkte diesen Trend durch neue Impulse. Obwohl man Anfänge eines bürgerlichen und öffentlichen Konzertwesens schon bei den Collegia musica (z.B. in Leipzig), bei den sogenannten Akademien, die von einzelnen Komponisten oder Musikern in Wien veranstaltet wurden (Mozart, unter anderem „im Augarten"; Beethoven), in den großen Kirchenmusiken, die Georg Philipp Telemann in Frankfurt a.M. veranstaltete, oder in den Leipziger Gewandhauskonzerten erkennen kann, läßt sich davon im eigentlichen und a l l g e m e i n e n Sinne in Deutschland – oder besser vielleicht im deutschsprachigen Raum – erst im 19. Jahrhundert sprechen. In diesem Zusammenhang sei jedoch auch darauf hingewiesen, daß die Begriffe „allgemein" und „öffentlich" dadurch wiederum eine Einschränkung erfahren, daß Konzertveranstaltungen, zum Beispiel wegen ihrer „Ausrichtung" oder wegen der Höhe der Eintrittspreise, nur für bestimmte Schichten von Interesse bzw. nur diesen zugänglich waren (z.B. in Berlin: Konzerte der königlichen Kapelle, der „Privatorchester" in Etablissements und Gasthaussälen, Arbeiterkonzerte, Vereinskonzerte etc.)[1].

Anders dagegen in England. Hier war – spätestens seit der Revolution von 1649– die Musikausübung und das Arrangieren von Konzerten weitgehend der Eigeninitiative der Musiker bzw. musikinteressierter Bürger, in erster Linie offensichtlich vermögender Kaufleute, überlassen. Die Musiker selbst standen nur in Ausnahmefällen in einem festen Dienstverhältnis und waren daher geradezu gezwungen, nach entsprechenden Verdienstmöglichkeiten Ausschau zu halten. Andererseits setzt die Veranstaltung öffentlicher oder halböffentlicher Konzerte auch ein allgemeines Interesse voraus. Dieses war in England, bedingt durch den ansehnlichen Wohlstand der bürgerlichen Gesellschaft und das daraus resultierende, ständig wachsende Bedürfnis an Unterhaltung, in hohem Maße vorhanden. Es wäre jedoch verfehlt, anzunehmen, daß Musik oder die Beschäftigung damit allein der Unterhaltung im banalen Sinne gedient haben. Bürgerliches Musizieren im Haus und öffentliches Musizieren in Oper und Konzert sowie im kirchlichen Bereich – das waren die Pfeiler des Musiklebens in England seit der Mitte des 17. Jahrhunderts. Es versteht sich geradezu von selbst, daß ein derartig auf Angebot und Nachfrage ausgerichtetes öffentliches Musikleben spezieller Organisationsformen bedurfte. Früher als in allen anderen europäischen Ländern bildete sich daher hier der Typus des Konzertunternehmers oder des ‚Managers' heraus. Als solche Konzertunternehmer konnten sowohl Musiker als auch Musikverleger oder Besitzer entsprechender Lokalitäten – Gasthaussäle, Kaffeehäuser, Vergnügungslokale, Vergnügungsgärten – auftreten. Vor allem die Gartenkonzerte, in erster Linie diejenigen, die seit 1730 im Vauxhall-Garten stattfanden, erfreuten sich größter Beliebtheit. Sie standen im Prinzip allen Bevölkerungsschichten offen. Sinfonien und Konzerte erklangen hier neben aktuellen, eigens für diese Vergnügungsstätten komponierten Liedern. „*Frühstück und Abendessen, Bälle und Maskeraden konnte man in diesen angenehmsten aller Londoner Unterhaltungsstätten, dergleichen die moderne Großstadt nie zuvor gesehen hatte, ebenso genießen, wie gute Musik.*"[2] Aus den, vor allem im Winter stattfindenden ‚Saalkonzerten' erwuchsen zunehmend ständige Einrichtungen. Trotz der weit vorangeschrittenen Demokratisierung war die gesellschaftliche ‚Ausrichtung' dieser Konzerte je nach Trägerschaft doch nicht gänzlich aufgehoben[3]. So waren etwa die „Concerts of Ancient Music" — volkstümlich „The King's Concerts" genannt —, die unter dem Patronat König Georgs III. im Jahre 1776 eingerichtet wurden und bis zum Jahre 1848 bestanden — ausgesprochene Adelskonzerte[4]. Diese Adelskonzerte hatten im Grunde ständig gegen die übrigen, eher bürgerlichen Konzerte um ihre Existenz zu kämpfen. Die neue Organisationsform des Subskriptionskonzerts, bei dem man sich zum Besuch einer ganzen Konzertreihe von vornherein verpflichtete, dafür zugleich aber auch einen reservierten Platz und verbilligten Eintritt erhielt, trug mit zur Verbreitung des Konzertwesens bei.

Zu den Zielen bzw. Aufgaben der meisten ‚stehenden‘ Konzerte gehörte es im übrigen, die Zuhörer mit neuester Musik vertraut zu machen. Hierin lag zum Beispiel der Vorzug der Konzerte des ‚Unternehmers‘ Johann Peter Salomon (1745–1815). Sein Name ist uns vor allem durch die Verpflichtung Joseph Haydns in den Jahren 1791 und 1794 sowie durch dessen in diesem Zusammenhang entstandene ‚Londoner Symphonien‘ vertraut. Die von Salomon veranstalteten Konzerte scheinen aber auch der Anlaß gewesen zu sein, eine ständige Konzertvereinigung gleichsam als Gegengewicht zu den „King's Concerts" mit ihrer eher ‚konservativen‘ Ausrichtung ins Leben zu rufen. So kam es im Jahre 1813 zur Gründung der ausschließlich von Musikern getragenen *Philharmonic Society*. Diese veranstaltete von nun an sechs bis acht Konzerte pro Saison. Es entbehrt nicht ganz der Ironie, daß gerade die Gründe, die für die Entstehung dieser Gesellschaft maßgebend waren, der Vorwurf gegenüber den „King's Concerts" nämlich, sie seien nicht fortschrittlich genug, im Jahre 1852 ebenfalls gegen sie selber gerichtet wurde und zu ihrer Spaltung führte. Die *New Philharmonic Society* strebte nun nicht nur „modernere" Programme und bessere Aufführungen, sondern zugleich auch niedrigere Preise an, da die von der *Philharmonic Society* erhobenen für eine breitere Öffentlichkeit zu hoch seien. Schließlich traf jedoch auch diese Vereinigung dasselbe Schicksal: eine weitere Gesellschaft trat ins Leben, die *Musical Society of London*. Beide Institutionen waren letztlich allerdings nicht beständig: erstere wurde 1879 bzw. 1882, letztere 1867 aufgelöst. Drei Vereinigungen mit nahezu gleicher Ausrichtung konnte auch London nicht verkraften.

II.

Kann man also in England spätestens seit dem zweiten Drittel des 18. Jahrhunderts von einem öffentlichen Konzertwesen sprechen — wobei die seit etwa 1716 (Three choirs Festival: Gloucester, Worcester, Hereford) regelmäßig stattfindenden örtlichen Musikfeste der Kathedralen unberücksichtigt bleiben —, dauerte es in Deutschland bis etwa 1830, um in gleicher Weise von einem öffentlichen Konzertwesen reden zu können. Vorübergehende ‚Einrichtungen‘, wie zum Beispiel die schon erwähnten Kirchenmusiken Te-

lemanns in Frankfurt, die Concerts spirituels eines Johann Friedrich Reich-
ardt in Berlin oder die Konzerte „für Kenner und Liebhaber" im Hause Rell-
stab ebenfalls in dieser Stadt, seien für das 18. Jahrhundert wenigstens genannt, ebenso wie etwa die Bemühungen Hillers oder die Gewandhauskonzer-
te in Leipzig, die sich allerdings als bis heute dauerhaft erwiesen haben; sie alle bleiben jedoch zunächst Einzelerscheinungen. Im 19. Jahrhundert stehen
sich an ‚festen' Einrichtungen auch in Deutschland öffentliches Konzert mit
‚fortschrittlicher' Ausrichtung und konservatives ‚Hofkonzert' gegenüber —
wobei ‚einzelne' Erscheinungen, wie zum Beispiel die mitteldeutschen oder
rheinischen Musikfeste, hier unberücksichtigt bleiben. Für Berlin etwa heißt
diese Polarisierung: die öffentlichen Konzerte Schneiders oder später Mösers
einerseits und die Konzerte der Hofkapelle andererseits[5]. Somit könnte man
sagen, daß das Konzertwesen in Deutschland ungefähr ab 1830 endlich ebenfalls den Standard erreicht hatte, wie ihn England schon lange — und seit
dem letzten Viertel des 18. Jahrhunderts vor allem auch Frankreich, d.h. Paris — aufzuweisen hatte. Und doch bleiben, bei aller äußerlichen Übereinstimmung, beispielsweise in der Organisationsform der Subskriptionskonzer-
te, zahlreiche Unterschiede im Detail. So standen in Deutschland keine
‚Konzertunternehmer' als Vermittler zur Verfügung; wer als Musiker ein
Konzert veranstalten wollte, mußte es auch selber organisieren. Hierbei war
er in der Regel auf die Hilfe seiner am Ort ansässigen Kollegen angewiesen,
doch war zunächst einmal seine Anwesenheit erforderlich. Ein weiterer Unterschied lag in der Programmgestaltung. Hier war offensichtlich auch maßgebend, welche Zielgruppe von Hörern man jeweils erreichen wollte bzw. konnte. So beziehen beispielsweise die Programme der Londoner *Philharmonic
Society* Kammermusikwerke von vornherein mit ein — ein Hinweis auf die
allgemeinere Vertrautheit der Hörer auch mit dieser Musikgattung? —, während diese etwa in Berlin in eigens dafür eingerichteten ‚Kammermusik-Soi-
reen' oder ‚Quartett-Soireen' vor einem eher elitären Kreis von Kennern erklangen.

Im folgenden seien ein Programm der *Philharmonic Society* London vom
17. Mai 1830[6] und das Programm eines von Musikdirektor Möser in Berlin
veranstalteten Konzerts am 12. Mai 1830[7] gegenübergestellt (siehe S. 127).
Das englische Programm zeigt nicht nur einen wesentlich größeren Umfang — es dauerte also entsprechend länger —, sondern zugleich auch eine
Form, die sich allmählich stabilisierte: jeder der beiden Programmteile wurde
mit einer Symphonie begonnen und mit einer Ouvertüre abgeschlossen. Dazwischen konnten dann die verschiedensten Nummern eingeschoben werden.
Weiter macht das Programm auch auf die nach wie vor übliche ‚Doppeldirek-
tion' aufmerksam, die allerdings offenbar seit dem Konzert am 10. April
1820 nicht mehr vom Klavier aus erfolgte[8]. In Deutschland war Doppeldi-
rektion in der Regel nur noch in der Oper oder bei der Aufführung von

	London		Berlin	
	1. Teil			
Symphonie (Militär)	Haydn	Ouvertüren zur *Vestalin* und zu *Agnes von Hohenstaufen*	Spontini	
Duett ,, Bell imago " (aus *Semiramis*)	Rossini	Scene aus *Cenerentole* (!)	Rossini	
		Variationen auf das Thema des Liedes ,, Steh' nur auf, mein Schweizerbub' "	Pixis	
Quartett für 2 Violinen, Viola und Cello	Mozart	Violinkonzert	Maurer	
Air ,, Suspendez à ces Murs "	Cherubini	*Variationen auf russische Volkslieder*	Möser	
, Ouverture ', Oberon	Weber	*Phantasie* für Violoncello	B. Romberg	
	2. Teil			
Symphonie (No. 1) in C minor (MS.)	Mendelssohn	Arie der Gräfin aus *Figaro ,, Dove son "*	Mozart	
Duett ,, Entro del tempio " (aus *Jessonda*)	Spohr	[Leitung: Konzertmeister Möser]		
Adagio u. Rondo f. Flöte	Drouet			
Aria ,, *Non più di fiori* " (aus *Clemenza di Tito*)	Mozart			
, Ouverture ', Egmont	Beethoven			

Leader, Mr. Weichsel.
Conductor, Sir George Smart.

„Vokalsachen" üblich. Die Programme wurden auch in Deutschland weitgehend in der Form von „Mischprogrammen" beibehalten. Die recht einförmige, aber auch „puritanische" Reihenfolge „Ouvertüre − Symphonie − Ouvertüre − Symphonie" findet sich fast nur auf den Programmen der Berliner Hofkapelle. Gemeinsamkeit weisen die Programme in England und in Deutschland vor allem aber in einem Punkt auf: Es gibt kaum ein Konzert, in dem nicht irgendein Werk Beethovens gespielt wurde. Andererseits zeigten sich die englischen Programme auf die Dauer ‚internationaler' als die deutschen, auf denen − abgesehen etwa von Opern-Ausschnitten − nahezu ausschließlich deutsche Komponisten vertreten waren. Die Engländer wiederum hatten sich in diesem Zusammenhang fast ständig gegen den Vorwurf zu wehren, sie vernachlässigten die eigene, englische Musik. Dieser Vorwurf wurde jedoch zu Unrecht erhoben, denn die englischen Komponisten wurden keineswegs außer Acht gelassen oder gar unterdrückt. Ihr Betätigungsfeld lag zumeist jedoch auf einer anderen Ebene: sie schrieben die Musik, die in den öffentlichen Gärten und in anderen Lokalitäten als Unterhaltungs- und Gebrauchsmusik vonnöten war und sicherten sich damit zugleich ein − häufig recht ansehnliches − Einkommen. In den „klassischen" Konzerten aber war das Angebot an Werken und Ausführenden international und durch bestimmte Geschmacksrichtungen geprägt, so daß es englische Komponisten der Zeit nicht leicht hatten, sich hier zu behaupten. Ihr „Rückzug" erscheint aus dieser Sicht durchaus verständlich.

III.

Die Verbürgerlichung und Ausweitung des Konzertbetriebs in D e u t s c h - l a n d zeigte sich − vermutlich sowohl unter englischem wie französischem Einfluß − auch noch auf andere Weise: einerseits in den Freiluftkonzerten, bei denen vor allem die Militärkapellen eine führende Rolle übernahmen, und andererseits in den Konzerten, die von zahlreichen ‚Privatorchestern' in den großen Etablissements veranstaltet wurden. Hier erklangen, allerdings nur an bestimmten Tagen, auch Symphonien von Haydn, Mozart und insbesondere von Beethoven sowie von ‚zeitgenössischen' Komponisten. Vorbild hierfür waren einerseits die „London Promenade Concerts", andererseits die Konzerte a la Musard in Paris, unmittelbar jedoch die Konzerte a la Strauß. In Berlin waren zum Beispiel im Jahre 1848 in den Lokalen Kemper-Hof, Sommer's Salons und Winter=Garten der Gebr. Hennig die Orchester von Liebig, J. Gungl und Orlamünder in Aktion. Die durchschnittlich 30 bis 35 Musiker umfassenden Orchester wurden bei Aufführungen von Symphonien häufig verstärkt, erreichten aber nie eine solche Mammutbesetzung, wie sie etwa im Jahre 1846 in London zu finden war. Dort dirigierte Kapellmeister Jullien abends in Surrey Gardens ein Orchester von 300 Musikern „*bei Polkas, Wal-*

zern, Quadrillen, Opernausschnitten und einzelnen Sätzen aus Haydnsym-
phonien, aus Beethovens Pastoral-Symphonie etc. " Die Aufführung nur einzelner Sätze aus Symphonien der Wiener Klassiker ist in Deutschland zu dieser Zeit allerdings kaum mehr denkbar. Daß die Konzerte der Privatorchester
vor allem auch deswegen besonders frequentiert wurden, weil sie wesentlich
niedrigere Eintrittspreise hatten und so zugleich weniger bemittelten Bevölkerungsschichten eine Teilnahme ermöglichten, sei der Vollständigkeit halber
erwähnt.

IV.

England hat das Konzertwesen in Deutschland schließlich noch auf einem anderen Gebiet beeinflußt. Schon bald nach Beginn der industriellen Revolution Ende des 18. Jahrhunderts hatten in den Industriestädten Manchester,
Birmingham und Liverpool Unternehmer Werkschöre und Werksorchester ins
Leben gerufen [9]. So zum Beispiel die Familie Strutt aus Derby [10], die sowohl
die Instrumente als auch die Lehrer bezahlte und außerdem erlaubte, daß die
Proben während der Arbeitsstunden abgehalten wurden. Ähnliches findet
sich in den Industriegebieten Deutschlands etwa seit der Mitte des 19. Jahrhunderts. Und diese Orchester und Chöre dienten nun nicht nur der Unterhaltung, Entspannung und dem Vergnügen der unmittelbar Beteiligten, sondern sie veranstalteten wie in England Konzerte für die übrige Belegschaft
und für die Arbeiterfamilien, Konzerte, an denen selbstverständlich auch der
Unternehmer mit seiner Familie teilnahm. Daß sowohl den Werkskapellen
wie den von ihnen veranstalteten Konzerten später bisweilen politische Bedeutung zukam — darauf sei hier nur am Rande hingewiesen. Tatsache ist,
daß sie, vor allem auch in Verbindung mit anderen Vereinigungen, die Aufführung größerer Musikwerke, wie zum Beispiel der Oratorien Haydns, in
kleineren Industriestädten Deutschlands — so etwa im saarländischen Völk-
lingen — erst ermöglichten. Auf diese Weise konnten musikalische Kunstwerke einem Großteil der Bevölkerung in den Industriegebieten überhaupt erst
bekanntgemacht und vermittelt werden [11].

Vergleicht man also das englische und deutsche Konzertwesen, so läßt
sich feststellen, daß sich im Grunde alle Errungenschaften des englischen
Konzertwesens mit entsprechender Phasenverschiebung — nicht zuletzt bedingt durch unterschiedliche politische Gegebenheiten — in Deutschland wiederfinden. Inwieweit es sich hierbei um direkte Beeinflussung oder nur um
eine Art Parallelentwicklung handelte, wird nicht immer eindeutig feststell-
bar sein. Daß andererseits die Englandreisen zahlreicher deutscher Musiker
nicht ohne Wirkung auf die Organisation des Konzertwesens geblieben sind,
mag wohl kaum zu bezweifeln sein.

* * *

In nachfolgender Tabelle wird versucht, eine allgemeine vergleichende Übersicht über die Entwicklung des Konzertwesens in England und Deutschland zu geben. Um Mißverständnisse zu vermeiden, sei ausdrücklich betont, daß dabei Ausnahmen oder lokale Einzelerscheinungen nicht berücksichtigt werden können[12].

(Tabelle siehe S. 131)

Anmerkungen

1 Vgl. hierzu auch Chr.-H. Mahling, *Zum „Musikbetrieb" Berlins und seinen Institutionen in der ersten Hälfte des 19. Jahrhunderts*, in: *Studien zur Musikgeschichte Berlins im frühen 19. Jahrhundert*, Regensburg 1980, S. 27–284.

2 E. Blom, *Music in England*, Harmondsworth 1945, S. 103, zit. nach G. Knepler, *Musikgeschichte des 19. Jahrhunderts*, Berlin 1961, Bd. I, S. 350.

3 Vgl. hierzu auch die oben zur Frage ,allgemein' und ,öffentlich' im Hinblick auf das Konzertwesen in Deutschland gemachten Ausführungen.

4 Sie wurden durch ein Gremium von Direktoren geleitet; einer dieser Direktoren war z. B. Prinz Albert.

5 Vgl. Chr.-H. Mahling, ebenda.

6 M. B. Foster, *History of the Philharmonic Society of London: 1813–1912*, London 1912, S. 102.

7 Vgl. Chr.-H. Mahling, a. a. O., S. 160/161 bzw. *AMZ* 1830, Sp. 407/408 und *Iris im Gebiete der Tonkunst*, 1/1830.

8 Vgl. M. B. Foster, a. a. O., S. 45. Hier heißt es: „*Leader, MR. Spohr. Conductor, MR. Attwood*". Noch am 20. März 1820 war vermerkt: „*Leader, MR. Spagnoletti. At the Pianoforte, MR. J. B. Cramer*". Foster, ebenda, S. 44.

9 Letztere spielten „*variety of opera and other airs*".

10 G. Knepler, a. a. O., S. 373.

11 Vgl. hierzu den Band „*Musik und Industrie". Beiträge zur Entwicklung der Werkschöre und Werksorchester*, Regensburg 1978.

12 Vgl. hierzu u. a. folgende Literatur:
R. Elkin, *Royal Philharmonic. The Annals of the Royal Philharmonic Society*, London 1946.
M. B. Foster, *History of the Philharmonic Society of London: 1813–1912*, London-New York–Toronto 1912.
Fr. Hueffer, *Half a Century Music in England (1837–1887)*, London 1889.
I. Keldany-Mohr, „*Unterhaltungsmusik" als soziokulturelles Phänomen des 19. Jahrhunderts*, Regensburg 1977, insbes. S. 53–100 (*Das öffentliche Musikleben im 19. Jahrhundert, gezeigt am Beispiel der Stadt München*).
G. Knepler, *Musikgeschichte des 19. Jahrhunderts*, Bd. I, Berlin 1961.
Chr.-H. Mahling, a. a. O.
P. A. Scholes, *The Mirror of Music 1844–1944*, 2 Bde., London 1947.
E. Voigt, *Die Music-Hall Songs und das öffentliche Leben Englands*, Diss. Greifswald 1929.

England 2. Hälfte 18. Jahrhundert	Deutschland 2. Hälfte 18. Jahrhundert	England 19. Jahrhundert	Deutschland 19. Jahrhundert
[Hofkapelle] Adelskonzert	Hofkapelle [Hoforchester]		Hof- und/oder Theaterorchester
Konzertgesellschaften [Konzertsäle]. Wurden von unterschiedlichen sozialen Schichten getragen, was jeweils auch in der Höhe der Eintrittspreise bzw. der Beiträge deutlich wird.	Einzelne Vereinigungen in den Städten (collegia musica etc.) – Konzerte oder Akademien einzelner Musiker bzw. „Gesellschaften" (z.B. Wien)	Konzertgesellschaften	Einzelne Konzertgeber oder Gesellschaften (z.B. Gewandhauskonzerte in Leipzig, Singakademie in Berlin etc.). Zum Teil gattungs- od. gesellschaftsspezifisch
Kirche Konzerte in der Fastenzeit. Musikfeste [Festspiele] G.F. Händel	Kirche In Städten vereinzelt Konzerte, meist in der Fastenzeit	Kirche	Kirche [z.T. nur als „Ersatz" für Konzertsaal] vor allem in der Fastenzeit u. hier insbesondere die beiden Wochen vor Ostern
„Unterhaltung" Musikgärten, Gasthäuser etc. Qualität in Programm und Ausführung bei niederen Preisen	Ähnliches nur vereinzelt und in größeren Städten (z.B. Leipzig)	„Unterhaltung" Music Halls, Musikgärten etc. „Privatorchester", Militär	„Unterhaltung" [Qualität bei niedrigen Preisen] Etablissements, Hotel- oder Gasthaussäle, „Gärten", Parks, Anlagen etc. „Privatorchester", Militär
Musik in der Industrie [Ende 18. Jahrhundert] Werkschöre u. Werksorchester (gleichzeitig Ausbildung von Instrumentalisten) Öffentl. Konzerte		Musik in der Industrie Werkschöre und Werksorchester (gleichzeitig Ausbildung von Instrumentalisten) Öffentliche Konzerte	Musik in der Industrie Werkschöre u. Werksorchester (gleichz. Ausbildung von Instrumentalisten) Öffentliche Konzerte
[„Funktionale" Musik Musik im Gottesdienst, Musik zu Tanz und Unterhaltung etc.	„Funktionale" Musik Musik im Gottesdienst, Musik zu Tanz und Unterhaltung etc.	„Funktionale" Musik	„Funktionale" Musik]
		Musikfeste	Musikfeste (z.B. seit 1817 die niederrheinischen Musikfeste)
		[Musikerziehung damit verbunden Schüler- u. „Laien"-Konzerte	Musikerziehung (insbes. 2. Hälfte 19. Jahrhundert) damit verbunden Schüler- u. „Laien"-Konzerte (z.B. Chorkonzerte)]

Friedhelm Krummacher

(Kiel)

Komponieren als Anpassung?
Über Mendelssohns Musik im Verhältnis zu England

Daß Felix Mendelssohn in England überaus erfolgreich war, ist offenbar weder seinem eigenen Ansehen noch dem der englischen Musik gut bekommen. Diese Folgerung drängt sich jedenfalls auf, wenn man die zeitgenössischen Zeugnisse über Mendelssohns Erfolge mit ihrer späteren Bewertung durch die Musikhistoriker vergleicht. Einerseits hat es den Anschein, als sei der Ruhm Mendelssohns in England nur durch den Rückstand der englischen Musik möglich gewesen oder es habe umgekehrt der kapitalistische Musikbetrieb Englands vom Komponisten seinen Tribut gefordert. Andererseits ergibt sich der Eindruck, Mendelssohns Einfluß habe zur Stagnation der englischen Musik beigetragen oder aber seine anhaltende Wirkung sei nur durch die Regressionen der viktorianischen Zeit zu erklären. Wie immer man es wendet: Verbindet sich mit der englischen Musik des 19. Jahrhunderts der Name Mendelssohns, so lassen sich — hinter der Erinnerung an öffentliche Erfolge — negative Assoziationen kaum vermeiden. Und zu überlegen bliebe nur, ob die Paarung eher für Mendelssohns Komponieren oder für die Musik Englands zum Unglück geriet [1].

Allerdings gibt es Gründe genug, um die Urteile oder Vorurteile des 19. Jahrhunderts über sich selbst nicht länger fraglos hinzunehmen. Das neue Interesse am 19. Jahrhundert — gewiß mehr als nur eine Mode — ist nicht allein durch den wachsenden Zeitabstand bedingt. Vielmehr markiert die Zäsur der neuen Musik auch Veränderungen, von denen die tradierten Werturteile nicht berührt bleiben. In dem Maß, in dem die Musik des 19. Jahrhunderts zur Historie geworden ist, bedarf offenbar ihre Beurteilung einer Prüfung. Und zeichnet sich dabei eine Revision der Geltung Mendelssohns ab, so ist auch das Verhältnis seiner Musik zur englischen Tradition erneut zu untersuchen. Ein solcher Versuch rechtfertigt sich um so eher, falls an ihm exemplarische Schwierigkeiten der historischen Interpretation zum Vorschein kommen [2].

So wichtig es wäre, zur Klärung der Beziehungen Mendelssohns zu England weitere Quellen zu erschließen, so zahlreich sind doch die Dokumente, die seit langem vorliegen, bisher aber kaum schon kritisch ausgewertet wurden. An ihnen wären vielmehr erst die Fragen zu stellen, die hier nur skizziert werden können. Voraussetzungen sind dabei die bekannten Fakten — Mendelssohns Reisen nach England, seine Konzerte und seine Korrespondenz, seine Kontakte mit Freunden, Kollegen und Schülern [3]. Demnach wäre zunächst nur an ein paar Voraussetzungen zu erinnern, die Mendelssohns

Wirksamkeit in England wie ihre spätere Beurteilung bestimmten (Teil I). Sodann wären die Konsequenzen und Probleme zu skizzieren, die sich für das Komponieren Mendelssohns ergeben (Teil II). Und schließlich wäre an einigen Beispielen anzudeuten, welche Folgerungen daraus für das Verständnis der Musik Mendelssohns zu ziehen wären (Teil III).

I.

Wenn Mendelssohn in England weit größere Erfolge erzielte als in Frankreich, so erscheint das eher als Belastung für einen Historiker, der dazu geneigt ist, in Paris statt London das Zentrum des musikalischen Fortschritts schlechthin zu sehen. Und erinnert man an Mendelssohns Reserve gegenüber Berlioz, so kann es sich wie ein Rückzug ausnehmen, daß ein Komponist um 1830 in England – und nicht in Frankreich – Resonanz suchte[4]. Zu ergänzen wäre freilich, daß die Vorstellung von Paris als Vorort des Neuen für die Zeit Mendelssohns einseitig ist. Andernfalls hätte Berlioz kaum solche Schwierigkeiten gehabt, sich gerade in Paris durchzusetzen. Und dem entspricht es, wenn Mendelssohns Pariser Briefe von den Hemmnissen berichten, denen in Frankreich das Œuvre Beethovens begegnete. Indes wäre auch hinzuzufügen, daß Mendelssohns eigene Musik später ebenso in Frankreich wie zuvor schon in England rezipiert worden ist, was sich nicht nur an literarischen Zeugnissen, sondern auch an manchen Werken von Gounod oder Saint-Saëns demonstrieren ließe. Andererseits scheint sich aber mit der eigenen Tradition der englischen Musik – im Unterschied zu Frankreich – die Pflege von Gattungen der Kirchenmusik zu verbinden, gipfelnd in der Bedeutung des Oratoriums. Je skeptischer man die ästhetische Legitimation des Oratoriums beurteilt, um so heikler muß es erscheinen, daß sich Mendelssohns Beziehungen zu England auf oratorische oder – weiter gefaßt – auf religiöse Musik konzentrierten. War er in diesem Genre in England erfolgreich, dann drängt sich der Verdacht auf, ein derartiger Erfolg könne nur das Resultat einer bedenklichen Anpassung sein. Gewiß ließe sich einwenden, kirchliche Werke und Oratorien seien auch andernorts – etwa in Frankreich – und sogar von Musikern wie Liszt und Berlioz komponiert worden. Und die englische Oratorientradition sei keineswegs primär durch Mendelssohn geprägt worden, sondern könne sich auf Autoritäten wie Händel und Haydn berufen. Solche Hinweise benennen zwar Tatsachen, doch räumen sie kaum die Skepsis aus, die sich gegen die Wirkung Mendelssohns auf die englische Musik richtet. Denn zum einen haben Oratorien wie die von Berlioz und Liszt weniger Schule gemacht als die Mendelssohns. Und zum anderen ist die Oratorientradition Englands – auch wenn sie vor Mendelssohn entstand – dennoch von seinen Werken nachhaltig bestimmt worden[5]. In englischer Sicht jedoch verbanden sich solche Vorbehalte zu der Auffassung, der Einfluß Mendelssohns sei wahrhaft verhängnisvoll geworden. Indem er die Emanzipation einer eigenen englischen Musik behinderte, wurde Mendelssohns Erfolg in England zum Synonym für die Anpassung an ästhetische und moralische Normen der viktorianischen Ära.

Niemand hat diese Überzeugung prägnanter formuliert als George Bernard Shaw in seinen Musikkritiken, denen man gewiß Einseitigkeit, kaum aber Inkompetenz vorwerfen kann. Durchaus besaß Shaw Sinn dafür, daß Mendelssohn „*expressed himself in music with touching tenderness and refinement*". Doch fuhr er fort: „*and sometimes with a nobility and pure fire that makes us forget all his kid glove gentility, his conventional sentimentality, and his despicable oratorio mongering*"[6]. Die Kritik wendet sich also gegen die Oratorien, obwohl die Rezension einem Streichquartett gilt. Am Instrumentalwerk sah Shaw Innigkeit, Zartheit, Adel und Feuer am ehesten – eingeschränkt freilich durch das irritierende Regelmaß dieser Werke. Die „*Schottische*" etwa sei „*a work which would be great if it were not so confoundedly genteel*". Und zur „*Sommernachtstraum*"-Musik: „*But how different this music is from the oratorio music! how original, how exquisitely happy, how radiant with pure light, absolutely without shadow.*"[7] Auch das Quartett bedarf jedoch eines Kritikers, „*who is not only void of superstition as to Mendelssohn, but also as to the sacredness of sonata form*". Die Einwände richten sich gegen „*the twaddling ,passages'*" zwischen den Themen, „*the superfluous repeat*", „*the idiotic ,working out'*" und „*the tiresome recapitulation*". Eines aber ist den instrumentalen und oratorischen Werken gemeinsam: „*Their deadliness kills Mendelssohn's St Paul and the ,regular' movements in his symphonies and chamber music.*"[8]

Der Spott über den „heiligen" Sonatensatz läßt erkennen, wie fern dem Rezensenten die Probleme instrumentaler Formen mit ihren Verfahren variativer Wiederholung und Vermittlung blieben. Die gleiche Reserve hegte Shaw aber auch gegen die Fuge und Bach als ihren Repräsentanten, und so zögerte er nicht festzustellen: „*The fugue form is as dead as the sonata form; and the sonata form ist as dead as Beethoven himself.*" Die Skepsis gegen Mendelssohn gründete also zunächst in der Ablehnung der von ihm tradierten Gattungen, deren Zeit vorbei sei. Sie war aber zugleich durch die Überzeugung motiviert, die Geschichte der Musik folge dem Schema des Fortschritts, auf dessen Weg die Instrumentalmusik vom Musikdrama überholt sei. Die Ansicht etwa von Mendelssohn als „*a master yielding to none in the highest qualifications*" war früher entschuldbar, „*long ago, when the Mendelssohn power was at its height*" – nun aber sei ein solches Urteil wie die Musik selbst „*out of date by this time*". Mit der historisch begründeten Abneigung gegen traditionelle Gattungen paart sich zudem eine Argumentation, die sich primär auf unverstellt emotionale Kriterien stützt. Deutlich wird das zumal, wo Shaw sich für Qualitäten der Musik Mendelssohns empfänglich zeigt. Denn ihren artifiziellen Rang und ästhetischen Reiz verkannte er keineswegs generell. Hervorhebung findet dann das Vermögen des Komponisten, sich in Musik auszudrücken, dem Qualitäten wie Feuer, Zärtlichkeit oder Gefühl korrespondieren, die im Rezipienten entstehen. Dahinter steht eine Gefühlsästhetik, die vom Zutrauen in die spontane Wirkung von Musik getragen wird. Der Macht der Musik, emotional zu wirken, entspricht die Fähigkeit, unvermittelte Urteile zu fällen. In dieser Überzeugung wird ebenso wie im Geschichtsschema des Fortschritts das Problem einer Ästhetik verdrängt, die den Kunstrang eines Werks gerade in seiner bleibenden Geltung über den Wechsel der Zeiten hinweg zu bestimmen suchte. Anders gesagt: Die historische und ästhetische Reflexion wird von der unmittelbaren Emotion zurückgedrängt, die sich von ihrer Vergänglichkeit auch dann nicht bedroht fühlt, wenn sie selbstgewiß der Historie ihren Tod diagnostiziert. So progressiv sich Shaw gibt, so sehr ist seine Argumentation an ästhetische Konventionen gebunden. Begreiflich wird zu einem Teil, daß für eine andere Rezeption klassischer Instrumentalmusik offenbar wenig Raum blieb, weil die Kategorien der korrespondierenden Ästhetik kaum vertraut waren.

All solche Voraussetzungen mußten sich erst recht auf das Verständnis der Musik Mendelssohns auswirken. Je mehr es sich an emotionalen Wirkungen orientierte, um so blasser wurde – gegenüber neuen Effekten – auch die Musik, ohne daß das Urteil über sie zum Problem wurde. Und je lauter ihr vormaliger Erfolg gewesen war, um so schärfer mußte ein Kritiker widersprechen, der sich als Anwalt des Neuen fühlte. Zumal galt das für die Kirchenmusik und die Oratorien, in denen Mendelssohns Breitenwirkung vorab begegnete. Zum einen handelte es sich teilweise um Werke, die für englische Gegebenheiten zu englischen Texten entstanden waren; und zum anderen waren sie durch den Prozeß der Säkularisierung bedroht, der sie zur Zeit Shaws zunehmend fragwürdig und unglaubhaft machte. Gegenüber den „*expressive and vigorous choruses of Handel*" waren für Shaw Mendelssohns Chöre „*that dreary fugue manufacture, with its Sunday-school sentimentalities and its Music-school ornamentalities*"[9]. Im Kern zielte die harsche Kritik darauf ab, daß ein sonst so prüder Komponist sich nicht scheute, „*to serve up the chopping to pieces of the prophets of the grove with his richest musical spice to suit the compound of sanctimonious cruelty and base materialism which his patrons, the British Pharisees, called their religion*"[10].

Die Zeitkritik am britischen Bürgertum verschwimmt mit der am Verhältnis von Kunst und Religion – oder Musik und Moral – zu einer Polemik, für die Mendelssohn nur den Anlaß bildet. So eindeutig der Tonfall scheint, so genau muß man den Text lesen, um die Sache von den Motiven zu unterscheiden. Zweideutig ist zunächst der Vergleich mit Händel, dessen Chören Ausdrucksmacht gegenüber Mendelssohns Sentiment bescheinigt wird. Nicht nur legt das die Frage nahe, ob der Vergleich der Dauer von Gefühlen hier nicht wichtiger werde als der von musikalischen Qualitäten. Vielmehr ließe sich im Rückblick bezweifeln, ob Händels Pomp mehr Glaubwürdigkeit wahrte als Mendelssohns Sentiment. Wird aber eine ferne Vergangenheit gegen eine nähere ausgespielt, so bezieht sich der Vergleich auf Traditionen, die nur konträr gewertet werden. Zwar lassen die Hinweise offen, wieso die eine Musik eher verblaßte als die andere, doch deuten sie zugleich auf Kriterien, die kaum als Argumente taugen. Anders steht es mit dem Verdikt, das eine Passage im *Elias* meint, die in der Handlung ihre Bedeutung hat, ohne in der Komposition hervorzutreten. Das „Zerhacken" der Baalspriester indiziert zwar den Sieg Gottes über Baal, doch ist der Text von der Bibel vorgegeben – bis hin zum Wort „schlachten". Dem Komponisten wäre allenfalls vorzuwerfen, er habe am Bibeltext festgehalten, ohne seine Drastik zu mildern. Wer so argumentiert, fühlt sich offenbar durch einen Verstoß gegen die Moral verletzt, den der archaische Bericht der Bibel enthält. Erfaßt man nämlich den biblischen Kontext, so erweist sich die symbolische Bedeutung des grausamen Aktes als Prophetie des göttlichen Sieges durch Christus. War also Shaw von dem abgestoßen, was er für ein Zugeständnis an viktorianische Pharisäer hielt, so fiel er selbst den moralischen Normen zum Opfer, die er heftig angriff.

Offenbar überhörte Shaw aber auch, wie peinlich der inkriminierte Passus für den Komponisten war. Denn die Musik hebt das Schlachten der Baalspriester keineswegs in einem eigenen Satz hervor, sondern berichtet davon nur im Rezitativ (Nr. 16, Schluß), das vom Chor in schlichtem Unisono aufgegriffen wird („*Greift die Propheten Baals, daß ihrer keiner entrinne*"). Der Zusatz „*und schlachtet sie daselbst*" beschreibt aber in der Bibel eine eigenhändige Handlung von Elias selbst (vgl. 1. Kön. 18, 40). Im Oratorium erscheint er dagegen nur als Aufforderung des Propheten, die vom Volk jedoch nicht wiederholt wird[11]. Um so auffälliger ist es jedoch, wie Shaw die „*reichsten musikalischen Gewürze*" hervorhebt, mit denen Mendelssohn die makabre Szene ausgezeichnet habe. Zum einen deutet die Formulierung verdeckten Respekt für die Möglichkeiten des Komponisten an. Zum anderen trifft sie aber Teile des Werks, die betont rasch und dezent erledigt werden und keineswegs zu den avancierten Partien zählen. Daß der Konvention viktorianischer Moral ein Tribut gezollt werde, ließe sich eher mit der Zurückhaltung begründen, mit der Mendelssohn die Episode abtat, ohne ihrem Gewicht zu entsprechen. Shaws Kritik jedoch bedarf einer Überhöhung ihres Gegenstandes, um an ihm erst einen Ansatz zu finden. Um eine Anpassung an die Moral der Pharisäer angreifen zu können, muß der Kritiker – beinahe widerwillig – einer Satzphase Qualitäten zusprechen, die sie für sich kaum hat. Erst dann kann sie so degoutant wirken, daß sie von einem moralischen Verdikt ereilt wird, das sich seinerseits auf die vehement attackierten Normen stützt.

Gewiß ist Shaw — wie sich einwenden ließe — ein einseitiger Zeuge für die Wirkung Mendelssohns in England. Und seine Rezensionen belegen eine späte Phase gebrochener Rezeption statt der früheren Ära ungeschmälerter Erfolge. Doch wäre es nicht nur weit leichter, Gründe für den Erfolg Mendelssohns zu nennen, die in seiner Musik ebenso liegen wie in den Voraussetzungen des englischen Musiklebens; vielmehr wäre es auch einseitig, wenn sich der Historiker darauf einschränkte, die originäre Situation zu rekonstruieren, in der die Musik ihre anfängliche Resonanz fand. Daß es sich um Kunst und nicht nur um Mode handelt, ist erst am Überdauern der Werke im wechselvollen Prozeß ihrer Rezeption auszumachen. Zur Beschreibung der Relation zwischen Werken und ihrer zeitgenössischen Rezeption tritt die Aufgabe hinzu, dem Wechsel der Auffassungen in der Wirkungsgeschichte Rechnung zu tragen. Beide Momente entsprechen einander als zwei Seiten eines Kunstcharakters, zu dem Aktualität und Historizität zugleich gehören.

Gestützt auf Shaws Kritik, hat Wilfrid Mellers in seiner Darstellung von Musik und Gesellschaft des 19. Jahrhunderts (1957) die englische Kritik an Mendelssohn nochmals zusammengefaßt. Weder über die Voraussetzungen des Buchs noch über seine methodische Problematik ist hier zu reden. Auch die Argumentation gegenüber Mendelssohn gleicht dem Verfahren Shaws, dessen Texte voller Zustimmung zitiert werden[12]. Die Überzeugung vom Fortschritt, der solche Musik außer Kurs setzte, mischt sich mit dem Zutrauen in emotionale Qualitäten, über die umstandslos zu urteilen ist. Das Verfahren der Kritik markiert zunächst keine spezifisch englische Reaktion, sondern eher eine generelle Sicht, die langehin dominierte. „*Konservatismus seines Naturells*", „*Tribut an die Tradition*", „*mechanische Übersetzung*" des „*pseudoklassischen Materials*", „*Verbürgerlichung*" und „*Sentimentalität*" der Melodik — all diese Zitate wären allenthalben zu finden[13]. Sie paaren sich aber bei Mellers mit einer soziologischen Interpretation, die so unwiderlegbar scheint, daß sie keiner Begründung bedarf. Mendelssohn „*verließ sich darauf, der klassischen Tradition noch nahe genug zu stehen, um deren Konvention einem Mittelklassen-Publikum offerieren zu können, das damals den Wechsel genauso fürchtete wie heute*"[14]. Der soziologische Analogieschluß liegt auf der Hand: Da der Komponist keinen Wandel im musikalischen Material wagte, paßte er sich einem Bürgertum an, das die Revolution fürchtete — in der Kunst wie in Kommerz und Politik. Gilt dies zumal unter englischen Prämissen, so ergibt sich erst recht das Urteil über oratorische Werke.

Der Versuch Mendelssohns, England „*seine Version des Händelschen Oratoriums und der Bachschen Kantate zu geben*", war demnach „*zum Scheitern verurteilt*". Und so „*ist uns Gounods Süße noch lieber als Mendelssohns Feierlichkeit*" und ihre „*pietistische Moral*"[15]. Daher läßt sich folgern: „*Mendelssohn erreichte den Gipfel seines Ruhms ganz bezeichnen-*

derweise im rasch und erst jüngst industrialisierten England. Mit seiner eige-
nen moribunden, aussterbenden Musiktradition war England besonders be-
reit, einen bewußt archaisierenden Stil zu akzeptieren und einer falschen Re-
ligiosität Eingang in seine musikalischen Konventionen zu verschaffen, die
das Element unbewußter Scheinwahrheit und Spiegelfechterei englischer Mo-
ral und englischen Glaubens reflektiert.“ Um so *„bedauernswerter“* ist
„Mendelssohns Fall“, denn: *„er prostituierte seine Gaben wissentlich“*. Die
Relation ist klar: Falsche Religion und unechtes Archaisieren in Mendelssohns Musik entsprechen der verlogenen Moral und moribunden Musikkultur
Englands. Die perfekte Beziehung ist eine doppelte: wie sich unwahrer Glau-
be und leblose Musik in England verhalten, so treffen bei Mendelssohn religiöse und musikalische Defizite zusammen. Beides erst macht die wechselsei-
tige Affinität aus. Die Analogien werden derart pointiert, daß kaum die Frage aufkommt, wie sie auszuweisen wären, um mehr zu sein als Privatmeinun-
gen: die Fakten stehen im voraus fest.

II.

Über manche Differenzen hinweg ist Shaw und Mellers das Mißtrauen gegen
religiöse Moral ebenso gemeinsam wie die Abneigung gegen Mendelssohns
religiöse Musik. Zwar ließe sich auf zeitbedingte Vorurteile verweisen, doch
wahren die kritischen Worte ihre symptomatische Bedeutung. Sie drücken
einen Überdruß aus, der die Reaktion auf Mendelssohns Erfolg war. Und sie
wenden sich gegen einen Zustand, der für das spätere 19. Jahrhundert cha-
rakteristisch war. Dagegen ließe sich eine lange Reihe zustimmender, wo
nicht enthusiastischer Äußerungen aus der Mitte des Jahrhunderts zitieren,
um die frühe Resonanz Mendelssohns zu demonstrieren. Das Lob der Men-
delssohnianer war es freilich, das gerade den Einspruch der Kritiker provo-
zierte. Trotz konträrer Wertungen meinen die Stellungnahmen einen Sachverhalt: Noch der Widerspruch ist ebenso wie die Zustimmung dadurch ausgelöst, daß Mendelssohns Musik in England ihren Erfolg fand.

Aus der Kritik von Shaw wie Mellers gewinnt man den Eindruck, als werde das Unbehagen, das aus der zähen Tradierung Mendelssohnscher Werke
entstand, rückwärts auf die Phase ihrer ersten Aufführungen in England projiziert. Die Behauptung lautet, bereits die frühere Rezeption beruhe auf inne-
rer Affinität zwischen dem Mittelmaß Mendelssohns und dem der englischen
Zustände. Heikel an dem Verfahren sind nicht nur die soziologischen Analo-
gieschlüsse, sondern mehr noch ihre Begründungen.

Die überwältigend reichen Möglichkeiten, die das englische Musikleben
um 1830 den Musikern des europäischen Kontinents bot, waren zu dieser
Zeit keineswegs selbstverständlich. Die Attraktivität Englands hatte sicherlich auch ökonomische Gründe, und gewiß war die Verkettung von Kunst

und Kommerz in England weiter fortgeschritten als in Leipzig oder Berlin. Sie aber war die Kehrseite eines Fortschritts, der durchaus auch der Musik zugute kam. Als Mendelssohn 1829 erstmals nach England kam, prägten die enttäuschten Erwartungen nach den Befreiungskriegen und dem Wiener Kongreß die Gegenwart. Dagegen war England das Land, in dem die bürgerliche Emanzipation sich zunächst durchgesetzt hatte. Daß sich dabei ein Musikleben entfaltete, das ungeahnte Chancen bot, hatte noch keine verkrusteten Züge, sondern ließ sich als Einlösung der Ideale von Mündigkeit und Teilhabe aller Bürger verstehen. Es dürfte kaum fraglich sein, daß in England mehr Menschen an Musik partizipieren konnten als andernorts, wie William Webers Studien zur Sozialstruktur des Konzertlebens gezeigt haben[16]. Und es wäre eine historische Verkürzung, im Rückblick schon diese Phase des englischen Musiklebens als verlogenen Kommerz zu diffamieren. Denn es bestanden auch in der Provinz Chöre von einer Leistungsfähigkeit, wie sie in Deutschland nur ausnahmsweise bei den Musikfesten zusammenkamen. Und in ihnen war es — vielleicht letztmals — eine reale Möglichkeit, die Kluft zwischen Kunst und Publikum durch aktive Teilhabe zu überbrücken, um damit ein Stück revolutionärer Utopie einzulösen.

Daß andererseits auch gegenteilige Züge im englischen Musikleben zu nennen wären, versteht sich von selbst. Der Trend zur Kommerzialisierung, die Rücksicht auf den breiten Geschmack, die Dominanz der Verleger und Agenten, vorsichtige oder konventionelle Programmwahl und ein überzogener Starkult — all das sind Momente, die ebenso — wiewohl noch weniger scharf — für den Kontinent galten. Gehören solche Erscheinungen als Gegenbild zum bürgerlichen Konzertbetrieb hinzu, so mußten sie zwangsläufig in England eher hervortreten als woanders[17]. Doch wäre es eine Vereinfachung, sie isoliert zu akzentuieren, da sie auch Bedingungen aller neuen Chancen des Musiklebens markieren. Gewiß hat sich die große Kunstmusik seit der Klassik auch in England nur zögernd durchgesetzt. Doch war das in Deutschland kaum anders und lag am Anspruch der Werke, die gerade an Hemmnissen der Rezeption ihren Rang bewiesen. Daß aber in England die Musik der deutschen Klassik Fuß fassen konnte, war eine entscheidende Zäsur. Und die Leistung, die dazu gehörte, sollte man nicht leichthin abtun[18].

Gleiches wäre für das Verhältnis von Religion oder Moral und Musik in England geltend zu machen. Daß es sich prinzipiell vom protestantischen Deutschland unterschied, ist schwer zu glauben. Und es war eine Konsequenz der bürgerlichen Revolution, daß in England Anzeichen der Säkularisierung eher sichtbar wurden. Was sich im Verlauf der viktorianischen Ära zu jenem Zerrbild verlogener Religiosität verschob, das Shaw und noch Mellers reizte, müßte aber nicht automatisch für eine frühere Phase gültig sein. Es wäre nicht nur inhuman, all denen, die die Oratorienpflege trugen, unaufrichtige Motive zu unterstellen; vielmehr verkennt eine solche Kritik die Problematik, die in der Dignität sakraler Stoffe für die Kunst des 19. Jahrhunderts liegt. Polemisch ließe sich gegen Shaw fragen, ob die Gralsmystik des *Parsifal* so viel mehr Geschmack und Glaubwürdigkeit für sich habe als die alttestamentliche Prophetie des *Elias*. Daß religiöse Stoffe Tradition hinter sich hatten, auch wenn sie nicht fraglos hinzunehmen war, galt nicht nur unter englischen Verhältnissen. Wäre aber jeder Versuch, sich ihrer Schwierigkeit zu stellen, von vornherein unaufrichtig, so müßte man ein gut Teil der Produktion des 19. Jahrhunderts streichen. Erklang solche Musik in England nicht mehr in der Kirche, sondern bei Massenveranstaltungen in Musikhallen und Konzertsälen, so wurde daran nur dieselbe Tendenz deutlich, die auch anderwärts die *Missa solemnis* oder die *h-moll-Messe* aus der Kirche drängte — verschärft freilich durch die Voraussetzungen der englischen Tradition. Die Komposition derartiger Werke jedoch muß keineswegs einen Tribut an die Pharisäer Englands bedeuten. Nicht an der Wahl einer Textvorlage oder Gattung, sondern an der Komposition selbst wäre zu prüfen, was ästhetisch legitim sei[19].

Die vielen Briefe — und Zeichnungen — Mendelssohns, die aus den Phasen seiner Englandreisen vorliegen, enthalten gewiß zumeist nur Anerkennung oder Bewunderung für das Musikleben der Insel. Freilich fehlt es auch nicht an Tönen der Klage und Abwehr gegen Zumutungen der Veranstalter, Agenten und Verleger[20]. Doch kann das kaum den generellen Eindruck schmälern, daß Mendelssohn in England — zumal in London — Zustimmung empfing und auch genoß. Was ihn anzog, war die Fülle der Konzerte, der Reichtum an Möglichkeiten und die Aufnahmefähigkeit der Hörer — verglichen mit der Enge Deutschlands. Nicht ohne Grund empfand er London als Zentrum der modernen Welt, ohne doch die Grenzen zu verkennen, die dabei auch der Wirksamkeit von Musik gesetzt waren. So sensibel er die Reize von Natur und Landschaft aufnahm und schilderte, so wenig übersah er die Zeichen der Industrialisierung. Auch Beobachtungen zur sozialen Situation finden sich in den Briefen, die Interesse an der Tagespresse wie an politischen Debatten bekunden[21]. Weder zur Harmonisierung noch zur Idealisierung tendiert also dieses Englandbild. Dem Komponisten aber war nichts so wichtig wie die Fähigkeit der Musiker und Hörer, spontan zu verstehen, sich zu engagieren und aktiv zu beteiligen[22]. Und diese Aufgeschlossenheit wurde als Teil des Fortschritts erfahren, der England auszeichnete. Keineswegs zog den Musiker also nach England eine Flucht vor der Realität in die Konvention, sondern eher umgekehrt die Faszination durch die konkrete Pluralität der Chancen mit ihren Risiken.

Will man nicht nur von vager Affinität der Musik Mendelssohns zu den Standards der viktorianischen Ära reden, so wäre nüchtern zu fragen, in welchem Maß die Werke für England bestimmt oder dem englischen Niveau angepaßt sein könnten. Von den Werken, die in England nur aufgeführt wurden, wären die Kompositionen zu unterscheiden, die entweder in England entstanden oder durch Aufträge aus England veranlaßt wurden.

Zur ersten Gruppe der in England aufgeführten Musik zählen virtuell nicht nur alle Werke Mendelssohns, sondern ebenso zahlreiche Opera anderer Komponisten — von Bach und Beethoven bis zu Schubert und Schumann. Denn man sollte nicht vergessen, daß Mendelssohn seine Position zum Einsatz etwa für Schuberts *C-Dur-Symphonie* oder für Schumanns *Paradies und Peri* nutzte[23]. In England selbst entstand indes ein Werk wie das *Streichquartett Es-Dur op. 12* aus dem Jahre 1829 (auf das sich übrigens die Kritik Shaws beziehen dürfte, auch wenn es keinen Satz in der inkriminierten „regelmäßigen" Sonatenform enthält)[24]. An ihm jedoch wäre eine Anpassung an englischen Geschmack schwer zu demonstrieren, falls man nicht ausgerechnet das subtile Genus Streichquartett zum Prototyp englischer Tradition stilisiert. Denn so individuell die Mischung lyrischer Kantabilität und experimenteller Form in diesem Werk ist (das sich gleichwohl mit dem späten Beethoven auseinandersetzt), so verbreitet blieb sein Ansehen im 19. Jahrhundert weit über England hinaus. Andererseits ist die „*Schottische*" *Symphonie* gewiß auch durch Landschaft und Geschichte inspiriert und zudem der Queen gewidmet. Bei ihr wie bei der „*Hebriden*"-*Ouvertüre* handelt es sich aber nicht um Eindrücke aus dem gegenwärtigen England, und beide Werke wurden nicht nur außerhalb Englands ausgeformt, sondern lösten sich in der Aufführungs- und Rezeptionsgeschichte von jeder lokalen Fixierung. Beide wären denn auch von Shaw kaum als „englisch" oder gar „viktorianisch" apostrophiert worden (und die „*Schottische*" konnte gar von Schumann als „italienisch" empfunden werden, was eine immerhin bezeichnende Verwechslung bedeutet)[25].

So bleiben durchaus andere Werke, die in der Tat durch England veranlaßt wurden, allem voran die „Orgelsonaten", der *Elias* und ein paar kleinere Kirchenwerke, von denen nur „*Hear my prayer*", „*Why, o Lord*" und der Chor „*To the Evening Service*" genannt seien. Es stellt sich also heraus, daß vorab Kompositionen religiösen Charakters näher auf englische Belange zu beziehen sind. Auffällig ist die Kongruenz mit dem Sachverhalt, auf den Shaw wie Mellers zielten. Zu bestätigen scheint sich eine Liaison Mendelssohnscher Kirchenmusik und englischen Musiklebens, oder anders: dem englischen Bedarf entsprach — wie es scheint — die Gebrauchsmusik des Komponisten. Doch bliebe zu fragen, wieweit dies Verhältnis reicht, ob es zu kompositorischen Mängeln der Werke führte und in welchem Maß es eine moralische Kritik begründet. Während einerseits zu untersuchen wäre, wieweit die fraglichen Werke englischen Konventionen folgen, wäre andererseits zu prüfen, ob sie sich von analogen Werken Mendelssohns unterscheiden.

Das Verhältnis von Kunst und Gesellschaft in England wie in Deutschland hat auch Georg Knepler in seiner *Musikgeschichte des 19. Jahrhunderts* untersucht. Und so sehr seine Sicht weithin der Skizze von Mellers entspricht, so anders stellt sich doch das Urteil über Mendelssohns Musik bei Knepler dar[26]. Zurückgreifend auf die Phase der bürgerlichen Revolution in England, entwarf Knepler ein Bild des englischen Musiklebens, das vor allem durch die trübe Mischung von wirtschaftlichen Interessen und künstlerischen Konflikten charakterisiert war. Ohne die Chancen und Aktivitäten der Musikpflege zu ignorieren, akzentuierte Knepler doch primär die fatalen Folgen, die der Vorrang ökonomischer Prämissen für die kompositorische Produktivität Englands hatte. Die Emigration von Musikern wie Onslow oder Field wurde damit ebenso erklärt wie der Bedarf an musikalischer Importware. Und die „ *Ursachen der Komponistennot* " waren demnach eindeutig: Kirche und Kapital stützen sich zum „*fehlerhaften Zirkel von schlechten Gedanken und gutem Geschäft*", „*ungünstige Bedingungen*" erschwerten „*das Entstehen bedeutender Musik*"[27]. Demnach läge es nahe, ähnlich wie Mellers zu folgern, es liege an diesen Bedingungen, daß Mendelssohn in England derart Anklang fand. Indes zeichnete Knepler — ohne freilich das Verhältnis zu England einzubeziehen — ein völlig konträres Bild von Mendelssohn, an das nur in Stichworten zu erinnern ist. Kneplers Verdienst war es, zuerst entschieden darauf hinzuweisen, daß Mendelssohn in seinen politischen wie künstlerischen Überzeugungen alles andere als ein Konservativer war. Den Lasten öffentlicher Wirksamkeit, die er aus moralischer Verpflichtung auf sich nahm, entsprach die Kette von Konflikten, die das Leben des scheinbaren Glückskindes durchzogen. Und die Resignation, die zunehmend aufkam, war auch die Folge enttäuschter Hoffnungen auf soziale Reformen, die eine Voraussetzung zur Realisierung ästhetischer Utopien gewesen wären. Daß demgemäß auch die Musik Mendelssohns keineswegs konventionell oder gar konservativ zu nennen ist (auch wenn sie zunächst diesen Anschein wecken mag), haben über Knepler hinaus neuere Untersuchungen mehrfach dargetan, wie hier nicht einmal andeutungsweise zu resümieren ist. Die Last der Traditionen, die dem Komponisten aufgegeben waren, evozierte weder Imitation noch Epigonentum, sondern eine Kette produktiver Reflexionen. Gegenüber den „*jugendlichen Revolten*" Schumanns strömen — um nochmals Knepler zu zitieren — „*Mendelssohns — nicht minder bahnbrechende — Neuerungen in naturhafter Selbstverständlichkeit dahin*", weil sie „*in die Tradition so bruchlos eingeschmolzen*" sind, „*daß sie zunächst als solche nicht hervortreten*"[28].

Daß sich das Urteil über den ästhetischen und historischen Rang von Mendelssohns Werk derart verschoben hat, muß zunächst also vorausgesetzt werden. Geht man aber davon aus, so wirkt das Verhältnis der Musik Mendelssohns zu ihrer Resonanz in England noch zwiespältiger. In der Sicht von Mellers oder Shaw entsprach der schlechten Konvention im englischen Musikleben bruchlos der konservative Charakter von Mendelssohns Œuvre. Dagegen widerspricht dem Bild, das Knepler von der Misere der englischen Musikkultur entwarf, um so eher der Erfolg, den unter solchen Bedingungen

Mendelssohns Musik mit ihren Ansprüchen und Neuerungen zu finden vermochte. Die Schwierigkeiten einer soziologischen Interpretation, die plausible Erklärungen sucht, vermehren sich also. Heikel genug wäre es schon, die von Mellers behaupteten Relationen zu belegen, die immerhin auf den Nachweis von Analogien abzielten. Schwerer noch dürfte es aber fallen, ein so widersprüchliches Verhältnis zu erklären, wie es zwischen einer — vereinfacht gesagt — reaktionären Musikkultur und dem Erfolg einer latent progressiven Musik besteht. Und kaum auflösbar scheinen die Probleme zu werden, wo sie sich mit der ambivalenten Position von religiöser Musik mischen. Während solche Werke trotz ihrer Bindung an kirchliche Texte und Modelle nicht mehr in der Kirche ihren Raum hatten, hingen ihnen im Konzertsaal die traditionellen Vorhaben und Idiome als belastende Konventionen an. Galt es dem ästhetischen Denken der Zeit als fraglose Überzeugung, daß Musik von Rang gleichsam metaphysische Würde besitze, so mußte all solche Musik suspekt werden, die ihre Teilhabe an metaphysischen Gehalten durch ihre Texte oder Stile ausweisen wollte[29]. Seit sich die Ästhetik an instrumentaler Musik orientierte, die am reinsten autonome Kunst zu repräsentieren schien, wurde der Kunstcharakter vokaler Musik mit ihrer Bindung an Texte zweifelhaft. Kommt aber zur Abhängigkeit von Texten in religiöser Musik noch die Bindung an historische Konventionen und an dogmische Gehalte, so steht solche Musik erst recht in Gefahr, zu einem defizienten Modus von Kunst zu werden. In einer Formel: Je mehr alle Musik als Kunst ein Stück Religion bedeutet, desto eher wird spezifisch religiöse Musik zur überflüssigen Tautologie. Um sich dennoch legitimieren zu können, bedürfte solche Musik also kompositorischer Maßnahmen, die ihren ästhetischen Mangel zu kompensieren hätten.

Daß religiöse Musik — zudem unter den Voraussetzungen Englands — dennoch erfolgreich sein konnte, wäre einfacher zu erklären, falls sich das Niveau der Werke als Korrelat mediokrer Bedingungen auffassen ließe. Schwerer zu durchschauen wäre das Verhältnis, müßte man einen Widerspruch zwischen dem Rang der Werke und ihrem sozialen Kontext akzeptieren. Diese Schwierigkeiten sind nicht nur für das Verständnis Mendelssohns oder die Bewertung der englischen Musik, sondern auch für die Aufgaben der Musiksoziologie belangvoll. Auflösen lassen sie sich nur dann, wenn man darauf verzichtet, einseitige Meinungen durchzusetzen. Einzuräumen wäre dann, daß Shaws kritischer Rückblick ebenso überzeichnet ist wie Kneplers Diagnose der englischen Musikkultur. Ist man aber dazu bereit, Chancen und Grenzen der englischen Tradition zugleich zu erfassen, so könnten ihnen durchaus doppeldeutige Züge in Mendelssohns Musik entsprechen. Daß gerade religiöse Werke dem Zwang unterlagen, ihren Kunstrang erst zu artikulieren, dürfte ihre ästhetische Ambivalenz noch verschärfen. Und derart widersprüchliche Momente könnten es begreiflich machen, daß die Musik nicht nur eine wechselnde Rezeption zuließ, sondern konträre Urteile herausforderte. Offenbar ließ sich dieselbe Musik, die sich zunächst einer widerstandslosen Zustimmung anpaßte, entweder als Kunst rühmen oder als Kitsch bekämpfen. Daß aber Werke in ihrer Rezeption divergierende Urteile erlauben, indiziert auch ein Stück jener Wirkung, durch die sie sich als Kunst ausweisen. Zu vermuten wäre, daß die verschiedenen Meinungen ihre Gründe in der Sache selbst und nicht nur in der Befangenheit der Kritik haben. Und zu fragen bliebe, welche Qualitäten der Werke ihre Affinität zu England ausmachen und zugleich auch ihre weiter reichende Rezeption erlauben. Daß dabei kaum eindeutige Entscheidungen zu fällen sind, muß kein Mangel sein. Nicht nur gehören Widersprüche der Rezeption zur Musik des 19. Jahrhunderts hinzu; sie können vielmehr auch den Analytiker dazu anhalten, die in der Musik angelegten Konflikte wahrzunehmen, um dem Potential der Werke desto eher Rechnung zu tragen.

III.

An drei Beispielen sei auf die skizzierten Schwierigkeiten verwiesen, ohne freilich ausgeführte Analysen zu leisten. Am *Elias* jedoch, an den Orgelsonaten und am Hymnus *Hear my prayer* lassen sich wechselnde Argumente und Konsequenzen andeuten.

1. Kein Hauptwerk Mendelssohns verbindet sich so eng mit England wie der *Elias*. Tatsache ist, daß das Werk sich in England eher durchsetzte als in Deutschland (wo es auf die Konkurrenz des *Paulus* stieß). Unbestritten ist auch, daß der *Elias* wo nicht als Auftragswerk, so doch im Hinblick auf die Uraufführung in Birmingham fertiggestellt worden ist. Beide Fassungen fanden ihre erste Aufführung im traditionellen Rahmen englischer Oratorienpflege (Birmingham 25.8.1846, London 23.4.1847). Wie F. G. Edwards, Jack Werner und zuletzt Arno Forchert gezeigt haben, reichen die Pläne bis 1837 zurück[30]. Wenn demnächst das Autograph wieder greifbar sein wird, läßt sich wohl näher verfolgen, wieweit bei der Komposition bereits auf den englischen Text Rücksicht genommen wurde. Daß der Komponist noch während der Arbeit mit dem Übersetzer W. Bartholomew Kontakt hielt, steht zwar fest; doch deuten die publizierten Briefe darauf hin, daß im Komponieren der deutsche Text Vorrang hatte, woraus die Probleme der sinngemäßen Übersetzung erst entstanden[31]. Aber auch die Wahl des Stoffes dürfte kaum getroffen worden sein, um damit die Briten als „erwähltes Volk" anzusprechen, wie Mellers unterstellte. Weit näher liegt es, daß zur Entscheidung für das Thema die Abkunft des Komponisten beitrug (was Eric Werner betonte)[32]. Im übrigen war der *Elias* als alttestamentliches Glied jener Trilogie geplant, die vom unvollendeten *Christus* beschlossen werden sollte. Von der Entstehung und der Textbasis aus bleiben also kaum Indizien, die den Ver-

dacht der Anpassung begründen könnten. Eine solche Argumentation müßte vielmehr nach musikalischen Kriterien suchen.

Freilich entspricht der *Elias* als oratorischer Typus weithin dem Modell, das zuvor im *Paulus* ausgebildet worden war. Und war das frühere Werk für ein rheinisches Musikfest bestimmt, so hat es immerhin in Deutschland seine außergewöhnliche Wirkung gehabt. Von den vielen Analogien, die zwischen beiden Oratorien bestehen, braucht nicht geredet zu werden; sie reichen von der Besetzung und Instrumentierung, vom Chorsatz und der Stimmführung über die Formtypen und ihre Varianten bis hin zur Verzahnung von Rezitativ und Arie in liedhaft ariosen Szenen oder zur Verkettung solistischer und chorischer Blöcke. Eine Reihe markanter Unterschiede bleibt dennoch festzuhalten. Zum einen ist oft gesehen worden, daß die Orientierung an Bach im *Paulus* deutlicher sei, wogegen für den *Elias* eher auf Händelsche Muster hinzuweisen wäre. Die pauschale Behauptung dürfte freilich schwer zu belegen sein, sobald man eine Stütze im Notentext sucht. Denn zugleich ist die Distanz von der Satztechnik Bachs wie Händels gleich groß — unabhängig von der Frage, ob man darin nur eine Vereinfachung sieht. Und der Anschein einer Annäherung an Händel mag im *Elias* eher durch die Sphäre der Handlung als durch die Faktur der Musik veranlaßt sein. Auch wenn die Vermutung triftig wäre, würde sie zunächst nicht mehr bedeuten, als daß das eine historische Modell durch ein anderes ersetzt worden sei. Die ästhetische Belastung jedoch, die eine Auseinandersetzung mit der Geschichte einbringt, bliebe beiden Werken gemeinsam. Ein Indiz der Orientierung an Händel statt an Bach ließe sich jedoch darin sehen, daß der *Elias* — anders als der *Paulus* — auf Choralbearbeitungen verzichtet. Und zugleich könnte man darin eine Konzession an das englische Publikum vermuten, dem protestantische Choräle fremd bleiben mußten. Indes lag es primär am alttestamentlichen Stoff, wenn im *Elias* Choräle ausfielen. Sodann reagierte Mendelssohn mit dieser Entscheidung auf die Kritik, die schon am *Paulus* die Choralsätze als Tribut an Bach und Verstoß gegen die Gattung gerügt hatte. Für die Theorie des Oratoriums gehörte die Funktion des Chorals — wie Erich Reimer zeigte — zu den Fragen, deren Diskussion von Mendelssohns Werken ausgelöst wurde[33]. Es war also ein ästhetisches Problem und keine Anpassung an England, wenn die Position des Chorals zweifelhaft wurde. Deutlich wird das an einem Satz, der gleichwohl ein verdecktes Choralzitat enthält. Dem Quartett *Wirf dein Anliegen auf den Herrn* (Nr. 15) liegt die Weise *O Gott, du frommer Gott* (1693) zugrunde[34]. Daß zwischen den Anrufungen der Baalspriester — vor der Erhörung des Propheten — gerade dieses Lied zitiert wird, hat gewiß seine Bedeutung. Da sich der Satz aber kaum ostentativ als Choral ausweist, ist er auch ohne Kenntnis des Hintergrunds als lyrischer Halt verständlich. Wenn er aber für den kundigen Hörer eine Schicht seines Sinns in Reserve hält, so zeugt das kaum für bequeme Anpassung an englische Konventionen.

Von bereitwilliger Nivellierung des Anspruchs ist im *Elias* nicht zuletzt schwer zu reden, weil das Werk gegenüber dem *Paulus* zwar kaum weniger zwiespältig, wohl aber reicher und komplizierter geraten ist. Nachzuweisen wäre das an den Verfahren der motivischen Verklammerung ebenso wie an der Entwicklung der Szenen, an der dramatischen Straffung der ersten Hälfte wie an den unschematisch freien Fugen, vor allem aber an der Reduktion des Rezitativs und an der ungleich farbigeren Harmonik. Die Differenz der Werke suchte Schumann in einem Vergleich zu fassen, der hoch genug greift: „*Wie Beethoven nach ‚Christus am Ölberge' eine ‚Missa solemnis' schrieb, so folgte dem Oratorium des Jünglings das des Mannes Mendelssohn.*"[35] Trifft an dem Vergleich wenigstens die Tendenz zu, dann wäre zu folgern, daß der *Elias* den Zeitgenossen als reifer und auch schwieriger erschien. Es wäre also gerade das anspruchsvollere Werk gewesen, das für England disponiert war — was wiederum kaum für die Anpassung an einen mediokren Geschmack spricht. Eher verweisen all diese Momente auf die Ambivalenz eines Werks, das der Kritik anfangs als überreich oder schwierig erschien, das zugleich aber enthusiastische Zustimmung der Hörer auslöste. Wurde es als Kulmination der Gattung verstanden, so vermochte es auch eine Konvention zu begründen, die schließlich zur Polemik und zur Verdrängung führte — wirksam fast bis zur Gegenwart.

2. Die Orgelsonaten op. 65 gehören zu den Werken Mendelssohns, die unmittelbar durch englische Bedürfnisse angeregt wurden. Der Auftrag des Verlegers Coventry — ausgehend von Mendelssohns Bach-Editionen — zielte auf eine Sammlung von „*Voluntaries*", wie es in der Korrespondenz heißt (Brief vom 29.8.1844)[36]. Der Terminus, der nur „freie" Orgelmusik benannte, war nur in England üblich und meinte kleinere Stücke ohne formale Typisierung oder zyklische Ordnung. Daß der Komponist den Auftrag gleich akzeptierte und die Stücke rasch lieferte, mag ebenso wie ihr anhaltender Erfolg in England als Symptom des Anpassungsvermögens erscheinen. Dazu paßt auch, daß nur aus Unverständnis für das Wort „Voluntary" der Verlegenheitsname „Sonate" gewählt wurde. Recht eigentlich bildet aber keines der Werke eine Sonate, sondern alle wurden erst nachträglich aus einer Reihe separat entstandener Sätze zusammengestellt. Demgemäß zählten die Stücke in England weit eher als in Deutschland zum Standardrepertoire der Organisten. Und Literatur von Belang lag zu ihnen nur von englischer Seite vor, bis unlängst die Arbeiten von Susanne Großmann-Vendrey einen neuen Ansatz boten, dem die wachsende Beachtung der Werke in der Praxis entspricht[37].

Trägt man die Indizien zusammen, dann bleibt kaum ein anderer Schluß, als daß es sich um Auftragsmusik handele. Und ob man den heterogenen Ertrag als kompositorische Individualität oder als Resultat glatter Assimilierung wertet, scheint nur noch zweitrangig zu sein. Zu erinnern ist jedoch an weitere Umstände. Als gescheitert anzusehen sind zunächst die Versuche, direkte

Zusammenhänge mit englischen Voluntaries nachzuweisen. Das liegt auch daran, daß sich kein fester Typ des Voluntary nennen ließe, mit dem op. 65 mehr als Belangloses gemeinsam hätte[38]. Vielmehr führen solche Versuche in die Irre, weil sich die weite Resonanz der Werke in England noch weniger begreifen ließe, wenn sie nur Dubletten geläufiger Modelle darstellten. Sodann sind den Sonaten in Mendelssohns Œuvre die *Präludien und Fugen Op. 37* vorangegangen, die zwar terminologisch auf Bach zurückweisen, sachlich jedoch – den Formen und Satzarten nach – eng mit op. 65 verknüpft sind. Dem entspricht es, daß in den Sonaten mehrfach auf Sätze oder Entwürfe zurückgegriffen wurde, die weit früher entstanden[39]. Daß der Verlagsauftrag so schnell erfüllt wurde, lag kaum an geschäftstüchtigem Eifer (das Geld benötigte Mendelssohn wahrlich nicht). Der Wunsch des Verlegers begegnete vielmehr den Plänen des Komponisten, der denn auch Breitkopf gegenüber das Opus als Summe seiner *„Art die Orgel zu behandeln und für dieselbe zu denken"* präsentierte (10.4.1845). War es aber *„größer geworden, als ich früher selbst gedacht hatte"*, so verstieß es zugleich gegen den englischen Auftrag. Die Verlagsreklame betonte denn auch, die Werke seien *„expressly for publication in England"* geschrieben, bezeugten aber *„his own peculiar style of performance"*[40]. Wäre die Bindung an Voluntaries klar genug gewesen, hätte kein Verleger gezögert, sie gebührend hervorzukehren.

Daß der Terminus „Voluntary" gemieden wurde, weil er fremd war, ist wohl zu glauben. Unglaubhaft ist es aber, die Bezeichnung „Sonate" als Notbehelf zu deuten. Bei einem Komponisten, der lebenslang die Sonate Beethovens reflektierte, wäre diese Erklärung eher ein Notbehelf des Historikers. Der Begriff indiziert vielmehr die Intention, Orgelmusik vom Anspruch der Sonate zu präsentieren. Indem die Werke auf Bachs Triosonaten wie auf die Sonate der Klassik weisen, begründen sie de facto ein neues Genus. Ihre individuellen Kreuzungen markieren zugleich das veränderte Verhältnis zum klassischen Gattungskanon, das die späten Instrumentalwerke Mendelssohns durchweg prägt (so etwa op. 58, 66 und 80). Und gerade in der Distanz zu konträren Traditionen haben die Orgelsonaten ihrerseits Geschichte gemacht – bis hin zu Rheinberger und Reger. Was an ihnen heute heterogen wirkt, ist die Paarung divergierender Formen und Satzarten. Diese ästhetischen Probleme resultieren aber nicht aus einer Anpassung an den englischen Markt, dem übrigens auch die Choralbearbeitungen widerstreben. Eher sind die Brüche Konsequenzen aus der aktuellen Auseinandersetzung mit der Historie. Daß die frühen Rezensionen wenig Befremden über interne Widersprüche der Werke äußern, könnte die Vermutung begründen, erst heute erscheine aus mangelnder Vertrautheit das als gebrochen, was ursprünglich als zwingend und homogen empfunden wurde. Seltsam ist immerhin, daß einen Komponisten, dem man sonst epigonale Glättung übernommener Formen anlastet, der genau entgegengesetzte Vorwurf dort trifft, wo er frei und undoktrinär verfährt.

Freilich sind die Schwierigkeiten, die zu den Orgelsonaten gehören, keineswegs zu verringern. Doch wird ihnen kaum die modische Vokabel der Collage gerecht, die eine Öffnung des Werkbegriffs bedingt, wie sie hier nicht vorauszusetzen ist[41]. Die Mischung divergierender Momente erklärte sich auch nicht aus Praktiken der Improvisation, auch wenn einzelne Sätze aus improvisierten Ansätzen entstanden. Weiß man aber, wie skrupulös der Komponist an seinen Werken feilte, so wird es unwahrscheinlich, daß Improvisation unbemerkt ihre Spur hinterlassen hätte. Wenig hilfreich ist auch der Hinweis auf die separate Entstehung der Einzelsätze; daß nämlich am Ende die benötigte Satzzahl in passenden Tonarten vorlag, dürfte auch andeuten, daß schon früh die zyklische Disposition geplant war. Indes gehören die Brechungen der Werke insofern zur Sache, als sie den Interpreten wenigstens nachdenklich stimmen sollten. Das gilt einerseits für die fugierten Stücke oder den Kopfsatz aus der c-moll-Sonate, für die man nach Modellen bei Bach gesucht hat. Man sollte sich nicht damit begnügen, scheinbare Analogien zu konstatieren, ohne zugleich die tiefen Differenzen wahrzunehmen. Sie nämlich bekunden nicht nur eine Vereinfachung der Vorbilder, sondern ebenso auch die Fähigkeit zu ihrer Integration in Mendelssohns eigenes Idiom. Und wie eigen dies Idiom ist, zeigt nicht zuletzt die Reaktion derer, die sich an ihm stören. Zum anderen sind es vorab die liedhaft lyrischen Sätze, die oft als irritierende Annexa empfunden wurden. Indes sind diese Stücke – die alles eher als „Lieder ohne Worte" bilden – nicht sprengende Zusätze, sondern sie bedeuten eher so etwas wie innere Fluchtpunkte der Werke[42]. Es ist kein Zufall, wenn solche Sätze am Ende stehen – in der A-Dur-Sonate (Nr. 3) nach der Paarung von Maestoso, Fuge und Choral, in der d-moll-Sonate (Nr. 6) nach der Kette der Choralvariationen. Beidemal indizieren diese Schlußsätze die nach innen gewandte Reflexion des Subjekts, das von der Arbeit an der Geschichte zuletzt auf sich verwiesen wird.

3. Zu Mendelssohns späten Vokalwerken, die mit deutschem und englischem Text erschienen, zählt die Hymne Hear my prayer. Zwar ist das noch in Krakau befindliche Autograph nicht greifbar, in ihm war das Werk wohl als „Sacred Solo" tituliert, und nach den zugänglichen Briefen wurde es zum englischen Text komponiert, während die deutsche Fassung nachträglich angepaßt wurde[43]. Die Ausgaben bei Bote & Bock in Berlin sowie Ewer & Co. in London kamen gleichzeitig 1845 heraus, doch war das Stück wohl schon im Januar 1844 beendet. Entstanden für W. Bartholomew, bildet die Hymne ein Nebenwerk, sie blieb denn auch ohne Opuszahl, wiewohl die deutsche Edition Wilhelm Taubert gewidmet wurde[44]. In Deutschland blieb die Komposition recht unbekannt, und man müßte ihr kaum viel Gewicht beilegen – wäre sie nicht in England zu besonderer Popularität gelangt. Es scheint sich also um den Erfolg eines Parergons zu handeln, das sich geschickt den Erwartungen des musikalischen Marktes im viktorianischen England anzupassen wußte[45].

Nach Form, Besetzung und Satztechnik stellt das Werk keine besonderen Ansprüche. Und im Charakter repräsentiert es einen Typ liedhafter Lyrik, den man als innig und lauter gerühmt oder aber als süßlich und sentimental verdammt hat. Zwei umrahmende Teile werden vom Solosopran eröffnet, während der Chor erst später einfällt. Und in der Mitte steht ein kurzes Solorezitativ, das gleichfalls chorisch aufgefüllt wird. Doch fällt der erste Satz zweiteilig aus, wobei dem eröffnenden Solo im 4/4-Takt die Paarung mit Chor als intensive Beschleunigung im 3/8-Takt folgt. Dagegen stellt der Schlußsatz eine abgerundete Da-capo-Form mit dem Schema Solo − Chor − Kombination beider Partner dar. Diese Disposition nimmt keineswegs auf englische Erwartungen Rücksicht, sondern findet sich ganz ähnlich schon früher in vergleichbaren Stücken Mendelssohns[46]. Überdies begegnet hier jedoch keine melodische Wendung, keine harmonische Folge, kein kontrapunktischer Kunstgriff, die sonderlich auffällig wären. Das Stück fließt so widerstandslos ab, daß es weder dem Hörer noch dem Analytiker einen Anreiz von Schwierigkeiten läßt. Schwierig bliebe allenfalls, ein Urteil zu begründen, das sich nicht auf strukturelle Komplikationen stützen könnte, sondern nur melodische Qualitäten demonstrieren müßte. Und daß es allemal schwerer ist, über Werke zu urteilen, die nicht kompliziert anmuten, sollte ohnehin klar sein.

Wer das Stück erstmals hört, nimmt kaum etwas wahr, was haften bliebe. Unbegreiflich bliebe nur, wieso es in England populär wurde. Man müßte auf ein bescheidendes Niveau des Geschmacks oder auf eine Anpassung des Komponisten schließen − was letztlich dasselbe meint. Soviel Simplizität kann aber auch den beunruhigen, der sich mit ihr nicht abfinden mag. Und läßt man sich davon leiten, so kann man immerhin weitere Erfahrungen mit dem Werk machen.

Die melodische Phrase des Anfangs hat zunächst wenig vom Affekt, den der Text ausspricht. Sie kreist im G-Dur-Rahmen, den sie freilich wechselnd ausfüllt. Der Paarung zweier Quintschritte abwärts im Initium entspricht die schrittweise Bewegung in Gegenrichtung und Achtelwerten. Wird der Ausgangspunkt wieder erreicht, so schließt sich die knappe Formel des Halbschlusses an. Erst nach der Wiederholung des eröffnenden Melodiebogens wird der Klangraum etwas erweitert, indem zugleich die erste dominantische Wendung eingeführt wird (T. 10, Bsp. 1a). Doch dient dieses Muster an Regulierung und Ökonomie nur als Folie für eine zunehmende Auflösung, die der Solopart im weiteren erfährt. Sie ist durch Verkürzung der Phrasen, durch Dehnungen und Synkopationen ebenso gekennzeichnet wie durch die chromatische Trübung, die aber keinen isolierten harmonischen Effekt bildet, sondern mit der Diktion des Vokalparts verkettet ist. Wo erstmals der Chor einfällt, wiederholt er das vokale Initium, um eine da-capo-artige Rundung anzudeuten. Hier jedoch schlägt der Satz zum Allegro e-moll im 3/8-Takt um (Bsp. 1b). Der Kontrast wird aber zugleich vermittelt, indem die solistische Antwort auf das chorische Initium (,,*Der Feinde, sie drohn*'') diastematisch als Variante der zunächst zu erwartenden Fortführung eintritt (,,*auf deines Kindes Stimme*''[66]).

Im weiteren wäre zu verfolgen, wie sich der Satz über kurzfristiges Respondieren von Solo und Chor zur Paarung beider Ebenen verdichtet, wie sparsam anfangs der Chor eintritt, um sich dann klanglich aufzufächern, wie sich damit die Variierung eines motivischen Modells verbindet, die dem Satz bei allem Gleichmaß auch eine motivische und zugleich expressive Entfaltung erlaubt — falls man sie zu hören bereit ist[47].

Während ein analoger Vorgang im Rezitativ — dem Mittelstück der Form — nur knapp angedeutet ist, wird er im Schlußsatz durch den Da-capo-Rahmen erweitert. Drei Hinweise müssen genügen. Die anfängliche Formulierung paart zunächst — etwas widersprüchlich — zum Text ,,*O könnt ich fliegen wie Tauben dahin*'' schwebende Triolen in melodischer Sequenz mit ruhendem Orgelpunkt der Tonika, wovon sich der Spitzenton ,,*weit hinweg*'' abhebt. An die Wiederholung erst schließt die modulierende Erweiterung an (,,*in die Wüste eilt ich dann fort*''), die aber noch den Duktus der Triolen wahrt (Bsp. 2a). Um so mehr setzt sich der Mittelteil ab, in dem der Chor denselben Text, aber ohne Triolen, zu halbtaktigem Wechsel der Baßtöne in Tonrepetitionen deklamiert, deren Einsätze zu allmählicher akkordischer Auffüllung führen (Bsp. 2b). Daß der Solopart dabei im Chor aufgeht, schärft den Abstand der Teile, über dem der Satzanfang fast in Vergessenheit gerät. Wo dann seine Reprise ansetzt, wirkt sie zunächst nur als melodische Wiederholung über akkordischem Chorsatz, der seinerseits seine frühere Selbständigkeit einbüßt. Den zentralen Schnittpunkt markiert jedoch die Fortführung des Solos (,,*in die Wüste eilt ich dann fort*''). Sie wird nämlich simultan mit den chorischen Tonrepetitionen des Mittelteils und ihren charakteristischen Sekundreibungen kombiniert (,,*O könnt ich fliegen*'', Bsp. 2c). Zwar ließe sich einwenden, die Kombination von melodischen Sequenzen und sequenzierenden Tonrepetitionen sei nicht sehr kunstvoll. Doch zieht die Reprise — die auf das Denken im Sonatenprinzip weist — Konsequenzen aus der latenten Affinität der Themen, die ihre Prägnanz aus ihrer Schlichtheit erhalten. Was an den Themen zunächst beziehungslos schien, wird in ihrer Paarung formal sinnvoll. Und die Kunst der Kombination liegt nicht zuletzt darin, daß sie unprätentiös genug ist, um kaum aufzufallen[48].

*

Die Reaktionen auf solche Musik dürften sich krass unterscheiden. Man kann zwar durchaus die Süße des Klangs genießen — oder ablehnen. Doch liefe man dann auch Gefahr, die stille Kunst zu überhören, die hinter der Fassade verdeckt ist. Der Verdacht der Anpassung an englische Normen dürfte aber selbst da, wo er naheliegt, schwer zu belegen sein. Allerdings führt die Diskussion an Grenzen, die weniger durch wissenschaftliche als durch nationale oder historische Vorgaben gesetzt werden. Daß Mendelssohns Musik in England fraglos im Repertoire blieb, muß kein Beweis eines reaktionären Geschmacks sein — es sei denn, man wäre reaktionär genug, um nur deutsche Normen gelten zu lassen. Eher verhält es sich so, daß die Musik in England nicht vom Antisemitismus verdrängt wurde, daher im Kontext der Rezeption blieb und Verstehen ohne Vorurteile aus Unkenntnis erlaubte. Es macht daher betroffen, daß die schärfste englische Kritik von einem so freien Kopf wie Shaw kam — nachdem er sich für Wagner engagierte. Wer heute weiter so verfährt, führt das antisemitische Verdikt fort. Und wer die Musik ignoriert, weil er sie nicht mag, argumentiert kaum wissenschaftlich, sondern fröhnt seinem Geschmack. Immerhin sollte man kennen, was man ablehnt. Zu ignorieren wäre solche Musik aber nur von einer Forschung, die sich der Kanonisierung eines Museums überläßt. Doch sollte ihre breite Wirkung für eine Wissenschaft, der es um Kunst in der Geschichte geht, eher eine Herausforderung bilden. Daß Musik in England anders bewertet wurde als in Deutschland, müßte die deutsche Musikwissenschaft zur Beunruhigung veranlassen. Ein Exempel dafür kann die Rezeption Mendelssohns sein. Und daß seine Musik in England weiteren Raum behielt, könnte als Aufforderung zu ästhetischer Toleranz verstanden werden.

Anmerkungen

1 Zu verweisen ist nicht nur auf die kritische Sicht von G. B. Shaw oder W. Mellers (vgl. Anm. 6 und 12). Eine wachsende Skepsis gegenüber Mendelssohn zeichnet sich in der englischen Literatur seit der Jahrhundertwende ab, so etwa bei St. S. Stratton: *Mendelssohn*, London 1901, [2]1934; A. Brent Smith: *The Workmanship of Mendelssohn*, in: *ML* 4 (1923), S. 18—25; Ph. Radcliffe: *Mendelssohn*, London 1954, [3]1967. Deutlich wird das zumal im Vergleich mit älteren Arbeiten wie etwa H. F. Chorley: *Modern German Music* I—II, London (1854); F. G. Edwards: *The History of Mendelssohn's Elijah*, London—New York 1896; Ch. W. Pearce: *Mendelssohn's Organ Sonatas ...*, London (1902).

2 Indizien eines neuen Interesses an Mendelssohn sind neben der Zunahme von Aufführungen und Einspielungen vorab drei Sammelbände: *Das Problem Mendelssohn*, hrsg. von C. Dahlhaus, Regensburg 1974 (*Studien zur Musikgeschichte des 19. Jahrhunderts*, 41); *Felix Mendelssohn Bartholdy*, hrsg. von H.-K. Metzger und R. Riehn, München 1980 (*Musik-Konzepte* 14/15 mit *Auswahldiskographie* von W. Konold (S. 153—159) und *Auswahlbibliographie* von R. Riehn (S. 160—176); *Felix Mendelssohn Bartholdy*, hrsg. von G. Schuhmacher, Darmstadt 1982 (*Wege der Forschung*, CDXCIV).

3 Vgl. die biographische Übersicht von P. Ranft: *Felix Mendelssohn Bartholdy. Eine Lebenschronik*, Leipzig 1972; im einzelnen vgl. E. Werner: *Mendelssohn. A New Image of the Composer and His Age*, London 1963, deutsch Zürich und Freiburg i. Br. 1980. Wichtige Quellen bilden die *Briefe aus den Jahren 1833 bis 1847*, hrsg. von P. und C. Mendelssohn Bartholdy, Leipzig 1863 u. ö.; *Felix Mendelssohn-Bartholdys Briefwechsel mit Legationsrat Karl Klingemann in London*, hrsg. von K. Klingemann (jun.), Essen 1909; *Briefe von Felix Mendelssohn-Bartholdy an Ignaz*

und Charlotte Moscheles, hrsg. von F. Moscheles, Leipzig 1888; S. Hensel: *Die Familie Mendelssohn 1729–1847* ... I–III, Berlin 1879.

4 Zum Urteil über Berlioz s. *Briefe ... an ... Moscheles*, S. 85 und 185; F. Hiller: *Felix Mendelssohn-Bartholdy. Briefe und Erinnerungen*, Köln [2]1878, S. 36. Zu Mendelssohns Pariser Eindrücken vgl. *Reisebriefe aus den Jahren 1830 bis 1832*, hrsg. von P. Mendelssohn Bartholdy, Leipzig 1861, [8]1869, S. 300–356. Zu bedenken wäre freilich, daß sich mit der Entschiedenheit des eigenen Urteils bei Mendelssohn auch Toleranz gegenüber konträren Positionen verband.

5 Vgl. A. Schering: *Geschichte des Oratoriums*, Leipzig 1911; E. Walker: *A History of Music in England*, Oxford [3]1952; J. A. Westrup: Art. *Oratorium*, G. *Das englische Oratorium*, MGG X (1962), Sp. 158ff.

6 G. B. Shaw: *London Music in 1888–89 As Heard by Corno di Bassetto (Later Known As Bernard Shaw) With Some Further Autobiographical Particulars*, London 1937, [3]1950, S. 68ff. Vgl. auch G. B. Shaw: *Musikfeuilletons des Corno di Bassetto*, hrsg. von E. Klemm, Leipzig 1972, S. 44ff. – Noch die Wahl seines Pseudonyms begründete Shaw mit Musik für Bassetthorn von Mozart und Mendelssohn. Vgl. Shaw: *London Music* ..., S. 6.

7 Shaw: *London Music* ..., S. 312 und 287.

8 Ibid. S. 69 (dort auch die folgenden Zitate).

9 Ibid. S. 221.

10 Ibid. S. 251.

11 Allerdings differieren die deutsche und die englische Textfassung. Der chorischen Version „*daß ihrer keiner entrinne*" mit Wiederholung der Worte „*keiner entrinne*" entspricht in der Übersetzung „*and let not one of them escape us*" und weiterhin als Übernahme der Worte des Elias „*bring all and slay them*".

12 W. Mellers: *The Sonata Principle. The Romantic and the Twentieth Century*, London 1957, deutsch: *Musik und Gesellschaft*. Band II: *Die Romantik und das 20. Jahrhundert*, übertragen von Th. M. Höpfner, Frankfurt a. M. 1965 (Fischer Bücherei, 674), S. 37f.

13 Ibid. S. 32 und 34.

14 Ibid. S. 36.

15 Ibid. S. 37 (dort auch die folgenden Zitate).

16 W. Weber: *Music and Middle Class*, London 1975.

17 Dazu vgl. P. A. Scholes: *The Mirror of Music 1844–1944*, London 1947; J. A. Fuller Maitland: *English Music in the Nineteenth Century*, London 1902; J. A. Westrup in MGG III (1954), Sp. 1401–1407.

18 Nicht zu unterschätzen ist dabei der Beitrag von Mendelssohn selbst, beginnend mit der Aufführung von Beethovens Es-Dur-Klavierkonzert bei der ersten Englandreise am 24. Juni 1829, vgl. Hensel a. a. O., Bd. I, S. 230, sowie E. Werner a. a. O., S. 149.

19 Wie wenig selbstverständlich diese Forderung ist, zeigt noch jüngst der Beitrag von R. Hauser: „*In rührend feierlichen Tönen*". *Mendelssohns Kantate Die erste Walpurgisnacht* ..., in: *Musik-Konzepte* 14/15, München 1980, S. 75–92. Die Kritik an Goethes Text wird hier auf die Musik projiziert, ohne daß eine analytische Argumentation geleistet wird. Diskreditiert man derart den Schluß des Werks, so verkürzt man den kompositorischen Sachverhalt ebenso wie die historische Neuartigkeit der Lösung.

20 Vgl. etwa *Briefe aus den Jahren 1833 bis 1847*, S. 422ff. (vom 19. Juni 1844) oder S. 150ff. (vom 4. Oktober 1837), ferner *Reisebriefe aus den Jahren 1830 bis 1832* ..., hrsg. von P. Mendelssohn Bartholdy, Leipzig [8]1869, S. 357ff. (vom 27. April 1832) sowie S. Hensel: *Die Familie Mendelssohn* ... III, S. 150f. (vom 13. Mai 1844).

21 Dazu vgl. vorab S. Hensel a. a. O., Bd. I, S. 217ff., 224f., 236f. und 268f., weiter C. Wehmer (Hrsg.): *Ein tief gegründet Herz. Der Briefwechsel Felix Mendelssohn-Bartholdys mit Johann Gustav Droysen*, Heidelberg 1959, S. 27ff. (vom 3. November 1829), sowie die Mitteilungen Klingemanns zur Tagespolitik im *Briefwechsel mit K. Klingemann* (s. o. Anm. 3), S. 168ff. (3. Februar 1832). Andererseits blieb Mendelssohn nicht nur kritisch gegenüber den Bedingungen des englischen Musiklebens und selbst der Philharmonic Society, vgl. etwa E. Devrient: *Meine Erinnerungen an Felix Mendelssohn-Bartholdy und Seine Briefe an mich*, Leipzig [2]1872, S. 77–90 und besonders S. 89 (29. Oktober 1829) oder *Briefe aus den Jahren 1833 bis 1847* ..., S. 423 (19. Juli 1844). Skeptisch verhielt er sich vielmehr auch gegenüber den eigenen Erfolgen in England, vgl.

Briefe aus den Jahren 1833 bis 1847 ..., S. 151 (4. Oktober 1837) oder F. Hiller: *Felix Mendelssohn-Bartholdy. Briefe und Erinnerungen*, Köln ²1878, S. 90f. (10. Dezember 1837).

22 Dafür zeugen zumal die Berichte über die ersten Aufführungen des *Elias*, so *Briefe aus den Jahren 1833 bis 1847*, S. 467ff. (26. August 1846) und S. 470ff. (31. August 1846). Vgl. neben der in Anm. 1 genannten Arbeit von F. G. Edwards auch J. Werner: *Mendelssohn's , Elijah'. A Historical and Analytical Guide ...*, London 1965, S. 12ff. und 22ff.

23 Zum Einsatz für Schumanns Werk vgl. den Brief an Buxton bei E. Werner, a. a. O., S. 440f., zu den – freilich erfolglosen – Bemühungen um Schuberts C-Dur-Symphonie s. ebda., S. 395f.

24 Zur Entstehung des Streichquartetts op. 12, das dem Autograph zufolge am 24. September 1829 in London vollendet wurde, vgl. S. Hensel, a. a. O., Bd. I, S. 276 und 279f., sowie den *Briefwechsel mit K. Klingemann*, S. 57 und 60. Obwohl op. 12 keinen regulären Sonatensatz enthält, dürfte dies scheinbar so verbindliche Werk bei Shaw (a. a. O., S. 68ff.) eher gemeint sein als das im 19. Jahrhundert weniger verbreitete *Es-Dur-Quartett op. 44 Nr. 3*, das immerhin auch die Zustimmung von Mellers fand (a. a. O., S. 35f.).

25 R. Schumann: *Gesammelte Schriften über Musik und Musiker*, hrsg. von H. Simon, Leipzig o. J., Bd. III, S. 145f.; vgl. dazu Shaw, a. a. O., S. 312.

26 G. Knepler: *Musikgeschichte des 19. Jahrhunderts*, Bd. II: *Österreich – Deutschland*, Berlin 1961, S. 747–770 und Bd. I: *Frankreich – England*, Berlin 1961, S. 346ff., 354ff. und 447ff.

27 Knepler a. a. O., Bd. I, S. 412–414.

28 Knepler a. a. O., Bd. II, S. 763.

29 Vgl. C. Dahlhaus: *Die Idee der absoluten Musik*, Kassel u. a. 1978, S. 91ff., sowie vom Verf.: *Kunstreligion und religiöse Musik ...*, in: *Die Musikforschung* 32 (1979), S. 365–393.

30 Neben den in Anm. 1 und 22 genannten Untersuchungen von F. G. Edwards und J. Werner vgl. A. Forchert: *Textanlage und Darstellungsprinzipien in Mendelssohns Elias*, in: *Das Problem Mendelssohn*, hrsg. von C. Dahlhaus, Regensburg 1974, S. 61–77.

31 Vgl. dazu J. Werner a. a. O., S. 26ff., sowie A. Forchert a. a. O., S. 62ff. und 66ff.; zu prüfen bliebe das Autograph, das lange als verschollen galt, sich derzeit aber mit anderen Beständen der Deutschen Staatsbibliothek Berlin in Krakau befinden dürfte.

32 W. Mellers a. a. O., S. 37; E. Werner a. a. O., S. 457–473. Zur Textbasis vgl. insgesamt J. Schubring (Hrsg.): *Briefwechsel zwischen Felix Mendelssohn Bartholdy und Julius Schubring ...*, Leipzig 1892, Reprint Wiesbaden 1973, S. 124–225.

33 E. Reimer: *Kritik und Apologie des Oratoriums im 19. Jahrhundert*, in: *Religiöse Musik in nichtliturgischen Werken von Beethoven bis Reger*, hrsg. von W. Wiora, G. Massenkeil und K. W. Niemöller, Regensburg 1978 (*Studien zur Musikgeschichte des 19. Jahrhunderts* 51), S. 247–256.

34 Zu Mendelssohns eigenen Bedenken gegen die Verwendung von Chorälen im *Elias* vgl. den bei F. G. Edwards (a. a. O., S. 106f.) wiedergegebenen Brief vom 30. Dezember 1846 an W. Bartholomew. E. Werner verwies darauf (a. a. O., S. 470), daß vielleicht auch der Chorsatz Nr. 32 (,, *Wer bis an das Ende beharrt''*) auf eine Choralweise anspiele (,, *O Welt, ich muß dich lassen''*).

35 R. Schumann a. a. O., Bd. II, S. 116 (in der nachträglichen Anmerkung zur Rezension des *Paulus*).

36 Vgl. S. Großmann-Vendrey: *Stilprobleme in Mendelssohns Orgelsonaten op. 65*, in: *Das Problem Mendelssohns ...*, S. 185–194, besonders S. 186, Anm. 2; zum Terminus vgl. P. F. Williams: Art. *Voluntary*, in: *MGG* 14 (1968), S. 8–10.

37 Neben dem in Anm. 36 genannten Aufsatz vgl. von S. Großmann-Vendrey: *Die Orgelwerke von Felix Mendelssohn Bartholdy*, Diss. Wien 1964, masch.; G. Zacher: *Die riskanten Beziehungen zwischen Sonate und Kirchenlied. Mendelssohns Orgelsonaten op. 65*, Nr. 1 und 6, in: *Musik-Konzepte* 14/15, München 1980, S. 34–45.

38 Dazu vgl. P. F. Williams, MGG 14, Sp. 9; S. Großmann-Vendrey, in: *Das Problem Mendelssohn ...*, S. 187; Ch. W. Pearce: *Mendelssohn's Organ Sonatas ...*, London (1902), S. 3ff.

39 Zur Entstehung der Orgelsonaten vgl. S. Großmann-Vendrey: *Die Orgelwerke ...*, Diss. Wien 1964, masch., Bd. I, S. 109–116; die C-Dur-Fuge aus op. 65, Nr. 2 entstand 1839, die Introduktion der A-Dur-Sonate op. 65, Nr. 3 wurde 1829 skizziert (vgl. *Briefe aus den Jahren 1832 bis 1847*, S. 426 und 428).

40 Vgl. S. Großmann-Vendrey: *Stilprobleme ...*, S. 186; ferner vgl. R. Elvers (Hrsg.): *Felix Mendelssohn Bartholdy. Briefe an deutsche Verleger*, Berlin 1968 (*Briefe* I), S. 156 (Brief an Breitkopf & Härtel vom 10. April 1845).

41 S. Großmann-Vendrey: *Stilprobleme* ..., S. 188 ff.

42 Von der Struktur der *Lieder ohne Worte* unterscheiden sich die Sätze der Orgelsonaten, sofern sie auf die Paarung von melodisch führender Oberstimme und rhythmisch konstanter Figuration verzichten. Das gilt vorab für die Schlußsätze der Sonaten Nr. 3 und Nr. 6, während die Eröffnungssätze in Nr. 1 und Nr. 3 wie auch der langsame Binnensatz in Nr. 5 noch weniger liedhaft wirken.

43 R. Werner: *Felix Mendelssohn Bartholdy als Kirchenmusiker*, Diss. Frankfurt a. M. 1929, Frankfurt 1930, S. 101; ferner vgl. das Werkverzeichnis von G. Grove im Art. *Mendelssohn*, in: *Grove's Dictionary of Music and Musicians*, Third Edition, Vol. III (1948), S. 433.

44 Dazu s. E. Wolff: *Sechs unveröffentlichte Briefe von Felix Mendelssohn Bartholdy an Wilhelm Taubert*, in: *Die Musik* VIII/2 (1908–09), S. 165–170, sowie R. Elvers (Hrsg.), a. a. O., S. 340 f.

45 Vgl. R. Werner a. a. O., S. 101, sowie die in Anm. 1 zitierten Monographien von St. S. Stratton, S. 106, und von Ph. Radcliffe, S. 143, zur Verbreitung des Werks in England. – Zum Werk s. GA Serie 14 Nr. 103.

46 So etwa in der *Kirchenmusik* op. 23 (1830) oder in der *Hymne* op. 96 (1840); bei der *Hymne* „Laß, o Herr" erwog Mendelssohn immerhin, „*den Ton der englischen Anthems*" zu treffen, vgl. *Briefe ... an Ignaz und Charlotte Moscheles*, S. 205 (vom 20. Dezember 1840).

47 Die unisonen Chorpartien dienen dabei nicht nur der leichteren Ausführung; indem sie einerseits an liturgische Bezüge erinnern, bilden sie andererseits eine Voraussetzung für die allmähliche Entfaltung des Satzes.

48 Gewiß kann man die Paarung der kadenzierenden Melodielinie im Solopart mit den Tonrepetitionen im Chorsatz als kontrapunktisch dürftig kritisieren. Indes geht es offenbar nicht um schulgerechte Konsequenz des Kontrapunkts, sondern um seine Integration in einen Liedsatz, der durch Periodisierung und Kadenzen markiert wird.

156

Bsp. 2 b

Bsp. 2 c

Volker Klotz

(Stuttgart)

Musiktheater – ironisch und selbstironisch
Hinweise auf Gilberts/Sullivans viktorianische Operetten

Der ursprüngliche Titel meines Vortrags lautete: *Gilbert/Sullivan und die deutsche Operette*. Er war artig, aber falsch. Artig, weil er sich dem Gesamttitel des Symposions einzwängt, der da lautet: *Deutsch-englische Musikbeziehungen*. Falsch, weil es eine d e u t s c h e Operette gar nicht gegeben hat. Es gab in der zweiten Hälfte des 19. Jahrhunderts – die für Gilbert/Sullivan infrage kommt – außer der französischen Operette nur die Wiener Operette; und um die Jahrhundertwende kam dann noch eine besonders plumpe Spielart dieses Genres in Berlin auf. Mein Vortragstitel wäre demnach zu berichtigen in: *Gilbert/Sullivan und die kontinentale Operette*. Die geschichtliche Sachlage verlangt, die bilateralen Beziehungen zwischen deutscher und englischer Musik, genauer: zwischen deutschem und englischem musikalischen Lachtheater zu erweitern und zu präzisieren. Im Grunde geht es um Beziehungen zwischen drei Spielarten der Gattung Operette: der französischen, vertreten durch Jacques Offenbach; der österreichischen, vertreten durch Johann Strauß; und der englischen, vertreten durch William Gilbert und Arthur Sullivan. Was ist nun los zwischen diesen drei Spielarten von Operette? Unterm handfest positivistischen Blickwinkel einer althergebrachten literatur- und musikgeschichtlichen Komparatistik, die nach Einflüssen fragt, hätten wir schnell heraus: solche Einflüsse gehen hier nur in die eine Richtung, vom Kontinent via England und nicht umgekehrt. Gilbert/Sullivans Operetten, obwohl sie auch einheimisch britische Traditionen aufgreifen, wären ohne das Vorbild Offenbachs überhaupt nicht zustandegekommen oder entschieden anders ausgefallen. Das gilt für ihre Musikdramaturgie wie für ihre satirische Stoßkraft und für ihre szenisch wirksamen Parodien. Man kann das bestens verfolgen durch den Vergleich sujetverwandter Stücke wie Offenbachs *Les Brigands* und Sullivans *The Pirates of Penzance*. Ebenfalls einseitig, aber ungleich schwächer ist der Einfluß von Johann Strauß auf Sullivan. Er beschränkt sich aufs rein Musikalische und muß sich da mit etlichen höchst verschiedenartigen Einflußspendern teilen: Bellini, Mendelssohn, Wagner. Auch diese Beziehung zwischen Strauß und Sullivan ließe sich gut durch einen Vergleich sujetverwandter Stücke verfolgen: an *Eine Nacht in Venedig* und *The Gondoliers*. Solche Einflußrecherchen können prinzipiell sinnvoll sein, sie sind aber letztlich unzureichend dort, wo die unverwechselbare Eigenart eines Autors oder Komponisten, eines Einzelwerks oder auch einer Gruppe von Werken infrage steht. Und eben darum soll es hier gehen: um das Charakteristische des englischen Operetten-Typus von Gillbert/Sullivan, der in den angelsächsischen Ländern außerordentliche Popularität erzielt hat. Da wir in unseren Breiten wenig oder nichts über Gilbert und Sullivan wissen, werde ich mich auf deren Werke konzentrieren: auf ihre Thematik, ihre Musikdramaturgie, auf die Gegenstände ihrer Satire und auf die Verfahren ihrer szenischen und musikalischen Persiflage. Die Diskussion mag dann Gelegenheit bieten, die Berührungspunkte wie die Unterschiede zur kontinentalen Operette, namentlich von Offenbach und Strauß, zu skizzieren[1].

Springen wir gleich mittenhinein in Gilbert/Sullivans berühmteste Operette, in den *Mikado* (1885). Und zwar in Nr. 9 aus dem zweiten Akt. Die erste Strophe lautet:

> *The flowers that bloom in the spring,*
> > *Tra la*
> *Breathe promise of merry sunshine —*
> *As we merrily dance and we sing,*
> > *Tra la,*
> *We welcome the hope that they bring,*
> > *Tra la*
> *Of a summer of roses and wine.*
> *And that's what we mean when we say that a thing*
> *Is welcome as flowers that bloom in the spring.*
> > *Tra la la la la la etc.*

Die dramatischen Umstände dessen, was da gesungen wird, sind zugleich einfach und verzwickt. Zwei Männer — sie heißen Nanki-Poo und Ko-Ko — singen ein Duett. Zwei Frauen und ein weiterer Mann fallen ihnen dabei mit Trala-Refrain musikalisch in den Rücken. Womit sie dem einen Recht und vergnügten Aufwind geben, während sie dem anderen hämischen Spott nachschicken. Genau genommen ist es gar kein richtiges Duett, denn die beiden Männer duettieren nicht. Sie singen nicht miteinander oder gegeneinander, sie singen hintereinander her. Wie denn der zweite, Ko-Ko, in jeder Hinsicht das Nachsehen hat. Ihm bleibt nur, verbittert in die melodischen Trippelspuren des ersten zu tänzeln, in immer gleichen, vorgezeichneten Schritten. Die musikalische Einigkeit, der gleiche Takt, die gleiche Tonart — sie trügen. Denn die beiden Männer sind alles andere als einig. Ihre Interessen widerstreiten, und jeder von ihnen steckt, für sich genommen, in einer völlig anderswertigen Situation. Die Munterkeit der hüpfenden Sechsachtel ist bei Nanki-Poo in der ersten Strophe echt. Ko-Ko hingegen, in seiner zweiten Strophe, kann sie nur sarkastisch, wütend und selbstmitleidig aufgreifen. Warum?

Aufgehalst durch diplomatische Tricks, hat Nanki-Poo dem Ko-Ko eine wenig gefragte Dame. Es ist die betagte, männerjagende Katisha: „A most unattractive old thing", ein Ding, das nur zähnebleckend sich reimt mit dem

---

1 Einläßliche Vergleiche in dieser Hinsicht bringt das Operetten-Kapitel meines Buchs *Bürgerliches Lachtheater*, München 1980, S. 211–238.

hoffnungsvollen „spring". An ihrer statt, die ihm selber nachstellt, hat Nanki-Poo dem Ko-Ko eine Junge ausgespannt. Folglich hat er gut singen von den Blumen, die im Lenz aufsprießen und mit Sommer, Sonne und Wein überhaupt künftiges Glück verheißen. Frühlingshaft gestimmt, sieht Nanki-Poo der Erfüllung entgegen. Ko-Ko indes, herbstlich geschädigt, kann da nur grimmig grimassierend Text und Melodie nachäffen, um die „flowers of spring" zum Kuckuck zu wünschen. Sein Teil ist buchstäblich Abgesang. Was ihm bevorsteht, ist abgestanden. Was auf ihn kommt, ist unbekömmlich.

Ganz offenbar: ein zweischneidiges Liedchen, das einer zweischneidigen Situation entspringt. Sie ist angenehm und unangenehm zugleich, je nachdem wie die Betroffenen jeweils in dieser Situation stecken. Das musikalische Material – Melodik, Takt, Tonart, Instrumentation – ist für beide Parteien das gleiche. Wie auch, sieht mans ganz abstrakt an, für beide Parteien das dramatische Situationsmaterial das gleiche ist. Denn beide kriegen sie eine Frau. Nur eben mit unterschiedlicher Begehrlichkeit und von unterschiedlichem erotischen Kurswert. Diese zunächst so harmlos unscheinbare Musiknummer macht nachdrücklich darauf aufmerksam: man kann das gleiche Material so, aber auch andersherum wenden. Man kann, mit vielfältiger Wirkung, das Material, woraus diese Szene und musikalische Nummer besteht, mit dem Strich, aber auch wider den Strich striegeln: Verstexte wie melodische Phrasen, musikalische Formen wie sprachliche Alltagswendungen. Desgleichen, so zeigt die Szene, kann man auch psychische Erwartungen und gesellschaftliche Gewohnheiten in der vertrauten Richtung bedienen und ausschlachten – oder auch gegen diese Richtung. Und man kann, was den kratzigen Verstörungsreiz erst voll ausmacht, beides auf einmal.

Dieser Sachverhalt fällt allenthalben auf bei Gilbert und Sullivan, dem musikdramatischen Artistengespann, von dem hier die Rede ist. Zumal im *Mikado*, dem einzigen Werk der beiden Autoren, das seinerzeit auch außerhalb der angelsächsischen Welt großen Erfolg hatte. Es geht darin um eine grotesk-blutrünstige Hofintrige im Fernen Osten, die den englischen und allgemeineuropäischen Japan-Kult der 1880er Jahre verulkt. Derart: Nanki-Poo flieht vor dem Befehl seines kaiserlichen Vaters, die verwitterte Hofdame Katisha zu heiraten. Er liebt die hübsche Yum-Yum, die er nach langen Wanderungen im Haus ihres Vormunds Ko-Ko findet. Ko-Ko, ehemals Schneider, jetzt kaiserlicher Oberhofhenker, bereitet gerade seine eigene Heirat mit dem Mündel vor, als ihn eine Botschaft des Mikado schreckt, er werde sein Amt verlieren, falls er nicht binnen eines Monats endlich jemanden öffentlich köpft. Er hat aber keinen Delinquenten. Da springt Nanki-Poo ein mit einem verwegenen Geschäftsvorschlag. Er selber sei bereit, sich hinrichten zu lassen, wenn er vorher vier Wochen lang Yum-Yum zur Frau haben darf. Ko-Ko geht beglückt darauf ein. Doch die geprellte Hofdame Kathisha holt alsbald den Mikado herbei. Der kommt noch vor Ablauf der Frist und will sofort den Beweis für eine vollzogene Hinrichtung. Ko-Ko befriedigt ihn mit einer gefälschten Urkunde. Doch Katisha weist jammernd nach, der Tote auf dem Dokument sei des Kaisers Sohn. Jetzt ist Ko-Ko vollends in die Ecke gedrängt. Als vermeintlichem Vergießer kaiserlichen Bluts droht ihm der Tod in siedendem Öl. Allein Nanki-Poo kann ihn retten, wenn er sich aus seinem Versteck zu erkennen gibt. Doch der ist nur dann bereit, wiederaufzuerstehen, wenn Ko-Ko ihm die Hofdame Kathisha aus dem Weg heiratet. Was zähneknirschend geschieht.

Nehmen wir uns noch einige weitere musikalische Nummern aus dem *Mikado* vor, um genauer zu veranschaulichen, was es mit der Zweischneidigkeit von Gilbert/Sullivans Musikdramaturgie auf sich hat. Zunächst ein Song mit Chor, worin der Komponist besonders widerhaarig mit der Konvention spielt; mit alter und neuer Konvention, mit fremder und mit eigener. Dieses selbstironische Spiel wird auf der Bühne nicht etwa witzig beredet und zerredet, sondern es läuft ab als ein dramatisch genau begründeter szenischer Vorgang: im Auftrittslied des Nanki-Poo, jenes verschmitzten Jünglings, der hernach, im „Flowers"-Duett, die hübsche Yum-Yum davontragen wird. Incognito zieht dieser Kaisersohn durch die Lande, um die Geliebte aufzuspüren. In der Rolle eines „wandering minstrel", eines ambulanten Barden und Liederhändlers. Mithin als einer, der davon lebt, daß er der begierigen Umwelt ihre musikalischen Neigungsschablonen und ihre standardisierten Empfindungen in gefälligen Weisen feilbietet.

Das Auftrittslied besteht aus fünf Teilen. Sie unterscheiden sich deutlich in ihrem jeweiligen musikalischen Charakter durch Tonart und Takt. Der erste und der fünfte Teil machen zusammen den Rahmen des Liedes aus. In diesem Rahmen stellt sich Nanki-Poo einer Gruppe vornehmer Japaner vor als Reisender in Musikartikeln. In den drei inneren Teilen des Liedes breitet er dann seinen tönenden Bauchladen aus. Was führt er am Lager? 1. eine Schmachtweise für Empfindsame: „Are you in sentimental mood? I'll sigh with you ..." 2. eine patriotische Kampfeshymne: „But if patriotic sentiment is wanted ..." 3. ein emphatisch aufschäumendes Seemannslied: „And if you call for a song of the sea". Und da ja unter den japanischen Kimonos satirisch aufgebotene britische Landsleute stecken, läßt der Komponist Sullivan den zuhörenden Chor lediglich in den beiden letzten Fällen des musikalischen Angebots jauchzend einfallen. Also nicht schon beim Schmachtlied, sondern erst beim patriotischen und beim maritimen Triumphgesang.

Die begeisterte Resonanz des einfallenden Chors bezeugt: Nanki-Poo versteht sich auf sein Geschäft als „Wandering minstrel" und Liederhändler. Desgleichen kann man heraushören, wie auch seine Hersteller Gilbert und Sullivan sich auf dieses Geschäft verstanden. Wie sie, jedenfalls bei einem selbstspöttischen britischen Publikum, sich darauf verstanden, anzukommen dadurch, daß eben dieses Ankommen musiktheatralisch thematisiert und vorgezeigt wird. Denn sie durchleuchten in Nanki-Poos Auftrittsnummer die Tätigkeit und Wirkung von einem, der dem Volk aufs Maul geschaut hat, um dem Volk, gewinnbringend, nach dem Munde zu singen. Die Musen küssen im Takt von Angebot und Nachfrage. Hier richtet sich also die Zweischneidigkeit aufs Tun und aufs Kunstmedium der Verfasser selbst. Mutwillig verspielen sie für einen Moment die szenische Illusion, indem sie aufs eigene illusionsspendende Amt anspielen. Sie durchlöchern für einen Moment den schönen Trug, auf den das erwachsene Theaterpublikum fast genauso aus ist wie die Kinder: hoffend, wo nicht glaubend, auf der Bühne geschähe jetzt eben Tatsächliches, der mit der Krone sei so wirklich König wie das rote Rinnsal Blut sei. Diesen trügerischen Schein lockern Gilbert und Sullivan, wenn sie zugleich mit Nanki-Poos pfiffiger Publikumsbedienung die eigene Kunstfertigkeit vorweisen:

Bsp. I

Anders wiederum Japans kaiserlicher Scharfrichter Ko-Ko. Wenn er Sullivans wohl bekanntesten Song anstimmt, bleibt er bei sich und den eigenen unerquicklichen Lebensumständen. Er kann zu seinen argen Beschwernissen nicht auch noch die szenische Beweislast für theatralische Illusion und Desillusion tragen. Es geht um das Lied vom *Little tom-tit*, vom Bachstelzmännchen, das liebeskrank die „Willow"-Weide ansingt, wie weiland Desdemona vor ihrem gewaltsamen Hinschied. Woran Desdemona verstarb, ist bekannt. Was aber bringt das erbarmungswürdige Vöglein um? Nicht etwa intellektuelle Schwäche, wie der Sänger zunächst zartfühlend wähnt; es ist auch kein unverdauter Wurm im Magen, der es seufzen macht und schließlich gar selbstmörderisch in den Fluß treibt, sondern unerwiderte Liebe. Hier die erste Strophe:

> *On a tree by a river a little tom-tit*
> *Sang , Willow, titwillow, titwillow! '*
> *And I said to him, ,Dicky-bird, why do you sit*
> *Singing „Willow, titwillow, titwillow"? '*
> *, Is it weakness of intellect, birdie? ' I cried,*
> *, Or a rather tough worm in your little inside? '*
> *With a shake of his poor little head, he replied,*
> *, Oh, willow, titwillow, titwillow! '*

Eine rührend elegische Ballade, die melodisch nach dem Herzen der Hörer angelt. Nur, sie hat einen Doppelhaken. Der steckt einmal in ihrem Sänger Ko-Ko und dann in ihrem Verwendungszweck, was den vorgelockten Tränen des Publikums allenfalls das scharfe Salz beläßt. Denn Ko-Ko verwendet das selbstmörderisch liebende Bachstelzchen, von dem er so bewegend singt, nur als Beispielfigur. Als verwackeltes Gleichnis für sein eigenes Schicksal. Ko-Ko nämlich ist der gleiche Mann, der den „flowers of spring" so gar nichts abgewinnen konnte, nachdem ihm Nanki-Poos listige Machenschaften die alte, liebesgierige Katisha aufgezwungen hatten. Jetzt ist Ko-Ko in einer derart hochnotpeinlichen Zwangslage, daß er gar selber die Ungeliebte umwerben muß. Er tuts mit der Ballade vom traurigen Tom-tit und hat schlagenden Erfolg. Hier wirkt die Zweischneidigkeit nicht gegen die szenische Illusion, sondern innerhalb der szenischen Illusion. Zweischneidig ist die irrwitzig verdrehte Entsprechung zwischen Ko-Ko und dem liebeskranken Vogel. Auch Ko-Ko zwar müßte sterben, wenn Katisha ihn nicht erhörte. Doch nicht aus Seelenschmerz und von eigener Hand wie die Bachstelze, sondern aus staatspolitischen Gründen, als vermeintlicher Mörder des Kaisersohns. So stürzt er sich denn mit ausgeborgten und zugleich echten Seufzern in den Abgrund. Nicht in den reißenden Fluß wie das Bachstelzlein, aber in die schlimmste Alternative dazu: in die Gefühlsstrudel der ungeliebten Katisha.

(Notenbeispiel II siehe nächste Seite)

Bevor wir Gilberts und Sullivans Zweischneidigkeiten weiter durchprobieren und ihren Bedingungen und Zielen nachfragen — einige Daten zu den beiden Autoren. Der Texter, William Schwenk G i l b e r t, lebte von 1836 bis 1911. Er schrieb Kritiken und Gedichte. Er führte Regie und verfaßte vielerlei Theaterstücke, mit und ohne Musik, feierliche, sentimentale, vor allem

Bsp. II

aber satirische und grotesk überdrehte. Gilbert, der poetische Librettist, und Sullivan, der Musiker, sie sind nur paarig zu haben. Keiner läßt sich im fertigen dramatischen Werk, das sie gemeinsam produzierten, säuberlich vom andern scheiden. Und wenn einer der beiden, die sich persönlich nicht besonders gut leiden mochten, fremd ging, will sagen: für andere Partner textete oder komponierte, kamen dabei jedesmal nur künstlerische Steißgeburten heraus. Gilbert hat nicht nur mit seinen scheinbar steifen Szenerien und satirischen Handlungsabläufen dem Sullivan in die Hände gearbeitet. Er tat es auch mit seinen verdrechselten Versformen, mit seinen zungenkräuselnden Reimspinnereien und seinen sinnverstauchenden Wortspielen. Wie die Sätze und Verse, die Gilbert seinem Kompagnon zum Vertonen verabreichte, sind auch die überwiegenden Vorkommnisse dieser musikalischen Bühnenstücke hochprozentig britisch. Es herrscht darin die Sicht, die Haltung, die Mentalität der viktorianischen Zeitgenossen. Denn unverkennbar sind die beiden Autoren, auf einer sublimen Stufe, diesem viktorianischen Bürgertum ebenso verfallen, wie sie es ganz offenkundig höhnisch anfallen.

13 gemeinsame Operetten haben Gilbert und Sullivan von den siebziger Jahren des vorigen Jahrhunderts bis in die neunziger Jahre herausgebracht. 13mal je andere Ansichten spezifisch britischer Mentalität: in den Vorlieben und Abneigungen; in den merkwürdigen staatlichen und privaten Institutionen; in den gesellschaftlichen Gepflogenheiten; in den ideologischen Heiligtümern. So die umständliche und überformalisierte Rechtsprechung in *Trial by jury*. So das ausgepichte Klassensystem, der maritime Patriotismus und die untaugliche Admiralität im Navigationsritual von *H. M. S. Pinafore*. So der kolonialistische Fernostkult im *Mikado*. So die schwerfällige Betulichkeit der Polizei und der Snobismus der Mittelklasse in *The Pirates of Penzance*.

So blaustrümpfiger Intellektualismus überkreuzt mit Militarismus in *Princess Ida*. Spezifisch britisch aber auch ist die kühle Inbrunst, solche gesetzten Güter der Nation an ihren empfindlichsten Stellen zu beuteln, ohne daß Satire dabei griesgrämlich besserwisserisch daherkäme. Sie ist vielmehr durchdrungen von ebensoviel ungebundenem, hakenschlagenden Witz, der seine unvorhersehbaren Wege nimmt. So bleibt noch ein großzügiger Spielraum von zügelloser Groteskkomik; von dem, was man im eigenen Land Gilberts und Sullivans ‚topsyturvydom' nannte: die subviktorianische anarchische Lust, das Unterste zu oberst zu stülpen — wenn schon nicht in der gesellschaftlichen Wirklichkeit, dann doch in der Fantasie. Die Lust, scheinbar ziellos Kobolz zu schießen in ein Nirgendwo, das sich dann letzten Endes doch als eine Wunde oder ein Schorf der bürgerlichen Gesellschaft erweist.

Der Musiker Arthur Seymour S u l l i v a n lebte von 1842—1900. Er ist somit Zeitgenosse von Brahms, Dvorak, Tschaikowski. Und in seinem eigentlichen Feld der Operette ist er eine Generation jünger als Offenbach, Suppé und Johann Strauß. Zur mehr als bloß zeitlichen Einordnung in die Musikgeschichte ist zu vermerken: Sullivan hat sich selber und seiner Umwelt krumm genommen, daß allein sein leichtes, komisches Musiktheater dauernden Erfolg hatte. Denn er hielt, aus Gründen der öffentlichen Geltung, mehr auf seine seriösen sinfonischen und oratorischen Werke, sowie auf seine spätromantische historisierende Prunkoper *Ivanhoe* nach Sir Walter Scott. Dabei ragen seine seriösen Produktionen kaum über gut verfertigte Epigonenkunststücke hinaus. Mendelssohn und italienische Belcanto-Oper werden da posthum noch einmal aufgeführt, um sich sanft zu reiben an der heimischen Überlieferung englischer Vokalmusik — an kirchlichen Kantaten, an Madrigalen und Liedern, die bisweilen stilgeschichtlich noch hinter Henry Purcell zurückreichen.

Just dieser Traditionalismus ermöglicht Sullivans vielseitig ausschlagenden musikalischen Witz. Denn seine Operetten bauen nicht nur auf sein beträchtliches kompositionstechnisches Können. Sie bauen auch auf seine stilistische Vergangenheitshörigkeit, um diese in ständig neuen Anläufen zu unterhöhlen. Wenn Sullivan die ausladenden Gebärden der großen Oper à la Meyerbeer herbeizitiert fürs Lachtheater; wenn er ausgepichte kontrapunktische Konstruktionen aufbietet, um eine scheinbar harmlose Szene grotesk zu verkanten und aus dem Lot zu kippen: dann betreibt er keine leichtfertige Persiflage; keinen billigen Spott, der sich flink und langfingrig an beliebigen Gegenständen vergreift. Fern vielmehr von achselzuckender Gleichgültigkeit, die wohlfeiles Gelächter einheimst, wo immer es zu haben ist, engagiert sich Sullivans Parodie. Wörtlich verübt sie, was ihr Name besagt. Gegengesänge stimmt sie an, Gegenweisen wider bestimmte überkommene, gesellschaftlich hochnotierte Weisen. Daß Erhabenheit dabei Runzeln wirft und zusammenschnurrt; daß anspruchsvolle Prägungen bei der listigen Karambolage dröhnend als Hohlformen sich zu erkennen geben, das ist ein erster, durchaus erheiternder Effekt.

Hierzu kann *Princess Ida* (1884) ein besonders schlagendes Beispiel liefern. Dieses Werk bezieht seinen Witz vornehmlich daraus, daß es plumpsten, hohlköpfigen Militarismus mit einer zartsinnigen, aber energischen pädagogischen Damenprovinz, geleitet von Prinzessin Ida, zusammenprallen läßt. Der Militarismus — verkörpert in drei Söhnen des sauertöpfischen Königs Gama, deren Säbelrasselei scheppert wie eine ganze Eisenhandlung beim Erbeben — kommt musikalisch nicht irgendwie daher, sondern im Stil eines überspreizten und überreizten klassischen Oratoriums. Dem Klangwitz entspricht vollauf der szenische. Denn diese fürstlichen Krieger sind derart überbewaffnet, daß sie sich kaum vorwärtsbewegen, geschweige denn an den ersehnten Feind heranmachen können. So rüstet sich Arac, der grimmigste der drei, zum Kampf, indem er sich abrüstet. Strophe für Strophe, beifällig unterstützt vom Chor, legt er seine Rüstung Stück nach Stück ab, weils ihn drückt: Helm, Brustpanzer, Armschienen und schließlich: ,,These things I treat the same / I quite forget their name." Gemeint sind die Beinschienen, deren Bezeichnung sich zu merken sein kleines Soldatenhirn nicht gestattet.

ARAC *This helmet, I suppose,*
    Was meant to ward off blows,
     It's very hot,
     And weighs a lot,
    As many a guardsman knows,
    So off that helmet goes.

ALL *Yes, yes, yes,*
    So off that helmet goes!
    (...) (Notenbeispiel III siehe nächste Seite)

Hier spricht Sullivans musikalische Persiflage überdeutlich. Zitiert wird der erhabene Habitus Händelscher Oratorien: in der melodischen Phrasierung, in den Fiorituren und Koloraturen, aber auch im kontrapunktisch federnden Baß des abstützenden Orchesters. Mit der karikierenden Beschwörung der Händel-Oratorien richtet sich die Satire zugleich auf jene. Gleichermaßen, wie der bombastische Krieger Arac hier auf der Bühne, werden auch deren biblische und historische Helden — die Saule, die Samsons, die Alexander — in einem musikalischen Aufwasch nachträglich noch mit-entwaffnet.

Sullivans parodistischer Rundumschlag reicht freilich noch weiter. Denn er gilt nicht nur den parodierten Gegenständen, er bezieht sich auch zurück auf den Parodisten selbst. Das heißt, Sullivan schließt den eigenen Standort in die parodistische Abrechnung mit ein. Zunächst einmal den beruflichen Standort des illusionierenden Theatermachers und musikalischen Unternehmers, so wie es an Nanki-Poos Auftrittsnummer als fliegendem Gefühls- und Liederhändler zu beobachten war. Aber auch den persönlichen ästhetischen

Bsp. III

Standort des nachgeborenen, überlegen spielenden und planenden Kunsttalents. Eines Spätlings, dem zumal die einheimischen Kulturproduktionsverhältnisse den Elan zu musikalischen Neuerungen stutzen; der indes weitsichtig genug ist, den eigenen Traditionalismus kritisch zu zerlegen und umzupolen. So präsentiert sich Sullivan als lachender Erbe, dem ebensoviel klassizistische wie spätbarocke, kontinentalromantische wie britisch folkloristische Stilmuster verfügbar sind, um seiner von draußen gedrosselten Neigung zum schieren Gefühlsausdruck auf ironischen Umwegen nachzukommen.

Falls diese Haltung absonderlich erscheint, so sei nur an einen Autor erinnert, der, sozialgeschichtlich, ungefähr dort einsetzte, wo Sullivan aufhörte, an Thomas Mann. Auch der machte insgeheim sich für die eigenen Werte und stilistischen Normen stark, wenn er hochangeschriebene Muster parodierend verstauchte, aber eben damit doch heraufbeschwor. Auch Thomas Mann schlüpfte zwinkernd in Goethes Prosa-Habitus nicht so sehr, um ihn bloßzustellen, als vielmehr: um schreibend, zitierend, persiflierend und mimend das Handwerk hochleben zu lassen. Das Handwerk des allvermögenden Skribenten, des seiltanzenden Sprachjongleurs, der erzählend die Welt zu fassen und aufzufangen vorgibt. In ähnlich kecker Resignation wie Sullivan wußte er wohl und ließ kunstvoll wissen, daß der allgemeine Verlauf der Geschichte die Tugenden und Fertigkeiten des Handwerksmeisters ebenso überholt wie den unverstellten Gefühlsausdruck des Individuums. Artistische Virtuosität läuft hier nicht leer. Sie antwortet folgerichtig den labilen gesellschaftlichen Umständen, denen sie aufspielt.

Diese heikle sozialgeschichtliche Lage schlägt nicht erst in Gilberts und Sullivans Libretti zu Buch, sondern vorher schon in ihren reizbaren Charakteren und ihrem subtilen Kunstverstand. Sie kann viel von dem erklären helfen, was auf der Bühne geschieht, jedenfalls bestimmte wiederkehrende, doch unterhaltsam abgewandelte Stereotypen. Ich denke vor allem an den schon vermerkten komödiantischen Umgang mit den internen künstlerischen und künstlichen Voraussetzungen; mit den gängigen, allzumal als gängig gekennzeichneten Mitteln, Techniken, Materialien von Musik und Poesie, von Theater und Oper; aber auch mit umläufigen Konventionen psychischen und sozialen Gebarens. Was hier spielt, ist also keine unbefangene Komödiantik, sondern eine nach dem Sündenfall der Selbstreflexion. Feixend perpetuiert sie diesen Sündenfall, indem sie den eigenen Schwung übers selbstgestellte Bein wieder und wieder zum Stolpern bringt.

Nehmen wir eine Szene aus *HMS Pinafore*, auf deutsch: *Ihrer Majestät Schiff Küchenschürze*. Da lockt durchtriebene Scheinheiligkeit das Publikum in eine zarte lyrische Situation. Oboe und Englischhorn haben den empfindsamen Stimmungsrahmen bereitet, wo der edle Leichtmatrose Ralph, umspielt von einsamen Flötentremoli, zu seinem Seufzermadrigal ansetzt. Schwermut durchzittert ihn, seit er, ohne Aussicht auf Erfolg, zu hoch hin-

auf liebt: zur Kapitänstochter Josephine. Wenn seine sanfte Weise die traurige Nachtigall beruft, kann er der Einstimmung des ergriffenen Publikums
ebenso sicher sein wie der Einstimmung des Hintergrundchors, der besiegelnd
jeweils die Schlußzeile der Strophen in tieferer Lage wiederholt. Doch diese
Übereinstimmung ist nur ein dünner musikalischer Boden, der, kaum begangen, auch schon Risse zeigt:

RALPH *The Nightingale*
Sighed for the moon's bright ray,
And told his tale
In his own melodious way!
He sang , Ah, well-a-day! '

CHOR *He sang , Ah, well-a-day! '*

Bsp. IV

Fast unmerklich wird schon hier die vermeintlich intakte lyrische Situation
rissig. Und mit ihr die sonst selbstverständlich hingenommene operntheatralische Illusion. Denn die chorische Resonanz „He sang: ,Ah, well-a-day!' "
trifft mit ihrem „he" nicht nur den singenden Vogel, sie trifft auch denjenigen, der singend den singenden Vogel herbeizitiert, also den anwesenden
Ralph. So schillert der Refrain zwischen Zitationen ersten und zweiten Grads.
Er lockert den schönen szenischen Schein, indem er den Zitationsakt bewußt
macht. Zugleich schmäht er unter der Hand das altehrwürdige rollenlyrische
Verfahren, poetische Gewährsinstanzen, vorzüglich aus der Natur, für die
eigenen Seelenbewandtnisse paradigmatisch einspringen zu lassen. Siehe
oben: das selbstmörderische Bachstelzchen. Die zweite Strophe des Madrigals
setzt den Destruktionsvorgang fort, wiederum in unauffälliger Hinterhältigkeit:

RALPH *The lowly vale*
For the mountain vainly sighed,
To his humble wail
The echoing hills replied.
they sang , Ah, well-a-day! '

CHOR *They sang , Ah, well-a-day! '*

Die Doppelbödigkeit des einstimmenden Chor-Refrains macht sich diesmal noch früher bemerkbar. Ralphs Solostrophe bereits spielt scheinbar unverfänglich – „The echoing hills replied" – den operntechnischen Resonanzmechanismus an. So, daß der nunmehr pluralisch gefaßte Refrain „They sang ,Ah, well-a-day!'" nicht den singenden Ralph, sondern diesmal den replizierenden vielstimmigen Chor einbegreift. Mit dem aberwitzigen Resultat, daß dieser Chor, wenn er dem Solo sein Echo nachschickt, in ein und demselben Akt handelt und eben diese Handlung als abgeschlossene berichtet: „They sang ..."

Wer meint, hier werde dieser Nummer mehr Ironie abgezapft, als sie tatsächlich enthält, macht die Rechnung ohne das Rezitativ, das sie beschließt. Ralph antwortet da auf die wohlmeinende Anteilnahme des Chors. Er tut es nicht länger mehr metaphorisch verhohlen, wie in den „echoing hills", sondern sehr direkt. Damit kündigt er vollends den theatralischen Illusionskodex auf: Erstens, indem er die szenisch verborgene Resonanzgruppe spielverderberisch zur Rede stellt; zweitens, indem er sie nicht bei ihrer fiktiven Eigenschaft als Schiffskameraden nimmt, sondern bei ihrer musikdramaturgischen Funktion als Chorus. Das äußert sich zumal darin, daß Ralph die augenblickliche Situation – nicht die gespielte, vielmehr ihre technische Voraussetzung – sogleich aufs Regelmäßige hin verallgemeinert. Auf den opernüblichen – unbefriedigenden, weil mechanisch verfügten – Verkehr zwischen Solo und Refrainchor:

> I know the value of a kindly chorus,
> But choruses yield little consolation
> When we have pain and sorrow too before us!
> I love – and love, alas, above my station!

Das muß einleuchten: wer Schmerz und Kummer v o r sich hat, kann einen nach-singenden Chor h i n t e r sich nicht gebrauchen. Die anderen auf der Bühne, die gefühlvolle maritime Gemischtwarenhändlerin Buttercup nicht minder als die Matrosenschar, haben ein Einsehen mit Ralphs Verlangen nach einsamer Trostlosigkeit. Zwar können sie sich das Kehrreimen nicht verkneifen, doch sie nehmen es ins murmelnde „Beiseite" zurück. Und: sie sind erschüttert genug, um Ralphs bittere Eröffnung zwar mit gleichem Klang, doch mit verrutschtem Sinn wiederzugeben. Sie verfehlen ihn in einem einzigen, aber springenden Punkt:

BUTTERCUP (aside) *He loves – and loves a l a s s above his station!*

CHOR (aside) *Yes, yes, t h e l a s s is much above his station!*

Wenn aus „alas" „a lass" wird, wenn also die Resonanzgruppe, bestehend aus einer Frau und einer Mannschaft Matrosen, aus dem „Ach" „ein Mädchen" macht, so läßt sich der Verdacht kaum unterdrücken, der arglistige Gilbert könnte mit diesem Wortspiel noch einen satirischen Zusatzpfeil verschossen haben. Dergestalt, daß Buttercup und der Chor, vertretungsweise fürs eingreifende Korrektiv der viktorianischen Gesellschaft, unverzüglich eine womöglich anstößige Leerstelle besetzen. Ralphs, der auf dem Schiff immerhin in einer geballten Männergruppe lebt, geschlechtlich unbestimmtes Liebesobjekt muß prompt durch ein weibliches Vorzeichen eindeutig und damit annehmbar gemacht werden. Kein Freudscher Ver-Sprecher wäre das, sondern ein Freudscher Ver-Hörer, diktiert vom kollektiven Überich.

Gilberts/Sullivans Komödiantik ist eine nach dem Sündenfall der Selbstreflexion. Sie gibt preis, wie man macht, was man macht. In kichernder Pedanterie legt sie dar, Zug um Zug, welche Verrichtungen es braucht, um bestimmte erwünschte Ergebnisse zu erzielen — seis ästhetische, seis solche des alltäglichen menschlichen Umgangs. Diese Operetten folgen daher nicht nur den Rezepten einer Dramaturgie, die sie persiflieren. Sie handeln oft sogar noch von Rezepten. Vom sachverständigen know-how, das der eine hat, während der andere es benötigt; von Ratlosigkeit und der Unterweisung im angemessenen, sprich: viktorianisch imprägnierten Verhalten.

Insbesondere Liebesvorkommnisse erweisen sich da als dringend rezeptpflichtig. Weil aber Gilbert/Sullivan ebenso regelhörig vorgehen wie die zeitgenössische Sozietät, die sie verspotten, nur eben nach dem eigenen Antiregelsystem, das unterste zu oberst zu kehren — so kommt es, daß auch der Namensgeberin viktorianischer Erotik die keimfreien Röcke über den Kopf rutschen: so verliert die geistig allemal anwesende Queen, zeitweilig wenigstens, das Gesicht. Zunächst ein Liebesrezept aus *The Gondoliers* (1889). Es ist die ausgelassenste und melodienseligste Operette Sullivans, die sich, wie keine andere, auf ein fremdes, nämlich italienisches Sing- und Tanz-Idiom einläßt. Einer der beiden titelspendenden Gondolieri, die in einen unabsehbaren Wirbel von Kindsvertauschung, Thronfolgertombola und blind verquerer Heiraterei gehetzt werden, gibt seinem Bruder ein sorgsames Rezept für Liebesglück. Dabei werden die körperlichen Vorzüge der nur hypothetischen Geliebten bedächtig aufgezählt, abgewogen und verrührt. Nach Art eines besseren Kochbuchs. So regiert denn auch im Text mit anaphorischem Nachdruck die gastronomische Losung „Man nehme ..."

(Notenbeispiel V siehe nächste Seite)

Die musikalische Ironie des Songs liegt im gezielten Mißverhältnis zwischen szenischer Situation, musikalischem Charakter und Textgebaren. Dem trocken belehrenden Rezeptgestus „Man nehme", dem die fertige Speise ja lang noch bevorsteht, widerspricht die musikalische Inbrunst eines Ständchens, das innig die leibhaftig anwesende Geliebte adressiert — während tatsächlich auf der Bühne nur zwei Männer einander erotische Ratschläge erteilen.

Beim nächsten Rezept gehts bewegter zu. Hier überkreuzen sich gegenläufige erotische und soziale Bestrebungen. Ein Trio zwischen dem obersten Admiral der britischen Marine, dem Kapitän des oben schon erwähnten

Bsp. V

Schiffs Ihrer Majestät *Pinafore*, und dessen schöner Tochter Josephine. Der Admiral, wohlgefällig unterstützt vom geschmeichelten Vater, wirbt um das Mädchen, indem er herablassend ihre Bedenken wegen der sozialen Kluft zerstreut: er habe wenig bis gar nichts gegen die „lower middle class". Freudig nimmt Josephine die Unterweisung entgegen, daß Liebe die Standesunterschiede einebne. Denn bisher hatte sie ein schlechtes Gewissen, ihren geliebten Leichtmatrosen Ralph zu erhören. Mißverständnisse reihum, genährt von der vergnügten Bereitschaft, sich nicht zu scheren ums Warum und Wozu, wenn Liebe in Frage steht. Nach dem Rezept: „Never mind the why and wherefore". Abermals wird hier, in Form eines reprisenfreudigen Ensembles, das Schema der Nummernoper demonstrativ genutzt und damit dem Publikum als technische Konvention kenntlich gemacht. Ein Spiel mit offenen Karten, das ermöglicht, die Unwahrscheinlichkeitsgesetze von Oper zu entblößen, um sie augenzwinkernd auszuschlachten für die szenischen Belange der eigenen ebenso unwahrscheinlichen Story. Jeder singt mit jedem im schönsten Einklang die gleiche wiederholsame Weise, in zufriedenem Triumphgefühl, obwohl die Interessen total auseinandergehen. Und das ist eben einzig möglich unter den Bedingungen einer Opernensemblenummer, wo jeder nur eifrig den eigenen Stimmpart verfolgt, ohne der Partner zu achten, solang wenigstens die Takt- und Satzverhältnisse stimmen.

Während im *Mikado*, am roten Faden einer blutrünstigen Scharfrichter-Groteske, Japan für England steht, kommt England unverblümt zu Wort und Ton in dem Stück, dem dieses Trio entstammt. *H.M.S. Pinafore* war Gilberts/Sullivans erstes abendfüllendes Erfolgswerk, im Jahr 1878. Unter die satirische Zerrlupe geraten hier die praktischen Bräuche auf den Schiffen der navigierenden Nation, aber auch Korruption und Inkompetenz in der obersten Verwaltung der Royal Navy. Und vollends die segellustige Seebrisenideologie des ingesamten Inselvolks. Der erste Lord der Admiralität, der sich in Anwaltsbüros und Parlamentshinterbänken emporgesessen hat, betritt erstmals in seinem Leben und seiner Laufbahn Schiffsplanken: „And that junior partnership, I ween, / Was the only ship / that I ever had seen." Ingrimmig stellen Gilbert und Sullivan die zeitgenössische Realität auf den Kopf. Wo faktisch immer noch die neunschwänzige Katze herrscht, um bedingungslosen Gehorsam einzupeitschen und einzutreiben, erkundigt sich der zartfühlige Kapitän bei seiner geliebten Mannschaft nach ihrem morgendlichen Befinden. Und die Mannschaft nimmt die Nachfrage gnädig auf. Mit einigen gouvernantenhaften Korrekturen, wenn der Kapitän gunstbuhlend seinen persönlichen Tugendkatalog aufblättert: er werde nie seekrank und er fluche nie — oder doch zumindest „hardly ever":

RECITATIV

CAPT.	*My gallant crew, good morning.*
ALL	(saluting). *Sir, good morning!*
CAPT.	*I hope, you're all quite well.*
ALL	(as before). *Quite well; and you, sir?*
CAPT.	*I am in reasonable health, and happy*
	To meet you all once more.
ALL	(as before). *You do us proud, sir!*

SONG

CAPT. *I am the Captain of the P i n a f o r e ,*
ALL   *And a right good captain, too!*
CAPT. *You're very, very good,*
     And be it understood,
   I command a right good crew.
ALL   *We're very, very good,*
     And be it understood,
   He commands a right good crew.
CAPT. *Though related to a peer,*
   I can hand, reef, and steer,
     And ship a selvagee (= Kabelgarn);
   I am never known to quail
   At the fury of a gale,
     And I'm never, never sick at sea!
ALL   *What, never?*
CAPT. *No, never!*
ALL   *What, n e v e r ?*
CAPT. *Hardly ever!*
ALL   *He's hardly ever sick at sea!*
   Then give three cheers, and one cheer more,
   For the hardly Captain of the P i n a f o r e !

Beides wird in dieser Nummer hinterfotzig aufgerufen und umgestülpt: außer dem gesellschaftlichen Sachverhalt schrankenloser Willkür auf den Schiffen auch noch ganz bestimmte wohlkreditierte, bewährte musikalische Formen. Einmal die feierlicher Spreizschritte eines klassischen Oratorien-Rezitativs. Sodann die unverfrorene frontale Selbstvorstellung und Selbstanpreisung („I am the captain of the Pinafore"), wie die Opéra comique sie mit ihren Auftrittsnummern an die Rampe wuchtet. Aus dieser krausen Legierung entsteht dann noch eine beinahe kirchenliturgische Responsorienstruktur. Solo und Chor im frage-antwortenden Wechselgesang.
     (Notenbeispiel VI siehe nächste Seite)
Eingesungen sind sie aufeinander im geheiligten Ritual einer umgekehrten Schiffshierarchie. Hier freilich ist der Chor — und darin liegt der gesellschaftskritische Stachel — nicht länger mehr schierer Resonanzboden für den großen Einzelnen. Sondern: der Solist (anders als Ralph, der k l e i n e Matrose, in dem oben beschriebenen Nachtigall-Madrigal) unterwirft sich einem Chor, der ihm Rechenschaft abfordert.

Bsp. VI

Worin liegt nun die Eigenart dieser englischen Operettenspielart, im Unterschied zu kontinentalen Operetten, die ja gleichfalls späte, oft persiflier-
freudige, manchmal auch satirische Produkte sind? Was Gilbert/Sullivan vor-
führen und vollführen, läßt sich vergleichen mit der Metrik. Ihre szenisch for-
mulierte Welt verhält sich zur Erfahrungswelt der viktorianischen Gesellschaft ungefähr so wie Vers zu Prosa. Letztere nicht nur, aber auch verstanden im Hegelschen Sinn: als Prosa der Verhältnisse, wie sie die Verkehrsfor-
men der bürgerlichen Epoche hervorbringen. Der seit Hegel beträchtlich fort-
geschrittene Zustand arbeitsteiliger Lebensweisen ballt sich und verbirgt sich
zugleich in den spezifisch britischen Einrichtungen, die Gilbert/Sullivan sin-

gen und tanzen lassen: das untüchtige, aber gravitätische House of Lords; die aberwitzig durchdifferenzierte soziale Klassenskala; die überformalisierte Rechtsprechung; den ausgepichten Repräsentationsstil eines machtlosen, aber glanzvollen monarchischen Apparats. Lauter Erscheinungen, die einerseits – gewollt unzeitgemäß – in ihrer aufwendigen Nutzlosigkeit den Regeln einer strikt kapitalistischen Ökonomie widersprechen; die andererseits – ungewollt zeitgemäß – gerade den allgemeinen Zustand verfremdeter Unnatur besonders augenscheinlich mitverkörpern. Wenn nun Gilbert/Sullivan in ihren überaus kunstvoll durchtriebenen Bühnenstücken solche heimischen Einrichtungen komisch entstellen, verarbeiten sie die Prosa der zeitgenössischen Verhältnisse zu metrischen Gebilden. Szenisch: indem sie ihnen Aktionen und Reaktionen abfordern, über die sie stolpern müssen. Sprachlich: indem sie ihnen Verse, Reime, Wortspiele in den Mund legen, die ihren würdevollen Unverstand zum Sprechen bringen. Musikalisch: indem sie ihnen deplacierte, aber öffentlich hochgeschätzte Ausdrucksformen aufnötigen, die ihre grundsätzliche Deplaciertheit erklingen lassen.

Nun ist aber – ungleich stärker als die französische und österreichische Gesellschaft, der Offenbach und Strauß aufspielen – d i e s e Prosa der Verhältnisse ihrerseits schon metrisch vorgeformt. Sie kommt auf Versfüßen bereits in der Wirklichkeit daherstolziert – ohne einen Schimmer von Poesie. Denn die oberhäuslerische Verfahrensordnung oder das höfische Zeremoniell (etwa einer königlichen Wachablösung), die Gerichtsprozedur oder die Ranghierarchie und das Exerzierritual auf einem Schlachtschiff ihrer Majestät: sie sind zwar Wirklichkeit, haben aber derart überkünsteltes Gepräge, daß sie längst ihren einstmals zweckmäßigen Boden unter den Füßen verloren haben. Somit versetzen die Operetten, die derlei entstellt auf die Bühne bringen, die metrisch geformte Prosa britischer Verhältnisse in ein andersartiges Über- und Anti-Metrum. Vollends erzielen sie ihre satirische, aber auch schlechterdings groteske Wirkung, indem sie fast immer gleich zwei, durchaus unverträgliche Metren gegeneinander ausspielen. Zwei verschiedenartige Regelsysteme, die sich wechselseitig die jeweils behauptete absolute Geltung streitig machen: weibliche Gelehrtenrepublik contra geballter Militarismus (*Princess Ida*); Feenkönigin mit Gefolge contra Lordkanzler mit Parlamentariern (*Iolanthe*); zwanzig Generalstöchter contra Polizeikommando contra Piratenbande, die sich aus ehemaligen Lords zusammensetzt (*The Pirates of Penzance*); Marinemannschaft contra zierlicher Damenflor des königlichen Admirals (*H. M. S. Pinafore*). Wenn Gilbert/Sullivan solche unverträglichen Metren zu Paaren treiben, vollführen sie Reimzwang als Gegenzauber wider die Zwänge und Zwangsanstalten des gesellschaftlichen Alltags. Auch insofern haben sie – verglichen mit Offenbach und Strauß – eine engere und zugleich vertracktere Beziehung zu der Welt, worin und wovon ihre Operetten handeln.